AF275102

COLEX

Disfrute gratuitamente **DURANTE UN AÑO** de los eBook y audiolibros de las obras de Editorial Colex*

⊛ Acceda a la página web de la editorial **www.colex.es**

⊛ Identifíquese con su usuario y contraseña. En caso de no disponer de una cuenta regístrese.

⊛ Acceda en el menú de usuario a la pestaña «Mis códigos» e introduzca el que aparece a continuación:

RASCAR PARA VISUALIZAR EL CÓDIGO

⊛ Una vez se valide el código, aparecerá una ventana de confirmación y su eBook y/o audiolibro estará disponible **durante 1 año desde su activación** en la pestaña «Mis libros» en el menú de usuario.

---

* Los audiolibros están disponibles en las ediciones más recientes de nuestras obras. Se excluyen expresamente las colecciones «Códigos comentados», «Biblioteca digital» y los productos de www.vademecumlegal.es.

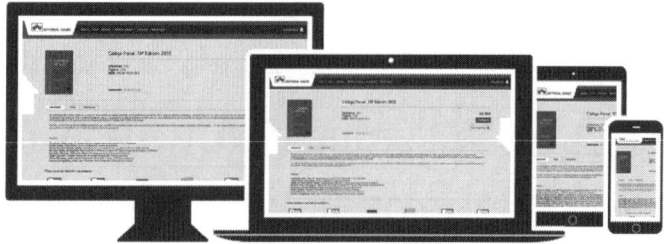

¡Gracias por confiar en nosotros!

La obra que acaba de adquirir incluye de forma gratuita la versión electrónica. Acceda a nuestra página web para aprovechar todas las funcionalidades de las que dispone en nuestro lector.

Funcionalidades eBook

Acceso desde cualquier dispositivo con conexión a internet

Idéntica visualización a la edición de papel

Navegación intuitiva

Tamaño del texto adaptable

Síguenos en: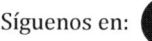

LEY ORGÁNICA DE PROTECCIÓN DE DATOS Y GARANTÍA DE DERECHOS DIGITALES
Y
REGLAMENTO GENERAL DE PROTECCIÓN DE DATOS

LEY ORGÁNICA DE PROTECCIÓN DE DATOS Y GARANTÍA DE DERECHOS DIGITALES

Y

REGLAMENTO GENERAL DE PROTECCIÓN DE DATOS

7.ª EDICIÓN 2026

(Edición actualizada a 15 de enero de 2026)

COLEX 2026

© Editorial Colex, S.L.
Calle Costa Rica, número 5, 3º B (local comercial)
A Coruña, 15004, A Coruña (Galicia)
info@colex.es
www.colex.es

I.S.B.N.: 979-13-7011-572-2
Depósito Legal: C 77-2026

LEYENDA ICONOS

TEXTO MODIFICADO	**TEXTO NUEVO**

ABREVIATURAS

ART.	Artículo
D.A.	Disposición Adicional
D.DT.	Disposición Derogatoria
D.F.	Disposición Final
D.T.	Disposición Transitoria
LOPD	Ley Orgánica 15/1999, de 13 de diciembre, de Protección de Datos de Carácter Personal. (DEROGADA)
LOPDGDD	Ley Orgánica 3/2018, de 5 de diciembre, de Protección de Datos Personales y garantía de los derechos digitales.
RGPD	Reglamento (UE) 2016/679 del Parlamento Europeo y del Consejo, de 27 de abril de 2016, relativo a la protección de las personas físicas en lo que respecta al tratamiento de datos personales y a la libre circulación de estos datos y por el que se deroga la Directiva 95/46/CE (Reglamento general de protección de datos).
Sigs.	Siguientes

SUMARIO

II.
REGLAMENTO (UE) 2016/679 DEL PARLAMENTO EUROPEO Y DEL CONSEJO, DE 27 DE ABRIL DE 2016, RELATIVO A LA PROTECCIÓN DE LAS PERSONAS FÍSICAS EN LO QUE RESPECTA AL TRATAMIENTO DE DATOS PERSONALES Y A LA LIBRE CIRCULACIÓN DE ESTOS DATOS Y POR EL QUE SE DEROGA LA DIRECTIVA 95/46/CE (REGLAMENTO GENERAL DE PROTECCIÓN DE DATOS)

(Pág. 75)

LEY ORGÁNICA 3/2018, DE 5 DE DICIEMBRE, DE PROTECCIÓN DE DATOS PERSONALES Y GARANTÍA DE LOS DERECHOS DIGITALES

I.
LEY ORGÁNICA 3/2018, DE 5 DE DICIEMBRE, DE PROTECCIÓN DE DATOS PERSONALES Y GARANTÍA DE LOS DERECHOS DIGITALES

—BOE núm. 294, de 6 de diciembre de 2018—

FELIPE VI
REY DE ESPAÑA

A todos los que la presente vieren y entendieren.

Sabed: Que las Cortes Generales han aprobado y Yo vengo en sancionar la siguiente ley orgánica.

PREÁMBULO

I

La protección de las personas físicas en relación con el tratamiento de datos personales es un derecho fundamental protegido por el artículo 18.4 de la Constitución española. De esta manera, nuestra Constitución fue pionera en el reconocimiento del derecho fundamental a la protección de datos personales cuando dispuso que «la ley limitará el uso de la informática para garantizar el honor y la intimidad personal y familiar de los ciudadanos y el pleno ejercicio de sus derechos». Se hacía así eco de los trabajos desarrollados desde finales de la década de 1960 en el Consejo de Europa y de las pocas disposiciones legales adoptadas en países de nuestro entorno.

El Tribunal Constitucional señaló en su Sentencia 94/1998, de 4 de mayo, que nos encontramos ante un derecho fundamental a la protección de datos por el que se garantiza a la persona el control sobre sus datos, cualesquiera datos personales, y sobre su uso y destino, para evitar el tráfico ilícito de los mismos o lesivo para la dignidad y los derechos de los afectados; de esta forma, el derecho a la protección de datos se configura como una facultad del ciudadano para oponerse a que determinados datos personales sean usados para fines distintos a aquel que justificó su obtención. Por su parte, en la Sentencia 292/2000, de 30 de noviembre, lo considera como un derecho autónomo e independiente que consiste en un poder de disposición y de control sobre los datos personales que faculta a la persona para decidir cuáles de esos datos proporcionar a un tercero, sea el Estado o un particular, o cuáles puede este tercero recabar, y que también permite al individuo saber quién posee esos datos personales y para qué, pudiendo oponerse a esa posesión o uso.

A nivel legislativo, la concreción y desarrollo del derecho fundamental de protección de las personas físicas en relación con el tratamiento de datos personales tuvo lugar en sus orígenes mediante la aprobación de la Ley Orgánica 5/1992, de 29 de octubre, reguladora del tratamiento automatizado de datos personales, conocida como LORTAD. La Ley Orgánica 5/1992 fue reemplazada por la Ley Orgánica 15/1999, de 5 de diciembre, de protección de datos personales, a fin de trasponer a nuestro derecho a la Directiva 95/46/CE del Parlamento Europeo y del Consejo, de 24 de octubre de 1995, relativa a la protección de las personas físicas en lo que respecta al tratamiento de datos personales y a la libre circulación de estos datos. Esta ley orgánica supuso un segundo hito en la evolución de la regulación del derecho fundamental a la protección de datos en España y se complementó con una cada vez más abundante jurisprudencia procedente de los órganos de la jurisdicción contencioso-administrativa.

Por otra parte, también se recoge en el artículo 8 de la Carta de los Derechos Fundamentales de la Unión Europea y en el artículo 16.1 del Tratado de Funcionamiento de la Unión Europea. Anteriormente, a nivel europeo, se había adoptado la Directiva 95/46/CE citada, cuyo objeto era procurar que la garantía del derecho a la protección de datos personales no supusiese un obstáculo a la libre circulación de los datos en el seno de la Unión, estableciendo así un espacio común de garantía del derecho que, al propio tiempo, asegurase que en caso de transferencia internacional de los datos, su tratamiento en el país de destino estuviese protegido por salvaguardas adecuadas a las previstas en la propia directiva.

II

En los últimos años de la pasada década se intensificaron los impulsos tendentes a lograr una regulación más uniforme del derecho fundamental a la protección de datos en el marco de una sociedad cada vez más globalizada. Así, se fueron adoptando en distintas instancias internacionales propuestas para la reforma del marco vigente. Y en este marco la Comisión lanzó el 4 de noviembre de 2010 su Comunicación titulada «Un enfoque global de la protección de los datos personales en la Unión Europea», que constituye el germen de la posterior reforma del marco de la Unión Europea. Al propio tiempo, el Tribunal de Justicia de la Unión ha venido adoptando a lo largo de los últimos años una jurisprudencia que resulta fundamental en su interpretación.

El último hito en esta evolución tuvo lugar con la adopción del Reglamento (UE) 2016/679 del Parlamento Europeo y del Consejo, de 27 de abril de 2016, relativo a la protección de las personas físicas en lo que respecta al tratamiento de sus datos personales y a la libre circulación de estos datos y por el que se deroga la Directiva 95/46/CE (Reglamento general de protección de datos), así como de la Directiva (UE) 2016/680 del Parlamento Europeo y del Consejo, de 27 de abril de 2016, relativa a la protección de las personas físicas en lo que respecta al tratamiento de datos personales por parte de las autoridades competentes para fines de prevención, investigación, detección o enjuiciamiento de infracciones penales o de ejecución de sanciones penales, y a la libre circulación de dichos datos y por la que se deroga la Decisión Marco 2008/977/JAI del Consejo.

III

El Reglamento general de protección de datos pretende con su eficacia directa superar los obstáculos que impidieron la finalidad armonizadora de la Directiva 95/46/CE del Parlamento Europeo y del Consejo, de 24 de octubre de 1995, relativa a la protección de las personas físicas en lo que respecta al tratamiento de datos personales y a la libre circulación de esos datos. La transposición de la directiva por los Estados miembros se ha plasmado en un mosaico normativo con perfiles irregulares en el conjunto de la Unión Europea lo que, en último extremo, ha conducido a que existan diferencias apreciables en la protección de los derechos de los ciudadanos.

Asimismo, se atiende a nuevas circunstancias, principalmente el aumento de los flujos transfronterizos de datos personales como consecuencia del funcionamiento del mercado interior, los retos planteados por la rápida evolución tecnológica y la globalización, que ha hecho que los datos personales sean el recurso fundamental de la sociedad de la información. El carácter central de la información personal tiene aspectos positivos, porque permite nuevos y mejores servicios, productos o hallazgos científicos. Pero tiene también riesgos, pues las informaciones sobre los individuos se multiplican exponencialmente, son más accesibles, por más actores, y cada vez son más fáciles de procesar mientras que es más difícil el control de su destino y uso.

El Reglamento general de protección de datos supone la revisión de las bases legales del modelo europeo de protección de datos más allá de una mera actualización de la vigente normativa. Procede a reforzar la seguridad jurídica y transparencia a la vez que permite que sus normas sean especificadas o restringidas por el Derecho de los Estados miembros en la medida en que sea necesario por razones de coherencia y para que las disposiciones nacionales sean comprensibles para sus destinatarios. Así, el Reglamento general de protección de datos contiene un buen número de habilitaciones, cuando no imposiciones, a los Estados miembros, a fin de regular determinadas materias, permitiendo incluso en su considerando 8, y a diferencia de lo que constituye principio general del Derecho de la Unión

Europea que, cuando sus normas deban ser especificadas, interpretadas o, excepcionalmente, restringidas por el Derecho de los Estados miembros, estos tengan la posibilidad de incorporar al derecho nacional previsiones contenidas específicamente en el reglamento, en la medida en que sea necesario por razones de coherencia y comprensión.

En este punto hay que subrayar que no se excluye toda intervención del Derecho interno en los ámbitos concernidos por los reglamentos europeos. Al contrario, tal intervención puede ser procedente, incluso necesaria, tanto para la depuración del ordenamiento nacional como para el desarrollo o complemento del reglamento de que se trate. Así, el principio de seguridad jurídica, en su vertiente positiva, obliga a los Estados miembros a integrar el ordenamiento europeo en el interno de una manera lo suficientemente clara y pública como para permitir su pleno conocimiento tanto por los operadores jurídicos como por los propios ciudadanos, en tanto que, en su vertiente negativa, implica la obligación para tales Estados de eliminar situaciones de incertidumbre derivadas de la existencia de normas en el Derecho nacional incompatibles con el europeo. De esta segunda vertiente se colige la consiguiente obligación de depurar el ordenamiento jurídico. En definitiva, el principio de seguridad jurídica obliga a que la normativa interna que resulte incompatible con el Derecho de la Unión Europea quede definitivamente eliminada «mediante disposiciones internas de carácter obligatorio que tengan el mismo valor jurídico que las disposiciones internas que deban modificarse» (Sentencias del Tribunal de Justicia de 23 de febrero de 2006, asunto Comisión vs. España; de 13 de julio de 2000, asunto Comisión vs. Francia; y de 15 de octubre de 1986, asunto Comisión vs. Italia). Por último, los reglamentos, pese a su característica de aplicabilidad directa, en la práctica pueden exigir otras normas internas complementarias para hacer plenamente efectiva su aplicación. En este sentido, más que de incorporación cabría hablar de «desarrollo» o complemento del Derecho de la Unión Europea.

La adaptación al Reglamento general de protección de datos, que será aplicable a partir del 25 de mayo de 2018, según establece su artículo 99, requiere, en suma, la elaboración de una nueva ley orgánica que sustituya a la actual. En esta labor se han preservado los principios de buena regulación, al tratarse de una norma necesaria para la adaptación del ordenamiento español a la citada disposición europea y proporcional a este objetivo, siendo su razón última procurar seguridad jurídica.

IV

Internet, por otra parte, se ha convertido en una realidad omnipresente tanto en nuestra vida personal como colectiva. Una gran parte de nuestra actividad profesional, económica y privada se desarrolla en la Red y adquiere una importancia fundamental tanto para la comunicación humana como para el desarrollo de nuestra vida en sociedad. Ya en los años noventa, y conscientes del impacto que iba a producir Internet en nuestras vidas, los pioneros de la Red propusieron elaborar una Declaración de los Derechos del Hombre y del Ciudadano en Internet.

Hoy identificamos con bastante claridad los riesgos y oportunidades que el mundo de las redes ofrece a la ciudadanía. Corresponde a los poderes públicos impulsar políticas que hagan efectivos los derechos de la ciudadanía en Internet promoviendo la igualdad de los ciudadanos y de los grupos en los que se integran para hacer posible el pleno ejercicio de los derechos fundamentales en la realidad digital. La transformación digital de nuestra sociedad es ya una realidad en nuestro desarrollo presente y futuro tanto a nivel social como económico. En este contexto, países de nuestro entorno ya han aprobado normativa que refuerza los derechos digitales de la ciudadanía.

Los constituyentes de 1978 ya intuyeron el enorme impacto que los avances tecnológicos provocarían en nuestra sociedad y, en particular, en el disfrute de los derechos fundamentales. Una deseable futura reforma de la Constitución debería incluir entre sus prioridades la actualización de la Constitución a la era digital y, específicamente, elevar a rango constitucional una nueva generación de derechos digitales. Pero, en tanto no se acometa este reto, el legislador debe abordar el reconocimiento de un sistema de garantía de los derechos digitales que, inequívocamente, encuentra su anclaje en el mandato impuesto por el apartado cuarto del artículo 18 de la Constitución Española y que, en algunos casos, ya han sido perfilados por la jurisprudencia ordinaria, constitucional y europea.

V

Esta ley orgánica consta de noventa y siete artículos estructurados en diez títulos, veintidós disposiciones adicionales, seis disposiciones transitorias, una disposición derogatoria y dieciséis disposiciones finales.

El Título I, relativo a las disposiciones generales, comienza regulando el objeto de la ley orgánica, que es, conforme a lo que se ha indicado, doble. Así, en primer lugar, se pretende lograr la adaptación del ordenamiento jurídico español al Reglamento (UE) 2016/679 del Parlamento Europeo y el Consejo, de 27 de abril de 2016, Reglamento general de protección de datos, y completar sus disposiciones. A su vez, establece que el derecho fundamental de las personas físicas a la protección de datos personales, amparado por el artículo 18.4 de la Constitución, se ejercerá con arreglo a lo establecido en el Reglamento (UE) 2016/679 y en esta ley orgánica. Las comunidades autónomas ostentan competencias de desarrollo normativo y ejecución del derecho fundamental a la protección de datos personales en su ámbito de actividad y a las autoridades autonómicas de protección de datos que se creen les corresponde contribuir a garantizar este derecho fundamental de la ciudadanía. En segundo lugar, es también objeto de la ley garantizar los derechos digitales de la ciudadanía, al amparo de lo dispuesto en el artículo 18.4 de la Constitución.

Destaca la novedosa regulación de los datos referidos a las personas fallecidas, pues, tras excluir del ámbito de aplicación de la ley su tratamiento, se permite que las personas vinculadas al fallecido por razones familiares o de hecho o sus herederos puedan solicitar el acceso a los mismos, así como su rectificación o supresión, en su caso con sujeción a las instrucciones del fallecido. También excluye del ámbito de aplicación los tratamientos que se rijan por disposiciones específicas, en referencia, entre otras, a la normativa que transponga la citada Directiva (UE) 2016/680, previéndose en la disposición transitoria cuarta la aplicación a estos tratamientos de la Ley Orgánica 15/1999, de 13 de diciembre, hasta que se apruebe la citada normativa.

En el Título II, «Principios de protección de datos», se establece que a efectos del Reglamento (UE) 2016/679 no serán imputables al responsable del tratamiento, siempre que este haya adoptado todas las medidas razonables para que se supriman o rectifiquen sin dilación, la inexactitud de los datos obtenidos directamente del afectado, cuando hubiera recibido los datos de otro responsable en virtud del ejercicio por el afectado del derecho a la portabilidad, o cuando el responsable los obtuviese del mediador o intermediario cuando las normas aplicables al sector de actividad al que pertenezca el responsable del tratamiento establezcan la posibilidad de intervención de un intermediario o mediador o cuando los datos hubiesen sido obtenidos de un registro público. También se recoge expresamente el deber de confidencialidad, el tratamiento de datos amparado por la ley, las categorías especiales de datos y el tratamiento de datos de naturaleza penal, se alude específicamente al consentimiento, que ha de proceder de una declaración o de una clara acción afirmativa del afectado, excluyendo lo que se conocía como «consentimiento tácito», se indica que el consentimiento del afectado para una pluralidad de finalidades será preciso que conste de manera específica e inequívoca que se otorga para todas ellas, y se mantiene en catorce años la edad a partir de la cual el menor puede prestar su consentimiento.

Se regulan asimismo las posibles habilitaciones legales para el tratamiento fundadas en el cumplimiento de una obligación legal exigible al responsable, en los términos previstos en el Reglamento (UE) 2016/679, cuando así lo prevea una norma de Derecho de la Unión Europea o una ley, que podrá determinar las condiciones generales del tratamiento y los tipos de datos objeto del mismo así como las cesiones que procedan como consecuencia del cumplimiento de la obligación legal, Este es el caso, por ejemplo, de las bases de datos reguladas por ley y gestionadas por autoridades públicas que responden a objetivos específicos de control de riesgos y solvencia, supervisión e inspección del tipo de la Central de Información de Riesgos del Banco de España regulada por la Ley 44/2002, de 22 de noviembre, de Medidas de Reforma del Sistema Financiero, o de los datos, documentos e informaciones de carácter reservado que obren en poder de la Dirección General de Seguros y Fondos de Pensiones de conformidad con lo previsto en la Ley 20/2015, de 14 de julio, de ordenación, supervisión y solvencia de las entidades aseguradoras y reaseguradoras.

Se podrán igualmente imponer condiciones especiales al tratamiento, tales como la adopción de medidas adicionales de seguridad u otras, cuando ello derive del ejercicio de potestades públicas o del cumplimiento de una obligación legal y solo podrá considerarse fundado en el cumplimiento de una misión realizada en interés público o en el ejercicio de poderes públicos conferidos al responsable, en los términos previstos en el reglamento europeo, cuando derive de una competencia atribuida por la ley. Y se mantiene la prohibición de consentir tratamientos con la finalidad principal de almacenar información identificativa de determinadas categorías de datos especialmente protegidos, lo que no impide que los mismos puedan ser objeto de tratamiento en los demás supuestos previstos en el Reglamento (UE) 2016/679. Así, por ejemplo, la prestación del consentimiento no dará cobertura a la creación de «listas negras» de sindicalistas, si bien los datos de afiliación sindical podrán ser tratados por el empresario para hacer posible el ejercicio de los derechos de los trabajadores al amparo del artículo 9.2.b) del Reglamento (UE) 2016/679 o por los propios sindicatos en los términos del artículo 9.2.d) de la misma norma europea.

También en relación con el tratamiento de categorías especiales de datos, el artículo 9.2 consagra el principio de reserva de ley para su habilitación en los supuestos previstos en el Reglamento (UE) 2016/679. Dicha previsión no solo alcanza a las disposiciones que pudieran adoptarse en el futuro, sino que permite dejar a salvo las distintas habilitaciones legales actualmente existentes, tal y como se indica específicamente, respecto de la legislación sanitaria y aseguradora, en la disposición adicional decimoséptima. El Reglamento general de protección de datos no afecta a dichas habilitaciones, que siguen plenamente vigentes, permitiendo incluso llevar a cabo una interpretación extensiva de las mismas, como sucede, en particular, en cuanto al alcance del consentimiento del afectado o el uso de sus datos sin consentimiento en el ámbito de la investigación biomédica. A tal efecto, el apartado 2 de la Disposición adicional decimoséptima introduce una serie de previsiones encaminadas a garantizar el adecuado desarrollo de la investigación en materia de salud, y en particular la biomédica, ponderando los indudables beneficios que la misma aporta a la sociedad con las debidas garantías del derecho fundamental a la protección de datos.

El Título III, dedicado a los derechos de las personas, adapta al Derecho español el principio de transparencia en el tratamiento del reglamento europeo, que regula el derecho de los afectados a ser informados acerca del tratamiento y recoge la denominada «información por capas» ya generalmente aceptada en ámbitos como el de la videovigilancia o la instalación de dispositivos de almacenamiento masivo de datos (tales como las «cookies»), facilitando al afectado la información básica, si bien, indicándole una dirección electrónica u otro medio que permita acceder de forma sencilla e inmediata a la restante información.

Se hace uso en este Título de la habilitación permitida por el considerando 8 del Reglamento (UE) 2016/679 para complementar su régimen, garantizando la adecuada estructura sistemática del texto. A continuación, la ley orgánica contempla los derechos de acceso, rectificación, supresión, oposición, derecho a la limitación del tratamiento y derecho a la portabilidad.

En el Título IV se recogen «Disposiciones aplicables a tratamientos concretos», incorporando una serie de supuestos que en ningún caso debe considerarse exhaustiva de todos los tratamientos lícitos. Dentro de ellos cabe apreciar, en primer lugar, aquellos respecto de los que el legislador establece una presunción «iuris tantum» de prevalencia del interés legítimo del responsable cuando se lleven a cabo con una serie de requisitos, lo que no excluye la licitud de este tipo de tratamientos cuando no se cumplen estrictamente las condiciones previstas en el texto, si bien en este caso el responsable deberá llevar a cabo la ponderación legalmente exigible, al no presumirse la prevalencia de su interés legítimo. Junto a estos supuestos se recogen otros, tales como la videovigilancia, los ficheros de exclusión publicitaria o los sistemas de denuncias internas en que la licitud del tratamiento proviene de la existencia de un interés público, en los términos establecidos en el artículo 6.1.e) del Reglamento (UE) 2016/679. Finalmente, se hace referencia en este Título a la licitud de otros tratamientos regulados en el Capítulo IX del reglamento, como los relacionados con la función estadística o con fines de archivo de interés general. En todo caso, el hecho de que el legislador se refiera a la licitud de los tratamientos no enerva la obligación de los responsables de adoptar todas las medidas de responsabilidad activa establecidas en el Capítulo IV del reglamento europeo y en el Título V de esta ley orgánica.

El Título V se refiere al responsable y al encargado del tratamiento. Es preciso tener en cuenta que la mayor novedad que presenta el Reglamento (UE) 2016/679 es la evolución de un modelo basado, fundamentalmente, en el control del cumplimiento a otro que descansa en el principio de responsabilidad activa, lo que exige una previa valoración por el responsable o por el encargado del tratamiento del riesgo que pudiera generar el tratamiento de los datos personales para, a partir de dicha valoración, adoptar las medidas que procedan.

Con el fin de aclarar estas novedades, la ley orgánica mantiene la misma denominación del Capítulo IV del Reglamento, dividiendo el articulado en cuatro capítulos dedicados, respectivamente, a las medidas generales de responsabilidad activa, al régimen del encargado del tratamiento, a la figura del delegado de protección de datos y a los mecanismos de autorregulación y certificación. La figura del delegado de protección de datos adquiere una destacada importancia en el Reglamento (UE) 2016/679 y así lo recoge la ley orgánica, que parte del principio de que puede tener un carácter obligatorio o voluntario, estar o no integrado en la organización del responsable o encargado y ser tanto una persona física como una persona jurídica. La designación del delegado de protección de datos ha de comunicarse a la autoridad de protección de datos competente. La Agencia Española de Protección de Datos mantendrá una relación pública y actualizada de los delegados de protección de datos, accesible por cualquier persona. Los conocimientos en la materia se podrán acreditar mediante esquemas de certificación. Asimismo, no podrá ser removido, salvo en los supuestos de dolo o negligencia grave. Es de destacar que el delegado de protección de datos permite configurar un medio para la resolución amistosa de reclamaciones, pues el interesado podrá reproducir ante él la reclamación que no sea atendida por el responsable o encargado del tratamiento.

El Título VI, relativo a las transferencias internacionales de datos, procede a la adaptación de lo previsto en el Reglamento (UE) 2016/679 y se refiere a las especialidades relacionadas con los procedimientos a través de los cuales las autoridades de protección de datos pueden aprobar modelos contractuales o normas corporativas vinculantes, supuestos de autorización de una determinada transferencia, o información previa.

El Título VII se dedica a las autoridades de protección de datos, que siguiendo el mandato del Reglamento (UE) 2016/679 se han de establecer por ley nacional. Manteniendo el esquema que se venía recogiendo en sus antecedentes normativos, la ley orgánica regula el régimen de la Agencia Española de Protección de Datos y refleja la existencia de las autoridades autonómicas de protección de datos y la necesaria cooperación entre las autoridades de control. La Agencia Española de Protección de Datos se configura como una autoridad administrativa independiente con arreglo a la Ley 40/2015, de 1 de octubre, de Régimen Jurídico del Sector Público, que se relaciona con el Gobierno a través del Ministerio de Justicia.

El Título VIII regula el «Procedimientos en caso de posible vulneración de la normativa de protección de datos». El Reglamento (UE) 2016/679 establece un sistema novedoso y complejo, evolucionando hacia un modelo de «ventanilla única» en el que existe una autoridad de control principal y otras autoridades interesadas. También se establece un procedimiento de cooperación entre autoridades de los Estados miembros y, en caso de discrepancia, se prevé la decisión vinculante del Comité Europeo de Protección de Datos. En consecuencia, con carácter previo a la tramitación de cualquier procedimiento, será preciso determinar si el tratamiento tiene o no carácter transfronterizo y, en caso de tenerlo, qué autoridad de protección de datos ha de considerarse principal.

La regulación se limita a delimitar el régimen jurídico; la iniciación de los procedimientos, siendo posible que la Agencia Española de Protección de Datos remita la reclamación al delegado de protección de datos o a los órganos o entidades que tengan a su cargo la resolución extrajudicial de conflictos conforme a lo establecido en un código de conducta; la inadmisión de las reclamaciones; las actuaciones previas de investigación; las medidas provisionales, entre las que destaca la orden de bloqueo de los datos; y el plazo de tramitación de los procedimientos y, en su caso, su suspensión. Las especialidades del procedimiento se remiten al desarrollo reglamentario.

El Título IX, que contempla el régimen sancionador, parte de que el Reglamento (UE) 2016/679 establece un sistema de sanciones o actuaciones correctivas que permite un amplio margen de apreciación. En este marco, la ley orgánica procede a describir las conductas típicas, estableciendo la distinción entre infracciones muy graves, graves y leves, tomando en consideración la diferenciación que el Reglamento general de protección de datos establece al fijar la cuantía de las sanciones. La categorización de las infracciones se introduce a los solos efectos de determinar los plazos de prescripción, teniendo la descripción de las conductas típicas como único objeto la enumeración de manera ejemplificativa de algunos de los actos sancionables que deben entenderse incluidos dentro de los tipos generales establecidos en la norma europea. La ley orgánica regula los supuestos de interrupción de la prescripción partiendo de la exigencia constitucional del conocimiento de los hechos que se imputan a la persona, pero teniendo en cuenta la problemática derivada de los procedimientos establecidos en el reglamento europeo, en función de si el procedimiento se tramita exclusivamente por la Agencia Española de Protección de Datos o si se acude al procedimiento coordinado del artículo 60 del Reglamento general de protección de datos.

El Reglamento (UE) 2016/679 establece amplios márgenes para la determinación de la cuantía de las sanciones. La ley orgánica aprovecha la cláusula residual del artículo 83.2 de la norma europea, referida a los factores agravantes o atenuantes, para aclarar que entre los elementos a tener en cuenta podrán incluirse los que ya aparecían en el artículo 45.4 y 5 de la Ley Orgánica 15/1999, y que son conocidos por los operadores jurídicos.

Finalmente, el Título X de esta ley acomete la tarea de reconocer y garantizar un elenco de derechos digitales de los ciudadanos conforme al mandato establecido en la Constitución. En particular, son objeto de regulación los derechos y libertades predicables al entorno de Internet como la neutralidad de la Red y el acceso universal o los derechos a la seguridad y educación digital así como los derechos al olvido, a la portabilidad y al testamento digital. Ocupa un lugar relevante el reconocimiento del derecho a la desconexión digital en el marco del derecho a la intimidad en el uso de dispositivos digitales en el ámbito laboral y la protección de los menores en Internet. Finalmente, resulta destacable la garantía de la libertad de expresión y el derecho a la aclaración de informaciones en medios de comunicación digitales.

Las disposiciones adicionales se refieren a cuestiones como las medidas de seguridad en el ámbito del sector público, protección de datos y transparencia y acceso a la información pública, cómputo de plazos, autorización judicial en materia de transferencias internacionales de datos, la protección frente a prácticas abusivas que pudieran desarrollar ciertos operadores, o los tratamientos de datos de salud, entre otras.

De conformidad con la disposición adicional decimocuarta, la normativa relativa a las excepciones y limitaciones en el ejercicio de los derechos que hubiese entrado en vigor con anterioridad a la fecha de aplicación del reglamento europeo y en particular los artículos 23 y 24 de la Ley Orgánica 15/1999, de 13 de diciembre, de Protección de Datos de Carácter Personal, seguirá vigente en tanto no sea expresamente modificada, sustituida o derogada. La pervivencia de esta normativa supone la continuidad de las excepciones y limitaciones que en ella se contienen hasta que se produzca su reforma o abrogación, si bien referida a los derechos tal y como se regulan en el Reglamento (UE) 2016/679 y en esta ley orgánica. Así, por ejemplo, en virtud de la referida disposición adicional, las Administraciones tributarias responsables de los ficheros de datos con trascendencia tributaria a que se refiere el artículo 95 de la Ley 58/2003, de 17 de diciembre, General Tributaria, podrán, en relación con dichos datos, denegar el ejercicio de los derechos a que se refieren los artículos 15 a 22 del Reglamento (UE) 2016/679, cuando el mismo obstaculice las actuaciones administrativas tendentes a asegurar el cumplimiento de las obligaciones tributarias y, en todo caso, cuando el afectado esté siendo objeto de actuaciones inspectoras.

Las disposiciones transitorias están dedicadas, entre otras cuestiones, al estatuto de la Agencia Española de Protección de Datos, el régimen transitorio de los procedimientos o los tratamientos sometidos a la Directiva (UE) 2016/680. Se recoge una disposición derogatoria y, a continuación, figuran las disposiciones finales sobre los preceptos con carácter de ley ordinaria, el título competencial y la entrada en vigor.

Asimismo, se introducen las modificaciones necesarias de la Ley 1/2000, de 7 de enero, de Enjuiciamiento Civil y la Ley 29/1998, de 13 de julio, reguladora de la Jurisdicción Contencioso-administrativa, la Ley Orgánica, 6/1985, de 1 de julio, del Poder Judicial, la Ley 19/2013, de 9 de diciembre, de transparencia, acceso a la información pública y buen gobierno, la Ley Orgánica 5/1985, de 19 de junio, del Régimen Electoral General, la Ley 14/1986, de 25 de abril, General de Sanidad, la Ley 41/2002, de 14 de noviembre, básica reguladora de la autonomía del paciente y de derechos y obligaciones en materia de información y documentación clínica y la Ley 39/2015, de 1 de octubre, del Procedimiento Administrativo Común de las Administraciones Públicas.

Finalmente, y en relación con la garantía de los derechos digitales, también se introducen modificaciones en la Ley Orgánica 2/2006, de 3 de mayo, de Educación, la Ley Orgánica 6/2001, de 21 de diciembre, de Universidades, así como en el Texto Refundido de la Ley del Estatuto de los Trabajadores y en el Texto Refundido de la Ley del Estatuto Básico del Empleado Público.

TÍTULO I
Disposiciones generales

ART. 1. Objeto de la ley.

La presente ley orgánica tiene por objeto:

a) Adaptar el ordenamiento jurídico español al Reglamento (UE) 2016/679 del Parlamento Europeo y el Consejo, de 27 de abril de 2016, relativo a la protección de las personas físicas en lo que respecta al tratamiento de sus datos personales y a la libre circulación de estos datos, y completar sus disposiciones.

El derecho fundamental de las personas físicas a la protección de datos personales, amparado por el artículo 18.4 de la Constitución, se ejercerá con arreglo a lo establecido en el Reglamento (UE) 2016/679 y en esta ley orgánica.

b) Garantizar los derechos digitales de la ciudadanía conforme al mandato establecido en el artículo 18.4 de la Constitución.

Ver art. 1 RGPD.

ART. 2. Ámbito de aplicación de los Títulos I a IX y de los artículos 89 a 94.

1. Lo dispuesto en los Títulos I a IX y en los artículos 89 a 94 de la presente ley orgánica se aplica a cualquier tratamiento total o parcialmente automatizado de datos personales, así como al tratamiento no automatizado de datos personales contenidos o destinados a ser incluidos en un fichero.

2. Esta ley orgánica no será de aplicación:

a) A los tratamientos excluidos del ámbito de aplicación del Reglamento general de protección de datos por su artículo 2.2, sin perjuicio de lo dispuesto en los apartados 3 y 4 de este artículo.

b) A los tratamientos de datos de personas fallecidas, sin perjuicio de lo establecido en el artículo 3.

c) A los tratamientos sometidos a la normativa sobre protección de materias clasificadas.

3. Los tratamientos a los que no sea directamente aplicable el Reglamento (UE) 2016/679 por afectar a actividades no comprendidas en el ámbito de aplicación del Derecho de la Unión Europea, se regirán por lo dispuesto en su legislación específica si la hubiere y supletoriamente por lo establecido en el citado reglamento y en la presente ley orgánica. Se encuentran en esta situación, entre otros, los tratamientos realizados al amparo de la legislación orgánica del régimen electoral general, los tratamientos realizados en el ámbito de instituciones penitenciarias y los tratamientos derivados del Registro Civil, los Registros de la Propiedad y Mercantiles.

4. El tratamiento de datos llevado a cabo con ocasión de la tramitación por los órganos judiciales de los procesos de los que sean competentes, así como el realizado dentro de la gestión de la Oficina Judicial, se regirán por lo dispuesto en el Reglamento (UE) 2016/679 y la presente ley orgánica, sin perjuicio de las disposiciones de la Ley Orgánica 6/1985, de 1 julio, del Poder Judicial, que le sean aplicables.

5. El tratamiento de datos llevado a cabo con ocasión de la tramitación por el Ministerio Fiscal de los procesos de los que sea competente, así como el realizado con esos fines dentro de la gestión de la Oficina Fiscal, se regirán por lo dispuesto en el Reglamento (UE) 2016/679 y la presente Ley Orgánica, sin perjuicio de las disposiciones de la Ley 50/1981, de 30 de diciembre, reguladora del Estatuto Orgánico del Ministerio Fiscal, la Ley Orgánica 6/1985, de 1 de julio, del Poder Judicial y de las normas procesales que le sean aplicables.

Apdo. 5 añadido por Ley Orgánica 7/2021, de 26 de mayo, de protección de datos personales tratados para fines de prevención, detección, investigación y enjuiciamiento de infracciones penales y de ejecución de sanciones penales (BOE de 27-05-2021). Modificación vigente a partir del 16 de junio de 2021.

ART. 3. Datos de las personas fallecidas.

1. Las personas vinculadas al fallecido por razones familiares o de hecho así como sus herederos podrán dirigirse al responsable o encargado del tratamiento al objeto de solicitar el acceso a los datos personales de aquella y, en su caso, su rectificación o supresión.

Como excepción, las personas a las que se refiere el párrafo anterior no podrán acceder a los datos del causante, ni solicitar su rectificación o supresión, cuando la persona fallecida lo hubiese prohibido expresamente o así lo establezca una ley. Dicha prohibición no afectará al derecho de los herederos a acceder a los datos de carácter patrimonial del causante.

2. Las personas o instituciones a las que el fallecido hubiese designado expresamente para ello podrán también solicitar, con arreglo a las instrucciones recibidas, el acceso a los datos personales de este y, en su caso su rectificación o supresión.

Mediante real decreto se establecerán los requisitos y condiciones para acreditar la validez y vigencia de estos mandatos e instrucciones y, en su caso, el registro de los mismos.

3. En caso de fallecimiento de menores, estas facultades podrán ejercerse también por sus representantes legales o, en el marco de sus competencias, por el Ministerio Fiscal, que podrá actuar de oficio o a instancia de cualquier persona física o jurídica interesada.

En caso de fallecimiento de personas con discapacidad, estas facultades también podrán ejercerse, además de por quienes señala el párrafo anterior, por quienes hubiesen sido designados para el ejercicio de funciones de apoyo, si tales facultades se entendieran comprendidas en las medidas de apoyo prestadas por el designado.

Ver art. 2.2.b), 74.g), 96.3 LOPDGDD.

Ver Considerandos (27), (158), (160) RGPD.

Se habilita al Gobierno (ver D.F. 15.ª de esta norma) para desarrollar lo dispuesto en el apdo. 2 de este artículo.

TÍTULO II
Principios de protección de datos

ART. 4. Exactitud de los datos.

1. Conforme al artículo 5.1.d) del Reglamento (UE) 2016/679 los datos serán exactos y, si fuere necesario, actualizados.

2. A los efectos previstos en el artículo 5.1.d) del Reglamento (UE) 2016/679, no será imputable al responsable del tratamiento, siempre que este haya adoptado todas las medidas razonables para que se supriman o rectifiquen sin dilación, la inexactitud de los datos personales, con respecto a los fines para los que se tratan, cuando los datos inexactos:

a) Hubiesen sido obtenidos por el responsable directamente del afectado.

b) Hubiesen sido obtenidos por el responsable de un mediador o intermediario en caso de que las normas aplicables al sector de actividad al que pertenezca el responsable del tratamiento establecieran la posibilidad de intervención de un intermediario o mediador que recoja en nombre propio los datos de los afectados para su transmisión al responsable. El mediador o intermediario asumirá las responsabilidades que pudieran derivarse en el supuesto de comunicación al responsable de datos que no se correspondan con los facilitados por el afectado.

c) Fuesen sometidos a tratamiento por el responsable por haberlos recibido de otro responsable en virtud del ejercicio por el afectado del derecho a la portabilidad conforme al artículo 20 del Reglamento (UE) 2016/679 y lo previsto en esta ley orgánica.

d) Fuesen obtenidos de un registro público por el responsable.

ART. 5. Deber de confidencialidad.

1. Los responsables y encargados del tratamiento de datos así como todas las personas que intervengan en cualquier fase de este estarán sujetas al deber de confidencialidad al que se refiere el artículo 5.1.f) del Reglamento (UE) 2016/679.

2. La obligación general señalada en el apartado anterior será complementaria de los deberes de secreto profesional de conformidad con su normativa aplicable.

3. Las obligaciones establecidas en los apartados anteriores se mantendrán aun cuando hubiese finalizado la relación del obligado con el responsable o encargado del tratamiento.

Ver art. 72.1.i) LOPDGDD.

ART. 6. Tratamiento basado en el consentimiento del afectado.

1. De conformidad con lo dispuesto en el artículo 4.11 del Reglamento (UE) 2016/679, se entiende por consentimiento del afectado toda manifestación de voluntad libre, específica, informada e inequívoca por la que este acepta, ya sea mediante una declaración o una clara acción afirmativa, el tratamiento de datos personales que le conciernen.

2. Cuando se pretenda fundar el tratamiento de los datos en el consentimiento del afectado para una pluralidad de finalidades será preciso que conste de manera específica e inequívoca que dicho consentimiento se otorga para todas ellas.

3. No podrá supeditarse la ejecución del contrato a que el afectado consienta el tratamiento de los datos personales para finalidades que no guarden relación con el mantenimiento, desarrollo o control de la relación contractual.

ART. 7. Consentimiento de los menores de edad.

1. El tratamiento de los datos personales de un menor de edad únicamente podrá fundarse en su consentimiento cuando sea mayor de catorce años.

Se exceptúan los supuestos en que la ley exija la asistencia de los titulares de la patria potestad o tutela para la celebración del acto o negocio jurídico en cuyo contexto se recaba el consentimiento para el tratamiento.

2. El tratamiento de los datos de los menores de catorce años, fundado en el consentimiento, solo será lícito si consta el del titular de la patria potestad o tutela, con el alcance que determinen los titulares de la patria potestad o tutela.

Ver art. 92 LOPDGDD.

Ver art. 8 RGPD.

ART. 8. Tratamiento de datos por obligación legal, interés público o ejercicio de poderes públicos.

1. El tratamiento de datos personales solo podrá considerarse fundado en el cumplimiento de una obligación legal exigible al responsable, en los términos previstos en el artículo 6.1.c) del Reglamento (UE) 2016/679, cuando así lo prevea una norma de Derecho de la Unión Europea o una norma con rango de ley, que podrá determinar las condiciones generales del tratamiento y los tipos de datos objeto del mismo así como las cesiones que procedan como consecuencia del cumplimiento de la obligación legal. Dicha norma podrá igualmente imponer condiciones especiales al tratamiento, tales como la adopción de medidas adicionales de seguridad u otras establecidas en el capítulo IV del Reglamento (UE) 2016/679.

2. El tratamiento de datos personales solo podrá considerarse fundado en el cumplimiento de una misión realizada en interés público o en el ejercicio de poderes públicos conferidos al responsable, en los términos previstos en el artículo 6.1 e) del Reglamento (UE) 2016/679, cuando derive de una competencia atribuida por una norma con rango de ley.

ART. 9. Categorías especiales de datos.

1. A los efectos del artículo 9.2.a) del Reglamento (UE) 2016/679, a fin de evitar situaciones discriminatorias, el solo consentimiento del afectado no bastará para levantar la prohibición del tratamiento de datos cuya finalidad principal sea identificar su ideología, afiliación sindical, religión, orientación sexual, creencias u origen racial o étnico.

Lo dispuesto en el párrafo anterior no impedirá el tratamiento de dichos datos al amparo de los restantes supuestos contemplados en el artículo 9.2 del Reglamento (UE) 2016/679, cuando así proceda.

2. Los tratamientos de datos contemplados en las letras g), h) e i) del artículo 9.2 del Reglamento (UE) 2016/679 fundados en el Derecho español deberán estar amparados en una norma con rango de ley, que podrá establecer requisitos adicionales relativos a su seguridad y confidencialidad.

En particular, dicha norma podrá amparar el tratamiento de datos en el ámbito de la salud cuando así lo exija la gestión de los sistemas y servicios de asistencia sanitaria y social, pública y privada, o la ejecución de un contrato de seguro del que el afectado sea parte.

Ver art. 72.1.e) LOPDGDD.

ART. 10. Tratamiento de datos de naturaleza penal.

1. El tratamiento de datos personales relativos a condenas e infracciones penales, así como a procedimientos y medidas cautelares y de seguridad conexas, para fines distintos de los de prevención, investigación, detección o enjuiciamiento de infracciones penales o de ejecución de sanciones penales, solo podrá llevarse a cabo cuando se encuentre amparado en una norma de Derecho de la Unión, en esta ley orgánica o en otras normas de rango legal.

2. El registro completo de los datos referidos a condenas e infracciones penales, así como a procedimientos y medidas cautelares y de seguridad conexas a que se refiere el artículo 10 del Reglamento (UE) 2016/679, podrá realizarse conforme con lo establecido en la regulación del Sistema de registros administrativos de apoyo a la Administración de Justicia.

3. Fuera de los supuestos señalados en los apartados anteriores, los tratamientos de datos referidos a condenas e infracciones penales, así como a procedimientos y medidas cautelares y de seguridad conexas solo serán posibles cuando sean llevados a cabo por abogados y procuradores y tengan por objeto recoger la información facilitada por sus clientes para el ejercicio de sus funciones.

Ver art. 72.1.f) LOPDGDD.

TÍTULO III
Derechos de las personas

CAPÍTULO I
Transparencia e información

ART. 11. Transparencia e información al afectado.

1. Cuando los datos personales sean obtenidos del afectado el responsable del tratamiento podrá dar cumplimiento al deber de información establecido en el artículo 13 del Reglamento (UE) 2016/679 facilitando al afectado la información básica a la que se refiere el apartado siguiente e indicándole una dirección electrónica u otro medio que permita acceder de forma sencilla e inmediata a la restante información.

2. La información básica a la que se refiere el apartado anterior deberá contener, al menos:

a) La identidad del responsable del tratamiento y de su representante, en su caso.

b) La finalidad del tratamiento.

c) La posibilidad de ejercer los derechos establecidos en los artículos 15 a 22 del Reglamento (UE) 2016/679.

Si los datos obtenidos del afectado fueran a ser tratados para la elaboración de perfiles, la información básica comprenderá asimismo esta circunstancia. En este caso, el afectado deberá ser informado de su derecho a oponerse a la adopción de decisiones individuales automatizadas que produzcan efectos jurídicos sobre él o le afecten significativamente de modo similar, cuando concurra este derecho de acuerdo con lo previsto en el artículo 22 del Reglamento (UE) 2016/679.

3. Cuando los datos personales no hubieran sido obtenidos del afectado, el responsable podrá dar cumplimiento al deber de información establecido en el artículo 14 del Reglamento (UE) 2016/679 facilitando a aquel la información básica señalada en el apartado anterior, indicándole una dirección electrónica u otro medio que permita acceder de forma sencilla e inmediata a la restante información.

En estos supuestos, la información básica incluirá también:

a) Las categorías de datos objeto de tratamiento.

b) Las fuentes de las que procedieran los datos.

CAPÍTULO II
Ejercicio de los derechos

ART. 12. Disposiciones generales sobre ejercicio de los derechos.

1. Los derechos reconocidos en los artículos 15 a 22 del Reglamento (UE) 2016/679, podrán ejercerse directamente o por medio de representante legal o voluntario.

2. El responsable del tratamiento estará obligado a informar al afectado sobre los medios a su disposición para ejercer los derechos que le corresponden. Los medios deberán ser fácilmente accesibles para el afectado. El ejercicio del derecho no podrá ser denegado por el solo motivo de optar el afectado por otro medio.

3. El encargado podrá tramitar, por cuenta del responsable, las solicitudes de ejercicio formuladas por los afectados de sus derechos si así se estableciere en el contrato o acto jurídico que les vincule.

4. La prueba del cumplimiento del deber de responder a la solicitud de ejercicio de sus derechos formulado por el afectado recaerá sobre el responsable.

5. Cuando las leyes aplicables a determinados tratamientos establezcan un régimen especial que afecte al ejercicio de los derechos previstos en el Capítulo III del Reglamento (UE) 2016/679, se estará a lo dispuesto en aquellas.

6. En cualquier caso, los titulares de la patria potestad podrán ejercitar en nombre y representación de los menores de catorce años los derechos de acceso, rectificación, cancelación, oposición o cualesquiera otros que pudieran corresponderles en el contexto de la presente ley orgánica.

7. Serán gratuitas las actuaciones llevadas a cabo por el responsable del tratamiento para atender las solicitudes de ejercicio de estos derechos, sin perjuicio de lo dispuesto en los artículos 12.5 y 15.3 del Reglamento (UE) 2016/679 y en los apartados 3 y 4 del artículo 13 de esta ley orgánica.

Ver art. 72.1.h) LOPDGDD.

ART. 13. Derecho de acceso.

1. El derecho de acceso del afectado se ejercitará de acuerdo con lo establecido en el artículo 15 del Reglamento (UE) 2016/679.

Cuando el responsable trate una gran cantidad de datos relativos al afectado y este ejercite su derecho de acceso sin especificar si se refiere a todos o a una parte de los datos, el responsable podrá solicitarle, antes de facilitar la información, que el afectado especifique los datos o actividades de tratamiento a los que se refiere la solicitud.

2. El derecho de acceso se entenderá otorgado si el responsable del tratamiento facilitara al afectado un sistema de acceso remoto, directo y seguro a los datos personales que garantice, de modo permanente, el acceso a su totalidad. A tales efectos, la comunicación por el responsable al afectado del modo en que este podrá acceder a dicho sistema bastará para tener por atendida la solicitud de ejercicio del derecho.

No obstante, el interesado podrá solicitar del responsable la información referida a los extremos previstos en el artículo 15.1 del Reglamento (UE) 2016/679 que no se incluyese en el sistema de acceso remoto.

3. A los efectos establecidos en el artículo 12.5 del Reglamento (UE) 2016/679 se podrá considerar repetitivo el ejercicio del derecho de acceso en más de una ocasión durante el plazo de seis meses, a menos que exista causa legítima para ello.

4. Cuando el afectado elija un medio distinto al que se le ofrece que suponga un coste desproporcionado, la solicitud será considerada excesiva, por lo que dicho afectado asumirá el exceso de costes que su elección comporte. En este caso, solo será exigible al responsable del tratamiento la satisfacción del derecho de acceso sin dilaciones indebidas.

Apdos. 3 y 4: Ver art. 12.7 LOPDGDD.

ART. 14. Derecho de rectificación.

Al ejercer el derecho de rectificación reconocido en el artículo 16 del Reglamento (UE) 2016/679, el afectado deberá indicar en su solicitud a qué datos se refiere y la corrección que haya de realizarse. Deberá acompañar, cuando sea preciso, la documentación justificativa de la inexactitud o carácter incompleto de los datos objeto de tratamiento.

ART. 15. Derecho de supresión.

1. El derecho de supresión se ejercerá de acuerdo con lo establecido en el artículo 17 del Reglamento (UE) 2016/679.

2. Cuando la supresión derive del ejercicio del derecho de oposición con arreglo al artículo 21.2 del Reglamento (UE) 2016/679, el responsable podrá conservar los datos identificativos del afectado necesarios con el fin de impedir tratamientos futuros para fines de mercadotecnia directa.

ART. 16. Derecho a la limitación del tratamiento.

1. El derecho a la limitación del tratamiento se ejercerá de acuerdo con lo establecido en el artículo 18 del Reglamento (UE) 2016/679.

2. El hecho de que el tratamiento de los datos personales esté limitado debe constar claramente en los sistemas de información del responsable.

ART. 17. Derecho a la portabilidad.

El derecho a la portabilidad se ejercerá de acuerdo con lo establecido en el artículo 20 del Reglamento (UE) 2016/679.

ART. 18. Derecho de oposición.

El derecho de oposición, así como los derechos relacionados con las decisiones individuales automatizadas, incluida la realización de perfiles, se ejercerán de acuerdo con lo establecido, respectivamente, en los artículos 21 y 22 del Reglamento (UE) 2016/679.

TÍTULO IV
Disposiciones aplicables a tratamientos concretos

Este Título IV tiene carácter de ley ordinaria, tal y como dispone la D.F. 1.ª de esta norma.

ART. 19. Tratamiento de datos de contacto, de empresarios individuales y de profesionales liberales.

1. Salvo prueba en contrario, se presumirá amparado en lo dispuesto en el artículo 6.1.f) del Reglamento (UE) 2016/679 el tratamiento de los datos de contacto y en su caso los relativos a la función o puesto desempeñado de las personas físicas que presten servicios en una persona jurídica siempre que se cumplan los siguientes requisitos:

a) Que el tratamiento se refiera únicamente a los datos necesarios para su localización profesional.

b) Que la finalidad del tratamiento sea únicamente mantener relaciones de cualquier índole con la persona jurídica en la que el afectado preste sus servicios.

2. La misma presunción operará para el tratamiento de los datos relativos a los empresarios individuales y a los profesionales liberales, cuando se refieran a ellos únicamente en dicha condición y no se traten para entablar una relación con los mismos como personas físicas.

3. Los responsables o encargados del tratamiento a los que se refiere el artículo 77.1 de esta ley orgánica podrán también tratar los datos mencionados en los dos apartados anteriores cuando ello se derive de una obligación legal o sea necesario para el ejercicio de sus competencias.

ART. 20. Sistemas de información crediticia.

1. Salvo prueba en contrario, se presumirá lícito el tratamiento de datos personales relativos al incumplimiento de obligaciones dinerarias, financieras o de crédito por sistemas comunes de información crediticia cuando se cumplan los siguientes requisitos:

a) Que los datos hayan sido facilitados por el acreedor o por quien actúe por su cuenta o interés.

b) Que los datos se refieran a deudas ciertas, vencidas y exigibles, cuya existencia o cuantía no hubiese sido objeto de reclamación administrativa o judicial por el deudor o mediante un procedimiento alternativo de resolución de disputas vinculante entre las partes.

c) Que el acreedor haya informado al afectado en el contrato o en el momento de requerir el pago acerca de la posibilidad de inclusión en dichos sistemas, con indicación de aquéllos en los que participe.

La entidad que mantenga el sistema de información crediticia con datos relativos al incumplimiento de obligaciones dinerarias, financieras o de crédito deberá notificar al afectado la inclusión de tales datos y le informará sobre la posibilidad de ejercitar los derechos establecidos en los artículos 15 a 22 del Reglamento (UE) 2016/679 dentro de los treinta días siguientes a la notificación de la deuda al sistema, permaneciendo bloqueados los datos durante ese plazo.

d) Que los datos únicamente se mantengan en el sistema mientras persista el incumplimiento, con el límite máximo de cinco años desde la fecha de vencimiento de la obligación dineraria, financiera o de crédito.

e) Que los datos referidos a un deudor determinado solamente puedan ser consultados cuando quien consulte el sistema mantuviese una relación contractual con el afectado que implique el abono de una cuantía pecuniaria o este le hubiera solicitado la celebración de un contrato que suponga financiación, pago aplazado o facturación periódica, como sucede, entre otros supuestos, en los previstos en la legislación de contratos de crédito al consumo y de contratos de crédito inmobiliario.

Cuando se hubiera ejercitado ante el sistema el derecho a la limitación del tratamiento de los datos impugnando su exactitud conforme a lo previsto en el artículo 18.1.a) del Reglamento (UE) 2016/679, el sistema informará a quienes pudieran consultarlo con arreglo al párrafo anterior acerca de la mera existencia de dicha circunstancia, sin facilitar los datos concretos respecto de los que se hubiera ejercitado el derecho, en tanto se resuelve sobre la solicitud del afectado.

f) Que, en el caso de que se denegase la solicitud de celebración del contrato, o éste no llegara a celebrarse, como consecuencia de la consulta efectuada, quien haya consultado el sistema informe al afectado del resultado de dicha consulta.

2. Las entidades que mantengan el sistema y las acreedoras, respecto del tratamiento de los datos referidos a sus deudores, tendrán la condición de corresponsables del tratamiento de los datos, siendo de aplicación lo establecido por el artículo 26 del Reglamento (UE) 2016/679.

Corresponderá al acreedor garantizar que concurren los requisitos exigidos para la inclusión en el sistema de la deuda, respondiendo de su inexistencia o inexactitud.

3. La presunción a la que se refiere el apartado 1 de este artículo no ampara los supuestos en que la información crediticia fuese asociada por la entidad que mantuviera el sistema a informaciones adicionales a las contempladas en dicho apartado, relacionadas con el deudor y obtenidas de otras fuentes, a fin de llevar a cabo un perfilado del mismo, en particular mediante la aplicación de técnicas de calificación crediticia.

Apdo. 1: Ver D.A. 6.ª LOPDGDD.

ART. 21. Tratamientos relacionados con la realización de determinadas operaciones mercantiles.

1. Salvo prueba en contrario, se presumirán lícitos los tratamientos de datos, incluida su comunicación con carácter previo, que pudieran derivarse del desarrollo de cualquier operación de modificación estructural de sociedades o la aportación o transmisión de negocio o de rama de actividad empresarial, siempre que los tratamientos fueran necesarios para el buen fin de la operación y garanticen, cuando proceda, la continuidad en la prestación de los servicios.

2. En el caso de que la operación no llegara a concluirse, la entidad cesionaria deberá proceder con carácter inmediato a la supresión de los datos, sin que sea de aplicación la obligación de bloqueo prevista en esta ley orgánica.

ART. 22. Tratamientos con fines de videovigilancia.

1. Las personas físicas o jurídicas, públicas o privadas, podrán llevar a cabo el tratamiento de imágenes a través de sistemas de cámaras o videocámaras con la finalidad de preservar la seguridad de las personas y bienes, así como de sus instalaciones.

2. Solo podrán captarse imágenes de la vía pública en la medida en que resulte imprescindible para la finalidad mencionada en el apartado anterior.

No obstante, será posible la captación de la vía pública en una extensión superior cuando fuese necesario para garantizar la seguridad de bienes o instalaciones estratégicos o de infraestructuras vinculadas al transporte, sin que en ningún caso pueda suponer la captación de imágenes del interior de un domicilio privado.

3. Los datos serán suprimidos en el plazo máximo de un mes desde su captación, salvo cuando hubieran de ser conservados para acreditar la comisión de actos que atenten contra la integridad de personas, bienes o instalaciones. En tal caso, las imágenes deberán ser puestas a disposición de la autoridad competente en un plazo máximo de setenta y dos horas desde que se tuviera conocimiento de la existencia de la grabación.

No será de aplicación a estos tratamientos la obligación de bloqueo prevista en el artículo 32 de esta ley orgánica.

4. El deber de información previsto en el artículo 12 del Reglamento (UE) 2016/679 se entenderá cumplido mediante la colocación de un dispositivo informativo en lugar suficientemente visible identificando, al menos, la existencia del tratamiento, la identidad del responsable y la posibilidad de ejercitar los derechos previstos en los artículos 15 a 22 del Reglamento (UE) 2016/679. También podrá incluirse en el dispositivo informativo un código de conexión o dirección de internet a esta información.

En todo caso, el responsable del tratamiento deberá mantener a disposición de los afectados la información a la que se refiere el citado reglamento.

5. Al amparo del artículo 2.2.c) del Reglamento (UE) 2016/679, se considera excluido de su ámbito de aplicación el tratamiento por una persona física de imágenes que solamente capten el interior de su propio domicilio.

Esta exclusión no abarca el tratamiento realizado por una entidad de seguridad privada que hubiera sido contratada para la vigilancia de un domicilio y tuviese acceso a las imágenes.

6. El tratamiento de los datos personales procedentes de las imágenes y sonidos obtenidos mediante la utilización de cámaras y videocámaras por las Fuerzas y Cuerpos de Seguridad y por los órganos competentes para la vigilancia y control en los centros penitenciarios y para el control, regulación, vigilancia y disciplina del tráfico, se regirá por la legislación de transposición de la Directiva (UE) 2016/680, cuando el tratamiento tenga fines de prevención, investigación, detección o enjuiciamiento de infracciones penales o de ejecución de sanciones penales, incluidas la protección y la prevención frente a las amenazas contra la seguridad pública. Fuera de estos supuestos, dicho tratamiento se regirá por su legislación específica y supletoriamente por el Reglamento (UE) 2016/679 y la presente ley orgánica.

7. Lo regulado en el presente artículo se entiende sin perjuicio de lo previsto en la Ley 5/2014, de 4 de abril, de Seguridad Privada y sus disposiciones de desarrollo.

8. El tratamiento por el empleador de datos obtenidos a través de sistemas de cámaras o videocámaras se somete a lo dispuesto en el artículo 89 de esta ley orgánica.

Apdo. 3: Ver art. 89.3 LOPDGDD.

Apdo. 4: Ver art. 89.1 LOPDGDD.

Apdo. 6: ver Ley Orgánica 7/2021, de 26 de mayo, de protección de datos personales tratados para fines de prevención, detección, investigación y enjuiciamiento de infracciones penales y de ejecución de sanciones penales.

ART. 23. Sistemas de exclusión publicitaria.

1. Será lícito el tratamiento de datos personales que tenga por objeto evitar el envío de comunicaciones comerciales a quienes hubiesen manifestado su negativa u oposición a recibirlas.

A tal efecto, podrán crearse sistemas de información, generales o sectoriales, **por parte de las asociaciones y organismos a los que se refiere el apartado 2 del artículo 40 del Reglamento (UE) 2016/679 del Parlamento Europeo y del Consejo, de 27 de abril, relativo a la protección de las personas físicas en lo que respecta al tratamiento de datos personales y a la libre circulación de estos datos y por el que se deroga la Directiva 95/46/CE (Reglamento general de protección de datos) que cuenten con una alta representatividad** en los que solo se incluirán los datos imprescindibles para identificar a los afectados. Estos sistemas también podrán incluir servicios de preferencia, mediante los cuales los afectados limiten la recepción de comunicaciones comerciales a las procedentes de determinadas empresas. **Para la creación y mantenimiento de estos sistemas se observarán las medidas que se establezcan mediante desarrollo reglamentario.**

2. Las entidades responsables de los sistemas de exclusión publicitaria comunicarán a la autoridad de control competente su creación, su carácter general o sectorial, así como el modo en que los afectados pueden incorporarse a los mismos y, en su caso, hacer valer sus preferencias.

La autoridad de control competente hará pública en su sede electrónica una relación de los sistemas de esta naturaleza que le fueran comunicados, incorporando la información mencionada en el párrafo anterior. A tal efecto, la autoridad de control competente a la que se haya comunicado la creación del sistema lo pondrá en conocimiento de las restantes autoridades de control para su publicación por todas ellas.

3. Cuando un afectado manifieste a un responsable su deseo de que sus datos no sean tratados para la remisión de comunicaciones comerciales, este deberá informarle de los sistemas de exclusión publicitaria existentes, pudiendo remitirse a la información publicada por la autoridad de control competente.

4. Quienes pretendan realizar comunicaciones de mercadotecnia directa, deberán previamente consultar los sistemas de exclusión publicitaria que pudieran afectar a su actuación, excluyendo del tratamiento los datos de los afectados que hubieran manifestado su oposición o negativa al mismo. A estos efectos, para considerar cumplida la obligación anterior será suficiente la consulta de los sistemas de exclusión incluidos en la relación publicada por la autoridad de control competente.

No será necesario realizar la consulta a la que se refiere el párrafo anterior cuando el afectado hubiera prestado, conforme a lo dispuesto en esta ley orgánica, su consentimiento para recibir la comunicación a quien pretenda realizarla.

Apdo. 1 modificado por Ley 10/2025, de 26 de diciembre, por la que se regulan los servicios de atención a la clientela (BOE de 27-12-2025).

ART. 24. Tratamiento de datos para la protección de las personas que informen sobre infracciones normativas.

Serán lícitos los tratamientos de datos personales necesarios para garantizar la protección de las personas que informen sobre infracciones normativas.

Dichos tratamientos se regirán por lo dispuesto en el Reglamento (UE) 2016/679, del Parlamento Europeo y del Consejo, de 27 de abril de 2016, en esta ley orgánica y en la Ley reguladora de la protección de las personas que informen sobre infracciones normativas y de lucha contra la corrupción.

Modificado por Ley 2/2023, de 20 de febrero, reguladora de la protección de las personas que informen sobre infracciones normativas y de lucha contra la corrupción. (BOE de 21-02-2023).

ART. 25. Tratamiento de datos en el ámbito de la función estadística pública.

1. El tratamiento de datos personales llevado a cabo por los organismos que tengan atribuidas las competencias relacionadas con el ejercicio de la función estadística pública se someterá a lo dispuesto en su legislación específica, así como en el Reglamento (UE) 2016/679 y en la presente ley orgánica.

2. La comunicación de los datos a los órganos competentes en materia estadística solo se entenderá amparada en el artículo 6.1 e) del Reglamento (UE) 2016/679 en los casos en que la estadística para la que se requiera la información venga exigida por una norma de Derecho de la Unión Europea o se encuentre incluida en los instrumentos de programación estadística legalmente previstos.

De conformidad con lo dispuesto en el artículo 11.2 de la Ley 12/1989, de 9 de mayo, de la Función Estadística Pública, serán de aportación estrictamente voluntaria y, en consecuencia, solo podrán recogerse previo consentimiento expreso de los afectados los datos a los que se refieren los artículos 9 y 10 del Reglamento (UE) 2016/679.

3. Los organismos competentes para el ejercicio de la función estadística pública podrán denegar las solicitudes de ejercicio por los afectados de los derechos establecidos en los artículos 15 a 22 del Reglamento (UE) 2016/679 cuando los datos se encuentren amparados por las garantías del secreto estadístico previstas en la legislación estatal o autonómica.

ART. 26. Tratamiento de datos con fines de archivo en interés público por parte de las Administraciones Públicas.

Será lícito el tratamiento por las Administraciones Públicas de datos con fines de archivo en interés público, que se someterá a lo dispuesto en el Reglamento (UE) 2016/679 y en la presente ley orgánica con las especialidades que se derivan de lo previsto en la Ley 16/1985, de 25 de junio, del Patrimonio Histórico Español, en el Real Decreto 1708/2011, de 18 de noviembre, por el que se establece el Sistema Español de Archivos y se regula el Sistema de Archivos de la Administración General del Estado y de sus Organismos Públicos y su régimen de acceso, así como la legislación autonómica que resulte de aplicación.

ART. 27. Tratamiento de datos relativos a infracciones y sanciones administrativas.

1. A los efectos del artículo 86 del Reglamento (UE) 2016/679, el tratamiento de datos relativos a infracciones y sanciones administrativas, incluido el mantenimiento de registros relacionados con las mismas, exigirá:

a) Que los responsables de dichos tratamientos sean los órganos competentes para la instrucción del procedimiento sancionador, para la declaración de las infracciones o la imposición de las sanciones.

b) Que el tratamiento se limite a los datos estrictamente necesarios para la finalidad perseguida por aquel.

2. Cuando no se cumpla alguna de las condiciones previstas en el apartado anterior, los tratamientos de datos referidos a infracciones y sanciones administrativas habrán de contar con el consentimiento del interesado o estar autorizados por una norma con rango de ley, en la que se regularán, en su caso, garantías adicionales para los derechos y libertades de los afectados.

3. Fuera de los supuestos señalados en los apartados anteriores, los tratamientos de datos referidos a infracciones y sanciones administrativas solo serán posibles cuando sean llevados a cabo por abogados y procuradores y tengan por objeto recoger la información facilitada por sus clientes para el ejercicio de sus funciones.

Ver art. 72.1.g) LOPDGDD.

TÍTULO V
Responsable y encargado del tratamiento

Ver D.A. 18.ª LOPDGDD.

CAPÍTULO I
Disposiciones generales. Medidas de responsabilidad activa

ART. 28. Obligaciones generales del responsable y encargado del tratamiento.

1. Los responsables y encargados, teniendo en cuenta los elementos enumerados en los artículos 24 y 25 del Reglamento (UE) 2016/679, determinarán las medidas técnicas y organizativas apropiadas que deben aplicar a fin de garantizar y acreditar que el tratamiento es conforme con el citado reglamento, con la presente ley orgánica, sus normas de desarrollo y la legislación sectorial aplicable. En particular valorarán si procede la realización de la evaluación de impacto en la protección de datos y la consulta previa a que se refiere la Sección 3 del Capítulo IV del citado reglamento.

2. Para la adopción de las medidas a que se refiere el apartado anterior los responsables y encargados del tratamiento tendrán en cuenta, en particular, los mayores riesgos que podrían producirse en los siguientes supuestos:

a) Cuando el tratamiento pudiera generar situaciones de discriminación, usurpación de identidad o fraude, pérdidas financieras, daño para la reputación, pérdida de confidencialidad de datos sujetos al secreto profesional, reversión no autorizada de la seudonimización o cualquier otro perjuicio económico, moral o social significativo para los afectados.

b) Cuando el tratamiento pudiese privar a los afectados de sus derechos y libertades o pudiera impedirles el ejercicio del control sobre sus datos personales.

c) Cuando se produjese el tratamiento no meramente incidental o accesorio de las categorías especiales de datos a las que se refieren los artículos 9 y 10 del Reglamento (UE) 2016/679 y 9 y 10 de esta ley orgánica o de los datos relacionados con la comisión de infracciones administrativas.

d) Cuando el tratamiento implicase una evaluación de aspectos personales de los afectados con el fin de crear o utilizar perfiles personales de los mismos, en particular mediante el análisis o la predicción de aspectos referidos a su rendimiento en el trabajo, su situación económica, su salud, sus preferencias o intereses personales, su fiabilidad o comportamiento, su solvencia financiera, su localización o sus movimientos.

e) Cuando se lleve a cabo el tratamiento de datos de grupos de afectados en situación de especial vulnerabilidad y, en particular, de menores de edad y personas con discapacidad.

f) Cuando se produzca un tratamiento masivo que implique a un gran número de afectados o conlleve la recogida de una gran cantidad de datos personales.

g) Cuando los datos personales fuesen a ser objeto de transferencia, con carácter habitual, a terceros Estados u organizaciones internacionales respecto de los que no se hubiese declarado un nivel adecuado de protección.

h) Cualesquiera otros que a juicio del responsable o del encargado pudieran tener relevancia y en particular aquellos previstos en códigos de conducta y estándares definidos por esquemas de certificación.

ART. 29. Supuestos de corresponsabilidad en el tratamiento.

La determinación de las responsabilidades a las que se refiere el artículo 26.1 del Reglamento (UE) 2016/679 se realizará atendiendo a las actividades que efectivamente desarrolle cada uno de los corresponsables del tratamiento.

ART. 30. Representantes de los responsables o encargados del tratamiento no establecidos en la Unión Europea.

1. En los supuestos en que el Reglamento (UE) 2016/679 sea aplicable a un responsable o encargado del tratamiento no establecido en la Unión Europea en virtud de lo dispuesto en su artículo 3.2 y el tratamiento se refiera a afectados que se hallen en España, la Agencia Española de Protección de Datos o, en su caso, las autoridades autonómicas de protección de datos podrán imponer al representante, solidariamente con el responsable o encargado del tratamiento, las medidas establecidas en el Reglamento (UE) 2016/679.

Dicha exigencia se entenderá sin perjuicio de la responsabilidad que pudiera en su caso corresponder al responsable o al encargado del tratamiento y del ejercicio por el representante de la acción de repetición frente a quien proceda.

2. Asimismo, en caso de exigencia de responsabilidad en los términos previstos en el artículo 82 del Reglamento (UE) 2016/679, los responsables, encargados y representantes responderán solidariamente de los daños y perjuicios causados.

ART. 31. Registro de las actividades de tratamiento.

1. Los responsables y encargados del tratamiento o, en su caso, sus representantes deberán mantener el registro de actividades de tratamiento al que se refiere el artículo 30 del Reglamento (UE) 2016/679, salvo que sea de aplicación la excepción prevista en su apartado 5.

El registro, que podrá organizarse en torno a conjuntos estructurados de datos, deberá especificar, según sus finalidades, las actividades de tratamiento llevadas a cabo y las demás circunstancias establecidas en el citado reglamento.

Cuando el responsable o el encargado del tratamiento hubieran designado un delegado de protección de datos deberán comunicarle cualquier adición, modificación o exclusión en el contenido del registro.

2. Los sujetos enumerados en el artículo 77.1 de esta ley orgánica harán público un inventario de sus actividades de tratamiento accesible por medios electrónicos en el que constará la información establecida en el artículo 30 del Reglamento (UE) 2016/679 y su base legal.

ART. 32. Bloqueo de los datos.

1. El responsable del tratamiento estará obligado a bloquear los datos cuando proceda a su rectificación o supresión.

2. El bloqueo de los datos consiste en la identificación y reserva de los mismos, adoptando medidas técnicas y organizativas, para impedir su tratamiento, incluyendo su visualización, excepto para la puesta a disposición de los datos a los jueces y tribunales, el Ministerio Fiscal o las Administraciones Públicas competentes, en particular de las autoridades de protección de datos, para la exigencia de posibles responsabilidades derivadas del tratamiento y solo por el plazo de prescripción de las mismas.

Transcurrido ese plazo deberá procederse a la destrucción de los datos.

3. Los datos bloqueados no podrán ser tratados para ninguna finalidad distinta de la señalada en el apartado anterior.

4. Cuando para el cumplimiento de esta obligación, la configuración del sistema de información no permita el bloqueo o se requiera una adaptación que implique un esfuerzo desproporcionado, se procederá a un copiado seguro de la información de modo que conste evidencia digital, o de otra naturaleza, que permita acreditar la autenticidad de la misma, la fecha del bloqueo y la no manipulación de los datos durante el mismo.

5. La Agencia Española de Protección de Datos y las autoridades autonómicas de protección de datos, dentro del ámbito de sus respectivas competencias, podrán fijar excepciones a la obligación de bloqueo establecida en este artículo, en los supuestos en que, atendida la naturaleza de los datos o el hecho de que se refieran a un número particularmente elevado de afectados, su mera conservación, incluso bloqueados, pudiera generar un riesgo elevado para los derechos de los afectados, así como en aquellos casos en los que la conservación de los datos bloqueados pudiera implicar un coste desproporcionado para el responsable del tratamiento.

Ver arts. 22.3, 24.4 y 72.1.n) LOPDGDD.

CAPÍTULO II
Encargado del tratamiento

ART. 33. Encargado del tratamiento.

1. El acceso por parte de un encargado de tratamiento a los datos personales que resulten necesarios para la prestación de un servicio al responsable no se considerará comunicación de datos siempre que se cumpla lo establecido en el Reglamento (UE) 2016/679, en la presente ley orgánica y en sus normas de desarrollo.

2. Tendrá la consideración de responsable del tratamiento y no la de encargado quien en su propio nombre y sin que conste que actúa por cuenta de otro, establezca relaciones con los afectados aun cuando exista un contrato o acto jurídico con el contenido fijado en el artículo 28.3 del Reglamento (UE) 2016/679. Esta previsión no será aplicable a los encargos de tratamiento efectuados en el marco de la legislación de contratación del sector público.

Tendrá asimismo la consideración de responsable del tratamiento quien figurando como encargado utilizase los datos para sus propias finalidades.

3. El responsable del tratamiento determinará si, cuando finalice la prestación de los servicios del encargado, los datos personales deben ser destruidos, devueltos al responsable o entregados, en su caso, a un nuevo encargado.

No procederá la destrucción de los datos cuando exista una previsión legal que obligue a su conservación, en cuyo caso deberán ser devueltos al responsable, que garantizará su conservación mientras tal obligación persista.

4. El encargado del tratamiento podrá conservar, debidamente bloqueados, los datos en tanto pudieran derivarse responsabilidades de su relación con el responsable del tratamiento.

5. En el ámbito del sector público podrán atribuirse las competencias propias de un encargado del tratamiento a un determinado órgano de la Administración General del Estado, la Administración de las comunidades autónomas, las Entidades que integran la Administración Local o a los Organismos vinculados o dependientes de las mismas mediante la adopción de una norma reguladora de dichas competencias, que deberá incorporar el contenido exigido por el artículo 28.3 del Reglamento (UE) 2016/679.

CAPÍTULO III
Delegado de protección de datos

ART. 34. Designación de un delegado de protección de datos.

1. Los responsables y encargados del tratamiento deberán designar un delegado de protección de datos en los supuestos previstos en el artículo 37.1 del Reglamento (UE) 2016/679 y, en todo caso, cuando se trate de las siguientes entidades:

a) Los colegios profesionales y sus consejos generales.

b) Los centros docentes que ofrezcan enseñanzas en cualquiera de los niveles establecidos en la legislación reguladora del derecho a la educación, así como las Universidades públicas y privadas.

c) Las entidades que exploten redes y presten servicios de comunicaciones electrónicas conforme a lo dispuesto en su legislación específica, cuando traten habitual y sistemáticamente datos personales a gran escala.

d) Los prestadores de servicios de la sociedad de la información cuando elaboren a gran escala perfiles de los usuarios del servicio.

e) Las entidades incluidas en el artículo 1 de la Ley 10/2014, de 26 de junio, de ordenación, supervisión y solvencia de entidades de crédito.

f) Los establecimientos financieros de crédito.

g) Las entidades aseguradoras y reaseguradoras.

h) Las empresas de servicios de inversión, reguladas por la legislación del Mercado de Valores.

i) Los distribuidores y comercializadores de energía eléctrica y los distribuidores y comercializadores de gas natural.

j) Las entidades responsables de ficheros comunes para la evaluación de la solvencia patrimonial y crédito o de los ficheros comunes para la gestión y prevención del fraude, incluyendo a los responsables de los ficheros regulados por la legislación de prevención del blanqueo de capitales y de la financiación del terrorismo.

k) Las entidades que desarrollen actividades de publicidad y prospección comercial, incluyendo las de investigación comercial y de mercados, cuando lleven a cabo tratamientos basados en las preferencias de los afectados o realicen actividades que impliquen la elaboración de perfiles de los mismos.

l) Los centros sanitarios legalmente obligados al mantenimiento de las historias clínicas de los pacientes.

Se exceptúan los profesionales de la salud que, aun estando legalmente obligados al mantenimiento de las historias clínicas de los pacientes, ejerzan su actividad a título individual.

m) Las entidades que tengan como uno de sus objetos la emisión de informes comerciales que puedan referirse a personas físicas.

n) Los operadores que desarrollen la actividad de juego a través de canales electrónicos, informáticos, telemáticos e interactivos, conforme a la normativa de regulación del juego.

ñ) Las empresas de seguridad privada.

o) Las federaciones deportivas cuando traten datos de menores de edad.

2. Los responsables o encargados del tratamiento no incluidos en el párrafo anterior podrán designar de manera voluntaria un delegado de protección de datos, que quedará sometido al régimen establecido en el Reglamento (UE) 2016/679 y en la presente ley orgánica.

3. Los responsables y encargados del tratamiento comunicarán en el plazo de diez días a la Agencia Española de Protección de Datos o, en su caso, a las autoridades autonómicas de protección de datos, las designaciones, nombramientos y ceses de los delegados de protección de datos tanto en los supuestos en que se encuentren obligadas a su designación como en el caso en que sea voluntaria.

4. La Agencia Española de Protección de Datos y las autoridades autonómicas de protección de datos mantendrán, en el ámbito de sus respectivas competencias, una lista actualizada de delegados de protección de datos que será accesible por medios electrónicos.

5. En el cumplimiento de las obligaciones de este artículo los responsables y encargados del tratamiento podrán establecer la dedicación completa o a tiempo parcial del delegado, entre otros criterios, en función del volumen de los tratamientos, la categoría especial de los datos tratados o de los riesgos para los derechos o libertades de los interesados.

Ver art. 72.1.v) LOPDGDD.

ART. 35. Cualificación del delegado de protección de datos.

El cumplimiento de los requisitos establecidos en el artículo 37.5 del Reglamento (UE) 2016/679 para la designación del delegado de protección de datos, sea persona física o jurídica, podrá demostrarse, entre otros medios, a través de mecanismos voluntarios de certificación que tendrán particularmente en cuenta la obtención de una titulación universitaria que acredite conocimientos especializados en el derecho y la práctica en materia de protección de datos.

ART. 36. Posición del delegado de protección de datos.

1. El delegado de protección de datos actuará como interlocutor del responsable o encargado del tratamiento ante la Agencia Española de Protección de Datos y las autoridades

autonómicas de protección de datos. El delegado podrá inspeccionar los procedimientos relacionados con el objeto de la presente ley orgánica y emitir recomendaciones en el ámbito de sus competencias.

2. Cuando se trate de una persona física integrada en la organización del responsable o encargado del tratamiento, el delegado de protección de datos no podrá ser removido ni sancionado por el responsable o el encargado por desempeñar sus funciones salvo que incurriera en dolo o negligencia grave en su ejercicio. Se garantizará la independencia del delegado de protección de datos dentro de la organización, debiendo evitarse cualquier conflicto de intereses.

3. En el ejercicio de sus funciones el delegado de protección de datos tendrá acceso a los datos personales y procesos de tratamiento, no pudiendo oponer a este acceso el responsable o el encargado del tratamiento la existencia de cualquier deber de confidencialidad o secreto, incluyendo el previsto en el artículo 5 de esta ley orgánica.

4. Cuando el delegado de protección de datos aprecie la existencia de una vulneración relevante en materia de protección de datos lo documentará y lo comunicará inmediatamente a los órganos de administración y dirección del responsable o el encargado del tratamiento.

Ver art. 38 RGPD.

ART. 37. Intervención del delegado de protección de datos en caso de reclamación ante las autoridades de protección de datos.

1. Cuando el responsable o el encargado del tratamiento hubieran designado un delegado de protección de datos el afectado podrá, con carácter previo a la presentación de una reclamación contra aquéllos ante la Agencia Española de Protección de Datos o, en su caso, ante las autoridades autonómicas de protección de datos, dirigirse al delegado de protección de datos de la entidad contra la que se reclame.

En este caso, el delegado de protección de datos comunicará al afectado la decisión que se hubiera adoptado en el plazo máximo de dos meses a contar desde la recepción de la reclamación.

2. Cuando el afectado presente una reclamación ante la Agencia Española de Protección de Datos o, en su caso, ante las autoridades autonómicas de protección de datos, aquellas podrán remitir la reclamación al delegado de protección de datos a fin de que este responda en el plazo de un mes.

Si transcurrido dicho plazo el delegado de protección de datos no hubiera comunicado a la autoridad de protección de datos competente la respuesta dada a la reclamación, dicha autoridad continuará el procedimiento con arreglo a lo establecido en el Título VIII de esta ley orgánica y en sus normas de desarrollo.

3. El procedimiento ante la Agencia Española de Protección de Datos será el establecido en el Título VIII de esta ley orgánica y en sus normas de desarrollo. Asimismo, las comunidades autónomas regularán el procedimiento correspondiente ante sus autoridades autonómicas de protección de datos.

Ver arts. 38.2 y 65.4 LOPDGDD.

CAPÍTULO IV
Códigos de conducta y certificación

ART. 38. Códigos de conducta.

1. Los códigos de conducta regulados por la sección 5.ª del Capítulo IV del Reglamento (UE) 2016/679 serán vinculantes para quienes se adhieran a los mismos.

Dichos códigos podrán dotarse de mecanismos de resolución extrajudicial de conflictos.

2. Dichos códigos podrán promoverse, además de por las asociaciones y organismos a los que se refiere el artículo 40.2 del Reglamento (UE) 2016/679, por empresas o grupos de empresas así como por los responsables o encargados a los que se refiere el artículo 77.1 de esta ley orgánica.

Asimismo, podrán ser promovidos por los organismos o entidades que asuman las funciones de supervisión y resolución extrajudicial de conflictos a los que se refiere el artículo 41 del Reglamento (UE) 2016/679.

Los responsables o encargados del tratamiento que se adhieran al código de conducta se obligan a someter al organismo o entidad de supervisión las reclamaciones que les fueran formuladas por los afectados en relación con los tratamientos de datos incluidos en su ámbito de aplicación en caso de considerar que no procede atender a lo solicitado en la reclamación, sin perjuicio de lo dispuesto en el artículo 37 de esta ley orgánica. Además, sin menoscabo de las competencias atribuidas por el Reglamento (UE) 2016/679 a las autoridades de protección de datos, podrán voluntariamente y antes de llevar a cabo el tratamiento, someter al citado organismo o entidad de supervisión la verificación de la conformidad del mismo con las materias sujetas al código de conducta.

En caso de que el organismo o entidad de supervisión rechace o desestime la reclamación, o si el responsable o encargado del tratamiento no somete la reclamación a su decisión, el afectado podrá formularla ante la Agencia Española de Protección de Datos o, en su caso, las autoridades autonómicas de protección de datos.

La autoridad de protección de datos competente verificará que los organismos o entidades que promuevan los códigos de conducta han dotado a estos códigos de organismos de supervisión que reúnan los requisitos establecidos en el artículo 41.2 del Reglamento (UE) 2016/679.

3. Los códigos de conducta serán aprobados por la Agencia Española de Protección de Datos o, en su caso, por la autoridad autonómica de protección de datos competente.

4. La Agencia Española de Protección de Datos o, en su caso, las autoridades autonómicas de protección de datos someterán los proyectos de código al mecanismo de coherencia mencionado en el artículo 63 de Reglamento (UE) 2016/679 en los supuestos en que ello proceda según su artículo 40.7. El procedimiento quedará suspendido en tanto el Comité Europeo de Protección de Datos no emita el dictamen al que se refieren los artículos 64.1.b) y 65.1.c) del citado reglamento.

Cuando sea una autoridad autonómica de protección de datos la que someta el proyecto de código al mecanismo de coherencia, se estará a lo dispuesto en el artículo 60 de esta ley orgánica.

5. La Agencia Española de Protección de Datos y las autoridades autonómicas de protección de datos mantendrán registros de los códigos de conducta aprobados por las mismas, que estarán interconectados entre sí y coordinados con el registro gestionado por el Comité Europeo de Protección de Datos conforme al artículo 40.11 del citado reglamento.

El registro será accesible a través de medios electrónicos.

6. Mediante real decreto se establecerán el contenido del registro y las especialidades del procedimiento de aprobación de los códigos de conducta.

Ver art. 49.1.j) LOPDGDD.

Apdo. 2: Ver art. 65.4 LOPDGDD.

Apdo. 4: Ver D.T. 2.ª LOPDGDD.

Se habilita al Gobierno (ver D.F. 15.ª de esta norma) para desarrollar lo dispuesto en el apdo. 6 de este artículo.

ART. 39. Acreditación de instituciones de certificación.

Sin perjuicio de las funciones y poderes de acreditación de la autoridad de control competente en virtud de los artículos 57 y 58 del Reglamento (UE) 2016/679, la acreditación de las instituciones de certificación a las que se refiere el artículo 43.1 del citado reglamento podrá ser llevada a cabo por la Entidad Nacional de Acreditación (ENAC), que comunicará a la Agencia Española de Protección de Datos y a las autoridades de protección de datos de las comunidades autónomas las concesiones, denegaciones o revocaciones de las acreditaciones, así como su motivación.

Ver art. 72.1.z) LOPDGDD.

TÍTULO VI
Transferencias internacionales de datos

ART. 40. Régimen de las transferencias internacionales de datos.

Las transferencias internacionales de datos se regirán por lo dispuesto en el Reglamento (UE) 2016/679, en la presente ley orgánica y sus normas de desarrollo aprobadas por el

Gobierno, y en las circulares de la Agencia Española de Protección de Datos y de las autoridades autonómicas de protección de datos, en el ámbito de sus respectivas competencias.

En todo caso se aplicarán a los tratamientos en que consista la propia transferencia las disposiciones contenidas en dichas normas, en particular las que regulan los principios de protección de datos.

ART. 41. Supuestos de adopción por la Agencia Española de Protección de Datos.

1. La Agencia Española de Protección de Datos y las autoridades autonómicas de protección de datos podrán adoptar, conforme a lo dispuesto en el artículo 46.2.c) del Reglamento (UE) 2016/679, cláusulas contractuales tipo para la realización de transferencias internacionales de datos, que se someterán previamente al dictamen del Comité Europeo de Protección de Datos previsto en el artículo 64 del citado reglamento.

2. La Agencia Española de Protección de Datos y las autoridades autonómicas de protección de datos podrán aprobar normas corporativas vinculantes de acuerdo con lo previsto en el artículo 47 del Reglamento (UE) 2016/679.

El procedimiento se iniciará a instancia de una entidad situada en España y tendrá una duración máxima de nueve meses. Quedará suspendido como consecuencia de la remisión del expediente al Comité Europeo de Protección de Datos para que emita el dictamen al que se refiere el artículo 64.1.f) del Reglamento (UE) 2016/679, y continuará tras su notificación a la Agencia Española de Protección de Datos o a la autoridad autonómica de protección de datos competente.

ART. 42. Supuestos sometidos a autorización previa de las autoridades de protección de datos.

1. Las transferencias internacionales de datos a países u organizaciones internacionales que no cuenten con decisión de adecuación aprobada por la Comisión o que no se amparen en alguna de las garantías previstas en el artículo anterior y en el artículo 46.2 del Reglamento (UE) 2016/679, requerirán una previa autorización de la Agencia Española de Protección de Datos o, en su caso, autoridades autonómicas de protección de datos, que podrá otorgarse en los siguientes supuestos:

a) Cuando la transferencia pretenda fundamentarse en la aportación de garantías adecuadas con fundamento en cláusulas contractuales que no correspondan a las cláusulas tipo previstas en el artículo 46.2, letras c) y d), del Reglamento (UE) 2016/679.

b) Cuando la transferencia se lleve a cabo por alguno de los responsables o encargados a los que se refiere el artículo 77.1 de esta ley orgánica y se funde en disposiciones incorporadas a acuerdos internacionales no normativos con otras autoridades u organismos públicos de terceros Estados, que incorporen derechos efectivos y exigibles para los afectados, incluidos los memorandos de entendimiento.

El procedimiento tendrá una duración máxima de seis meses.

2. La autorización quedará sometida a la emisión por el Comité Europeo de Protección de Datos del dictamen al que se refieren los artículos 64.1.e), 64.1.f) y 65.1.c) del Reglamento (UE) 2016/679. La remisión del expediente al citado comité implicará la suspensión del procedimiento hasta que el dictamen sea notificado a la Agencia Española de Protección de Datos o, por conducto de la misma, a la autoridad de control competente, en su caso.

ART. 43. Supuestos sometidos a información previa a la autoridad de protección de datos competente.

Los responsables del tratamiento deberán informar a la Agencia Española de Protección de Datos o, en su caso, a las autoridades autonómicas de protección de datos, de cualquier transferencia internacional de datos que pretendan llevar a cabo sobre la base de su necesidad para fines relacionados con intereses legítimos imperiosos perseguidos por aquéllos y la concurrencia del resto de los requisitos previstos en el último párrafo del artículo 49.1 del Reglamento (UE) 2016/679. Asimismo, informarán a los afectados de la transferencia y de los intereses legítimos imperiosos perseguidos.

Esta información deberá facilitarse con carácter previo a la realización de la transferencia.

Lo dispuesto en este artículo no será de aplicación a las actividades llevadas a cabo por las autoridades públicas en el ejercicio de sus poderes públicos, de acuerdo con el artículo 49.3 del Reglamento (UE) 2016/679.

TÍTULO VII
Autoridades de protección de datos

Este Título VII (salvo los artículos 52 y 53) tiene carácter de ley ordinaria, tal y como dispone la D.F. 1.ª de esta norma.

Ver Real Decreto 428/1993, de 26 de marzo, por el que se aprueba el Estatuto de la Agencia de Protección de Datos, que continuará vigente en lo que no se oponga a lo establecido en el Título VIII de esta norma, tal y como se dispone en la D.T. 1.ª LOPDGDD.

Ver arts. 48 y 61 Ley Orgánica 7/2021, de 26 de mayo, de protección de datos personales tratados para fines de prevención, detección, investigación y enjuiciamiento de infracciones penales y de ejecución de sanciones penales.

CAPÍTULO I
La Agencia Española de Protección de Datos

Sección 1.ª Disposiciones generales

ART. 44. Disposiciones generales.

1. La Agencia Española de Protección de Datos es una autoridad administrativa independiente de ámbito estatal, de las previstas en la Ley 40/2015, de 1 de octubre, de Régimen Jurídico del Sector Público, con personalidad jurídica y plena capacidad pública y privada, que actúa con plena independencia de los poderes públicos en el ejercicio de sus funciones.

Su denominación oficial, de conformidad con lo establecido en el artículo 109.3 de la Ley 40/2015, de 1 de octubre, de Régimen Jurídico del Sector Público, será «Agencia Española de Protección de Datos, Autoridad Administrativa Independiente».

Se relaciona con el Gobierno a través del Ministerio de Justicia.

2. La Agencia Española de Protección de Datos tendrá la condición de representante común de las autoridades de protección de datos del Reino de España en el Comité Europeo de Protección de Datos.

3. La Agencia Española de Protección de Datos, el Consejo General del Poder Judicial y en su caso, la Fiscalía General del Estado, colaborarán en aras del adecuado ejercicio de las respectivas competencias que la Ley Orgánica 6/1985, de 1 de julio, del Poder Judicial, les atribuye en materia de protección de datos personales en el ámbito de la Administración de Justicia.

Apdo. 3 modificado por Ley Orgánica 7/2021, de 26 de mayo, de protección de datos personales tratados para fines de prevención, detección, investigación y enjuiciamiento de infracciones penales y de ejecución de sanciones penales (BOE de 27-05-2021). Modificación vigente a partir del 16 de junio de 2021.

ART. 45. Régimen jurídico.

1. La Agencia Española de Protección de Datos se rige por lo dispuesto en el Reglamento (UE) 2016/679, la presente ley orgánica y sus disposiciones de desarrollo.

Supletoriamente, en cuanto sea compatible con su plena independencia y sin perjuicio de lo previsto en el artículo 63.2 de esta ley orgánica, se regirá por las normas citadas en el artículo 110.1 de la Ley 40/2015, de 1 de octubre, de Régimen Jurídico del Sector Público.

2. El Gobierno, a propuesta de la Agencia Española de Protección de Datos, aprobará su Estatuto mediante real decreto.

Se habilita al Gobierno (ver D.F. 15.ª de esta norma) para desarrollar lo dispuesto en el apdo. 2 de este artículo.

Ver Real Decreto 389/2021, de 1 de junio, por el que se aprueba el Estatuto de la Agencia Española de Protección de Datos (BOE de 02-06-2021).

ART. 46. Régimen económico presupuestario y de personal.

1. La Agencia Española de Protección de Datos elaborará y aprobará su presupuesto y lo remitirá al Gobierno para que sea integrado, con independencia, en los Presupuestos Generales del Estado.

2. El régimen de modificaciones y de vinculación de los créditos de su presupuesto será el establecido en el Estatuto de la Agencia Española de Protección de Datos.

Corresponde a la Presidencia de la Agencia Española de Protección de Datos autorizar las modificaciones presupuestarias que impliquen hasta un tres por ciento de la cifra inicial de su presupuesto total de gastos, siempre que no se incrementen los créditos para gastos de personal. Las restantes modificaciones que no excedan de un cinco por ciento del presupuesto serán autorizadas por el Ministerio de Hacienda y, en los demás casos, por el Gobierno.

3. La Agencia Española de Protección de Datos contará para el cumplimiento de sus fines con las asignaciones que se establezcan con cargo a los Presupuestos Generales del Estado, los bienes y valores que constituyan su patrimonio y los ingresos, ordinarios y extraordinarios derivados del ejercicio de sus actividades, incluidos los derivados del ejercicio de las potestades establecidos en el artículo 58 del Reglamento (UE) 2016/679.

4. El resultado positivo de sus ingresos se destinará por la Agencia Española de Protección de Datos a la dotación de sus reservas con el fin de garantizar su plena independencia.

5. El personal al servicio de la Agencia Española de Protección de Datos será funcionario o laboral y se regirá por lo previsto en el texto refundido de la Ley del Estatuto Básico del Empleado Público, aprobado por Real Decreto Legislativo 5/2015, de 30 de octubre, y demás normativa reguladora de los funcionarios públicos y, en su caso, por la normativa laboral.

6. La Agencia Española de Protección Datos elaborará y aprobará su relación de puestos de trabajo, en el marco de los criterios establecidos por el Ministerio de Hacienda, respetando el límite de gasto de personal establecido en el presupuesto. En dicha relación de puestos de trabajo constarán, en todo caso, aquellos puestos que deban ser desempeñados en exclusiva por funcionarios públicos, por consistir en el ejercicio de las funciones que impliquen la participación directa o indirecta en el ejercicio de potestades públicas y la salvaguarda de los intereses generales del Estado y de las Administraciones Públicas.

7. Sin perjuicio de las competencias atribuidas al Tribunal de Cuentas, la gestión económico-financiera de la Agencia Española de Protección de Datos estará sometida al control de la Intervención General de la Administración del Estado en los términos que establece la Ley 47/2003, de 26 de noviembre, General Presupuestaria.

ART. 47. Funciones y potestades de la Agencia Española de Protección de Datos.

Corresponde a la Agencia Española de Protección de Datos supervisar la aplicación de esta ley orgánica y del Reglamento (UE) 2016/679 y, en particular, ejercer las funciones establecidas en el artículo 57 y las potestades previstas en el artículo 58 del mismo reglamento, en la presente ley orgánica y en sus disposiciones de desarrollo.

Asimismo, corresponde a la Agencia Española de Protección de Datos el desempeño de las funciones y potestades que le atribuyan otras leyes o normas de Derecho de la Unión Europea.

ART. 48. La Presidencia de la Agencia Española de Protección de Datos.

1. La Presidencia de la Agencia Española de Protección de Datos la dirige, ostenta su representación y dicta sus resoluciones, circulares y directrices.

2. La Presidencia de la Agencia Española de Protección de Datos estará auxiliada por un Adjunto en el que podrá delegar sus funciones, a excepción de las relacionadas con los procedimientos regulados por el título VIII de esta ley orgánica, y que la sustituirá en el ejercicio de las mismas en los términos previstos en el Estatuto Orgánico de la Agencia Española de Protección de Datos.

Ambos ejercerán sus funciones con plena independencia y objetividad y no estarán sujetos a instrucción alguna en su desempeño. Les será aplicable la legislación reguladora del ejercicio del alto cargo de la Administración General del Estado.

En los supuestos de ausencia, vacante o enfermedad de la persona titular de la Presidencia o cuando concurran en ella alguno de los motivos de abstención o recusación previstos en el artículo 23 de la Ley 40/2015, de 1 de octubre, de Régimen Jurídico del Sector Público, el ejercicio de las competencias relacionadas con los procedimientos regulados por el título VIII de esta ley orgánica serán asumidas por la persona titular del órgano directivo que desarrolle las funciones de inspección. En el supuesto de que cualquiera de las circunstancias mencionadas concurriera igualmente en dicha persona, el ejercicio de las competencias afectadas será asumido por las personas titulares de los órganos directivos con nivel de subdirección general, por el orden establecido en el Estatuto.

El ejercicio del resto de competencias será asumido por el Adjunto en los términos previstos en el Estatuto Orgánico de la Agencia Española de Protección de Datos y, en su defecto, por las personas titulares de los órganos directivos con nivel de subdirección general, por el orden establecido en el Estatuto.

3. La Presidencia de la Agencia Española de Protección de Datos y su Adjunto serán nombrados por el Gobierno, a propuesta del Ministerio de Justicia, entre personas de reconocida competencia profesional, en particular en materia de protección de datos.

Dos meses antes de producirse la expiración del mandato o, en el resto de las causas de cese, cuando se haya producido éste, el Ministerio de Justicia ordenará la publicación en el Boletín Oficial del Estado de la convocatoria pública de candidatos.

Previa evaluación del mérito, capacidad, competencia e idoneidad de los candidatos, el Gobierno remitirá al Congreso de los Diputados una propuesta de Presidencia y Adjunto acompañada de un informe justificativo que, tras la celebración de la preceptiva audiencia de los candidatos, deberá ser ratificada por la Comisión de Justicia en votación pública por mayoría de tres quintos de sus miembros en primera votación o, de no alcanzarse ésta, por mayoría absoluta en segunda votación, que se realizará inmediatamente después de la primera. En este último supuesto, los votos favorables deberán proceder de Diputados pertenecientes, al menos, a dos grupos parlamentarios diferentes.

4. La Presidencia y el Adjunto de la Agencia Española de Protección de Datos serán nombrados por el Consejo de Ministros mediante real decreto.

5. El mandato de la Presidencia y del Adjunto de la Agencia Española de Protección de Datos tiene una duración de cinco años y puede ser renovado para otro período de igual duración.

La Presidencia y el Adjunto solo cesarán antes de la expiración de su mandato, a petición propia o por separación acordada por el Consejo de Ministros, por:

a) Incumplimiento grave de sus obligaciones,

b) incapacidad sobrevenida para el ejercicio de su función,

c) incompatibilidad, o

d) condena firme por delito doloso.

En los supuestos previstos en las letras a), b) y c) será necesaria la ratificación de la separación por las mayorías parlamentarias previstas en el apartado 3 de este artículo.

6. Los actos y disposiciones dictados por la Presidencia de la Agencia Española de Protección de Datos ponen fin a la vía administrativa, siendo recurribles, directamente, ante la Sala de lo Contencioso-administrativo de la Audiencia Nacional.

Apdo. 2 modificado por Ley 11/2023, de 8 de mayo, de trasposición de Directivas de la Unión Europea en materia de accesibilidad de determinados productos y servicios, migración de personas altamente cualificadas, tributaria y digitalización de actuaciones notariales y registrales; y por la que se modifica la Ley 12/2011, de 27 de mayo, sobre responsabilidad civil por daños nucleares o producidos por materiales radiactivos. (BOE de 09-05-2023).

Apdos. 2, 3 y 5: Ver D.T. 1.ª LOPDGDD.

ART. 49. Consejo Consultivo de la Agencia Española de Protección de Datos.

1. La Presidencia de la Agencia Española de Protección de Datos estará asesorada por un Consejo Consultivo compuesto por los siguientes miembros:

a) Un Diputado, propuesto por el Congreso de los Diputados.

b) Un Senador, propuesto por el Senado.

c) Un representante designado por el Consejo General del Poder Judicial.

d) Un representante de la Administración General del Estado con experiencia en la materia, propuesto por el Ministro de Justicia.

e) Un representante de cada Comunidad Autónoma que haya creado una Autoridad de protección de datos en su ámbito territorial, propuesto de acuerdo con lo que establezca la respectiva Comunidad Autónoma.

f) Un experto propuesto por la Federación Española de Municipios y Provincias.

g) Un experto propuesto por el Consejo de Consumidores y Usuarios.

h) Dos expertos propuestos por las Organizaciones Empresariales.

i) Un representante de los profesionales de la protección de datos y de la privacidad, propuesto por la asociación de ámbito estatal con mayor número de asociados.

j) Un representante de los organismos o entidades de supervisión y resolución extrajudicial de conflictos previstos en el Capítulo IV del Título V, propuesto por el Ministro de Justicia.

k) Un experto, propuesto por la Conferencia de Rectores de las Universidades Españolas.

l) Un representante de las organizaciones que agrupan a los Consejos Generales, Superiores y Colegios Profesionales de ámbito estatal de las diferentes profesiones colegiadas, propuesto por el Ministro de Justicia.

m) Un representante de los profesionales de la seguridad de la información, propuesto por la asociación de ámbito estatal con mayor número de asociados.

n) Un experto en transparencia y acceso a la información pública propuesto por el Consejo de Transparencia y Buen Gobierno.

ñ) Dos expertos propuestos por las organizaciones sindicales más representativas.

2. A los efectos del apartado anterior, la condición de experto requerirá acreditar conocimientos especializados en el Derecho y la práctica en materia de protección de datos mediante el ejercicio profesional o académico.

3. Los miembros del Consejo Consultivo serán nombrados por orden del Ministro de Justicia, publicada en el Boletín Oficial del Estado.

4. El Consejo Consultivo se reunirá cuando así lo disponga la Presidencia de la Agencia Española de Protección de Datos y, en todo caso, una vez al semestre.

5. Las decisiones tomadas por el Consejo Consultivo no tendrán en ningún caso carácter vinculante.

6. En todo lo no previsto por esta ley orgánica, el régimen, competencias y funcionamiento del Consejo Consultivo serán los establecidos en el Estatuto Orgánico de la Agencia Española de Protección de Datos.

ART. 50. Publicidad.

La Agencia Española de Protección de Datos publicará las resoluciones de su Presidencia que declaren haber lugar o no a la atención de los derechos reconocidos en los artículos 15 a 22 del Reglamento (UE) 2016/679, las que pongan fin a los procedimientos sancionadores y a los procedimientos de apercibimiento, las que archiven las actuaciones previas de investigación, las dictadas respecto de las entidades a que se refiere el artículo 77.1 de esta ley orgánica, las que impongan medidas cautelares y las demás que disponga su Estatuto.

Modificado por Ley 11/2023, de 8 de mayo, de trasposición de Directivas de la Unión Europea en materia de accesibilidad de determinados productos y servicios, migración de personas altamente cualificadas, tributaria y digitalización de actuaciones notariales y registrales; y por la que se modifica la Ley 12/2011, de 27 de mayo, sobre responsabilidad civil por daños nucleares o producidos por materiales radiactivos. (BOE de 09-05-2023).

Ver D.T. 1.ª LOPDGDD.

Sección 2.ª Potestades de investigación y planes de auditoría preventiva

Ver art. 67.2 LOPDGDD.

ART. 51. Ámbito y personal competente.

1. La Agencia Española de Protección de Datos desarrollará su actividad de investigación a través de las actuaciones previstas en el Título VIII y de los planes de auditoría preventivas.

2. La actividad de investigación se llevará a cabo por los funcionarios de la Agencia Española de Protección de Datos o por funcionarios ajenos a ella habilitados expresamente por su Presidencia.

3. En los casos de actuaciones conjuntas de investigación conforme a lo dispuesto en el artículo 62 del Reglamento (UE) 2016/679, el personal de las autoridades de control de otros Estados Miembros de Unión Europea que colabore con la Agencia Española de Protección de Datos ejercerá sus facultades con arreglo a lo previsto en la presente ley orgánica y bajo la orientación y en presencia del personal de esta.

4. Los funcionarios que desarrollen actividades de investigación tendrán la consideración de agentes de la autoridad en el ejercicio de sus funciones, y estarán obligados a guardar secreto sobre las informaciones que conozcan con ocasión de dicho ejercicio, incluso después de haber cesado en él.

ART. 52. Deber de colaboración.

1. Las Administraciones Públicas, incluidas las tributarias y de la Seguridad Social, y los particulares estarán obligados a proporcionar a la Agencia Española de Protección de Datos los datos, informes, antecedentes y justificantes necesarios para llevar a cabo su actividad de investigación.

Cuando la información contenga datos personales la comunicación de dichos datos estará amparada por lo dispuesto en el artículo 6.1 c) del Reglamento (UE) 2016/679.

2. En el marco de las actuaciones previas de investigación, cuando no haya podido realizar la identificación por otros medios, la Agencia Española de Protección de Datos podrá recabar de las Administraciones Públicas, incluidas las tributarias y de la Seguridad Social, las informaciones y datos que resulten imprescindibles con la exclusiva finalidad de lograr la identificación de los responsables de las conductas que pudieran ser constitutivas de infracción del Reglamento (UE) 2016/679 y de la presente ley orgánica.

En el supuesto de las Administraciones tributarias y de la Seguridad Social, la información se limitará a la que resulte necesaria para poder identificar inequívocamente contra quién debe dirigirse la actuación de la Agencia Española de Protección de Datos en los supuestos de creación de entramados societarios que dificultasen el conocimiento directo del presunto responsable de la conducta contraria al Reglamento (UE) 2016/679 y a la presente ley orgánica.

3. Cuando no haya podido realizar la identificación por otros medios, la Agencia Española de Protección de Datos podrá recabar de los operadores que presten servicios de comunicaciones electrónicas disponibles al público y de los prestadores de servicios de la sociedad de la información los datos que obren en su poder y que resulten imprescindibles para la identificación del presunto responsable de la conducta contraria al Reglamento (UE) 2016/679 y a la presente ley orgánica cuando se hubiere llevado a cabo mediante la utilización de un servicio de la sociedad de la información o la realización de una comunicación electrónica. A tales efectos, los datos que la Agencia Española de Protección de Datos podrá recabar al amparo de este apartado son los siguientes:

a) Cuando la conducta se hubiera realizado mediante la utilización de un servicio de telefonía fija o móvil:

1.º El número de teléfono de origen de la llamada en caso de que el mismo se hubiese ocultado.

2.º El nombre, número de documento identificativo y dirección del abonado o usuario registrado al que corresponda ese número de teléfono.

3.º La mera confirmación de que se ha realizado una llamada específica entre dos números en una determinada fecha y hora.

b) Cuando la conducta se hubiera realizado mediante la utilización de un servicio de la sociedad de la información:

1.º La identificación de la dirección de protocolo de Internet desde la que se hubiera llevado a cabo la conducta y la fecha y hora de su realización.

2.º Si la conducta se hubiese llevado a cabo mediante correo electrónico, la identificación de la dirección de protocolo de Internet desde la que se creó la cuenta de correo y la fecha y hora en que la misma fue creada.

3.º El nombre, número de documento identificativo y dirección del abonado o del usuario registrado al que se le hubiera asignado la dirección de Protocolo de Internet a la que se refieren los dos párrafos anteriores.

Estos datos deberán ser cedidos, previo requerimiento motivado de la Agencia Española de Protección de Datos, exclusivamente en el marco de actuaciones de investigación iniciadas como consecuencia de una denuncia presentada por un afectado respecto de una conducta de una persona jurídica o respecto a la utilización de sistemas que permitan la divulgación sin restricciones de datos personales. En el resto de los supuestos la cesión de estos datos requerirá la previa obtención de autorización judicial otorgada conforme a las normas procesales cuando resultara exigible.

Quedan excluidos de lo previsto en este apartado los datos de tráfico que los operadores estuviesen tratando con la exclusiva finalidad de dar cumplimiento a las obligaciones previstas en la Ley 25/2007, de 18 de octubre, de conservación de datos relativos a las comunicaciones electrónicas y a las redes públicas de comunicaciones, cuya cesión solamente podrá tener lugar de acuerdo con lo dispuesto en ella, previa autorización judicial solicitada por alguno de los agentes facultados a los que se refiere el artículo 6 de dicha ley.

ART. 53. Alcance de la actividad de investigación.

1. Quienes desarrollen la actividad de investigación podrán recabar las informaciones precisas para el cumplimiento de sus funciones, realizar inspecciones, requerir la exhibición o el envío de los documentos y datos necesarios, examinarlos en el lugar en que se encuentren depositados o en donde se lleven a cabo los tratamientos, obtener copia de ellos, inspeccionar los equipos físicos y lógicos y requerir la ejecución de tratamientos y programas o procedimientos de gestión y soporte del tratamiento sujetos a investigación.

2. Cuando fuese necesario el acceso por el personal que desarrolla la actividad de investigación al domicilio constitucionalmente protegido del inspeccionado, será preciso contar con su consentimiento o haber obtenido la correspondiente autorización judicial.

3. Cuando se trate de órganos judiciales u oficinas judiciales el ejercicio de las facultades de inspección se efectuará a través y por mediación del Consejo General del Poder Judicial.

ART. 53 bis. Actuaciones de investigación a través de sistemas digitales.

Las actuaciones de investigación podrán realizarse a través de sistemas digitales que, mediante la videoconferencia u otro sistema similar, permitan la comunicación bidireccional y simultánea de imagen y sonido, la interacción visual, auditiva y verbal entre la Agencia Española de Protección de Datos y el inspeccionado. Además, deben garantizar la transmisión y recepción seguras de los documentos e información que se intercambien, y, en su caso, recoger las evidencias necesarias y el resultado de las actuaciones realizadas asegurando su autoría, autenticidad e integridad.

La utilización de estos sistemas se producirá cuando lo determine la Agencia y requerirá la conformidad del inspeccionado en relación con su uso y con la fecha y hora de su desarrollo.

Añadido por Ley 11/2023, de 8 de mayo, de trasposición de Directivas de la Unión Europea en materia de accesibilidad de determinados productos y servicios, migración de personas altamente cualificadas, tributaria y digitalización de actuaciones notariales y registrales; y por la que se modifica la Ley 12/2011, de 27 de mayo, sobre responsabilidad civil por daños nucleares o producidos por materiales radiactivos. (BOE de 09-05-2023).

ART. 54. Planes de auditoría.

1. La Presidencia de la Agencia Española de Protección de Datos podrá acordar la realización de planes de auditoría preventiva, referidos a los tratamientos de un sector concreto de actividad. Tendrán por objeto el análisis del cumplimiento de las disposiciones del Reglamento (UE) 2016/679 y de la presente ley orgánica, a partir de la realización de actividades de investigación sobre entidades pertenecientes al sector inspeccionado o sobre los responsables objeto de la auditoría.

2. A resultas de los planes de auditoría, la Presidencia de la Agencia Española de Protección de Datos podrá dictar las directrices generales o específicas para un concreto responsable o encargado de los tratamientos precisas para asegurar la plena adaptación del sector o responsable al Reglamento (UE) 2016/679 y a la presente ley orgánica.

En la elaboración de dichas directrices la Presidencia de la Agencia Española de Protección de Datos podrá solicitar la colaboración de los organismos de supervisión de los códigos de conducta y de resolución extrajudicial de conflictos, si los hubiere.

3. Las directrices serán de obligado cumplimiento para el sector o responsable al que se refiera el plan de auditoría.

Sección 3.ª Otras potestades de la Agencia Española de Protección de Datos

ART. 55. Potestades de regulación. Circulares de la Agencia Española de Protección de Datos.

1. La Presidencia de la Agencia Española de Protección de Datos podrá dictar disposiciones que fijen los criterios a que responderá la actuación de esta autoridad en la aplicación de lo dispuesto en el Reglamento (UE) 2016/679 y en la presente ley orgánica, que se denominarán «Circulares de la Agencia Española de Protección de Datos».

2. Su elaboración se sujetará al procedimiento establecido en el Estatuto de la Agencia Española de Protección de Datos, que deberá prever los informes técnicos y jurídicos que fueran necesarios y la audiencia a los interesados.

3. Las circulares serán obligatorias una vez publicadas en el Boletín Oficial del Estado.

Ver art. 57 LOPDGDD.

ART. 56. Acción exterior.

1. Corresponde a la Agencia Española de Protección de Datos la titularidad y el ejercicio de las funciones relacionadas con la acción exterior del Estado en materia de protección de datos.

Asimismo a las comunidades autónomas, a través de las autoridades autonómicas de protección de datos, les compete ejercitar las funciones como sujetos de la acción exterior en el marco de sus competencias de conformidad con lo dispuesto en la Ley 2/2014, de 25 de marzo, de la Acción y del Servicio Exterior del Estado, así como celebrar acuerdos internacionales administrativos en ejecución y concreción de un tratado internacional y acuerdos no normativos con los órganos análogos de otros sujetos de derecho internacional, no vinculantes jurídicamente para quienes los suscriben, sobre materias de su competencia en el marco de la Ley 25/2014, de 27 de noviembre, de Tratados y otros Acuerdos Internacionales.

2. La Agencia Española de Protección de Datos es el organismo competente para la protección de las personas físicas en lo relativo al tratamiento de datos personales derivado de la aplicación de cualquier Convenio Internacional en el que sea parte el Reino de España que atribuya a una autoridad nacional de control esa competencia y la representante común de las autoridades de Protección de Datos en el Comité Europeo de Protección de Datos, conforme a lo dispuesto en el artículo 68.4 del Reglamento (UE) 2016/679.

La Agencia Española de Protección de Datos informará a las autoridades autonómicas de protección de datos acerca de las decisiones adoptadas en el Comité Europeo de Protección de Datos y recabará su parecer cuando se trate de materias de su competencia.

3. Sin perjuicio de lo dispuesto en el apartado 1, la Agencia Española de Protección de Datos:

a) Participará en reuniones y foros internacionales de ámbito distinto al de la Unión Europea establecidos de común acuerdo por las autoridades de control independientes en materia de protección de datos.

b) Participará, como autoridad española, en las organizaciones internacionales competentes en materia de protección de datos, en los comités o grupos de trabajo, de estudio y de colaboración de organizaciones internacionales que traten materias que afecten al derecho fundamental a la protección de datos personales y en otros foros o grupos de trabajo internacionales, en el marco de la acción exterior del Estado.

c) Colaborará con autoridades, instituciones, organismos y Administraciones de otros Estados a fin de impulsar, promover y desarrollar el derecho fundamental a la protección de datos, en particular en el ámbito iberoamericano, pudiendo suscribir acuerdos internacionales administrativos y no normativos en la materia.

CAPÍTULO II
Autoridades autonómicas de protección de datos

Sección 1.ª Disposiciones generales

ART. 57. Autoridades autonómicas de protección de datos.

1. Las autoridades autonómicas de protección de datos personales podrán ejercer, las funciones y potestades establecidas en los artículos 57 y 58 del Reglamento (UE) 2016/679, de acuerdo con la normativa autonómica, cuando se refieran a:

a) Tratamientos de los que sean responsables las entidades integrantes del sector público de la correspondiente Comunidad Autónoma o de las Entidades Locales incluidas en su ámbito territorial o quienes presten servicios a través de cualquier forma de gestión directa o indirecta.

b) Tratamientos llevados a cabo por personas físicas o jurídicas para el ejercicio de las funciones públicas en materias que sean competencia de la correspondiente Administración Autonómica o Local.

c) Tratamientos que se encuentren expresamente previstos, en su caso, en los respectivos Estatutos de Autonomía.

2. Las autoridades autonómicas de protección de datos podrán dictar, en relación con los tratamientos sometidos a su competencia, circulares con el alcance y los efectos establecidos para la Agencia Española de Protección de Datos en el artículo 55 de esta ley orgánica.

Ver arts. 47 y 61 LOPDGDD.

Apdo. 1: ver art. 48 Ley Orgánica 7/2021, de 26 de mayo, de protección de datos personales tratados para fines de prevención, detección, investigación y enjuiciamiento de infracciones penales y de ejecución de sanciones penales.

ART. 58. Cooperación institucional.

La Presidencia de la Agencia Española de Protección de Datos convocará, por iniciativa propia o cuando lo solicite otra autoridad, a las autoridades autonómicas de protección de datos para contribuir a la aplicación coherente del Reglamento (UE) 2016/679 y de la presente ley orgánica. En todo caso, se celebrarán reuniones semestrales de cooperación.

La Presidencia de la Agencia Española de Protección de Datos y las autoridades autonómicas de protección de datos podrán solicitar y deberán intercambiarse mutuamente la información necesaria para el cumplimiento de sus funciones y, en particular, la relativa a la actividad del Comité Europeo de Protección de Datos. Asimismo, podrán constituir grupos de trabajo para tratar asuntos específicos de interés común.

Ver art. 47 LOPDGDD.

ART. 59. Tratamientos contrarios al Reglamento (UE) 2016/679.

Cuando la Presidencia de la Agencia Española de Protección de Datos considere que un tratamiento llevado a cabo en materias que fueran competencia de las autoridades autonómicas de protección de datos vulnera el Reglamento (UE) 2016/679 podrá requerirlas a que adopten, en el plazo de un mes, las medidas necesarias para su cesación.

Si la autoridad autonómica no atendiere en plazo el requerimiento o las medidas adoptadas no supusiesen la cesación en el tratamiento ilícito, la Agencia Española de Protección de Datos podrá ejercer las acciones que procedan ante la jurisdicción contencioso-administrativa.

Sección 2.ª Coordinación en el marco de los procedimientos establecidos en el Reglamento (UE) 2016/679

ART. 60. Coordinación en caso de emisión de dictamen por el Comité Europeo de Protección de Datos.

Se practicarán por conducto de la Agencia Española de Protección de Datos todas las comunicaciones entre el Comité Europeo de Protección de Datos y las autoridades autonómicas de protección de datos cuando éstas, como autoridades competentes, deban someter su proyecto de decisión al citado comité o le soliciten el examen de un asunto en virtud de lo establecido en los apartados 1 y 2 del artículo 64 del Reglamento (UE) 2016/679.

En estos casos, la Agencia Española de Protección de Datos será asistida por un representante de la Autoridad autonómica en su intervención ante el Comité.

ART. 61. Intervención en caso de tratamientos transfronterizos.

1. Las autoridades autonómicas de protección de datos ostentarán la condición de autoridad de control principal o interesada en el procedimiento establecido por el artículo 60 del Reglamento (UE) 2016/679 cuando se refiera a un tratamiento previsto en el artículo 57 de esta ley orgánica que se llevara a cabo por un responsable o encargado del tratamiento de los previstos en el artículo 56 del Reglamento (UE) 2016/679, salvo que desarrollase significativamente tratamientos de la misma naturaleza en el resto del territorio español.

2. Corresponderá en estos casos a las autoridades autonómicas intervenir en los procedimientos establecidos en el artículo 60 del Reglamento (UE) 2016/679, informando a la Agencia Española de Protección de Datos sobre su desarrollo en los supuestos en que deba aplicarse el mecanismo de coherencia.

ART. 62. Coordinación en caso de resolución de conflictos por el Comité Europeo de Protección de Datos.

1. Se practicarán por conducto de la Agencia Española de Protección de Datos todas las comunicaciones entre el Comité Europeo de Protección de Datos y las autoridades autonómicas de protección de datos cuando estas, como autoridades principales, deban solicitar del citado Comité la emisión de una decisión vinculante según lo previsto en el artículo 65 del Reglamento (UE) 2016/679.

2. Las autoridades autonómicas de protección de datos que tengan la condición de autoridad interesada no principal en un procedimiento de los previstos en el artículo 65 del Reglamento (UE) 2016/679 informarán a la Agencia Española de Protección de Datos cuando el asunto sea remitido al Comité Europeo de Protección de Datos, facilitándole la documentación e información necesarias para su tramitación.

La Agencia Española de Protección de Datos será asistida por un representante de la autoridad autonómica interesada en su intervención ante el mencionado comité.

TÍTULO VIII
Procedimientos en caso de posible vulneración de la normativa de protección de datos

Ver D.A. 4.ª LOPDGDD.

Ver art. 52 Ley Orgánica 7/2021, de 26 de mayo, de protección de datos personales tratados para fines de prevención, detección, investigación y enjuiciamiento de infracciones penales y de ejecución de sanciones penales.

Este Título VIII tiene carácter de ley ordinaria, tal y como dispone la D.F. 1.ª de esta norma.

ART. 63. Régimen jurídico.

1. Las disposiciones de este Título serán de aplicación a los procedimientos tramitados por la Agencia Española de Protección de Datos en los supuestos en los que un afectado reclame que no ha sido atendida su solicitud de ejercicio de los derechos reconocidos en los artículos 15 a 22 del Reglamento (UE) 2016/679, así como en los que aquella investigue la existencia de una posible infracción de lo dispuesto en el mencionado reglamento y en la presente ley orgánica.

2. Los procedimientos tramitados por la Agencia Española de Protección de Datos se regirán por lo dispuesto en el Reglamento (UE) 2016/679, en la presente ley orgánica, por las disposiciones reglamentarias dictadas en su desarrollo y, en cuanto no las contradigan, con carácter subsidiario, por las normas generales sobre los procedimientos administrativos.

3. El Gobierno regulará por real decreto los procedimientos que tramite la Agencia Española de Protección de Datos al amparo de este Título, asegurando en todo caso los derechos de defensa y audiencia de los interesados.

Se habilita al Gobierno (ver D.F. 15.ª de esta norma) para desarrollar lo dispuesto en el apdo. 3 de este artículo.

ART. 64. Forma de iniciación del procedimiento y duración.

1. Cuando el procedimiento se refiera exclusivamente a la falta de atención de una solicitud de ejercicio de los derechos establecidos en los artículos 15 a 22 del Reglamento (UE) 2016/679 del Parlamento Europeo y del Consejo, de 27 de abril de 2016, se iniciará por acuerdo de admisión a trámite, que se adoptará conforme a lo establecido en el artículo 65 de esta ley orgánica.

En este caso el plazo para resolver el procedimiento será de seis meses a contar desde la fecha en que hubiera sido notificado al reclamante el acuerdo de admisión a trámite. Transcurrido ese plazo, el interesado podrá considerar estimada su reclamación.

2. Cuando el procedimiento tenga por objeto la determinación de la posible existencia de una infracción de lo dispuesto en el Reglamento (UE) 2016/679 del Parlamento Europeo y del Consejo, de 27 de abril de 2016, y en la presente ley orgánica, se iniciará mediante acuerdo de inicio, adoptado por propia iniciativa o como consecuencia de reclamación, que le será notificado al interesado.

Si el procedimiento se fundase en una reclamación formulada ante la Agencia Española de Protección de Datos, con carácter previo, esta decidirá sobre su admisión a trámite, conforme a lo dispuesto en el artículo 65 de esta ley orgánica.

Admitida a trámite la reclamación, así como en los supuestos en que la Agencia Española de Protección de Datos actúe por propia iniciativa, con carácter previo al acuerdo de inicio podrá existir una fase de actuaciones previas de investigación, que se regirá por lo previsto en el artículo 67 de esta ley orgánica.

El procedimiento tendrá una duración máxima de doce meses a contar desde la fecha del acuerdo de inicio. Transcurrido ese plazo se producirá su caducidad y, en consecuencia, el archivo de actuaciones.

3. Cuando así proceda en atención a la naturaleza de los hechos y teniendo debidamente en cuenta los criterios establecidos en el artículo 83.2 del Reglamento (UE) 2016/679 del Parlamento Europeo y del Consejo, de 27 de abril de 2016, la Agencia Española de Protección de Datos, previa audiencia al responsable o encargado del tratamiento, podrá dirigir un apercibimiento, así como ordenar al responsable o encargado del tratamiento que adopten las medidas correctivas encaminadas a poner fin al posible incumplimiento de la legislación de protección de datos de una determinada manera y dentro del plazo especificado.

El procedimiento tendrá una duración máxima de seis meses a contar desde la fecha del acuerdo de inicio. Transcurrido ese plazo se producirá su caducidad y, en consecuencia, el archivo de actuaciones.

Será de aplicación en este caso lo dispuesto en los párrafos segundo y tercero del apartado 2 de este artículo.

4. El procedimiento podrá también tramitarse como consecuencia de la comunicación a la Agencia Española de Protección de Datos por parte de la autoridad de control de otro Estado miembro de la Unión Europea de la reclamación formulada ante la misma, cuando la Agencia Española de Protección de Datos tuviese la condición de autoridad de control principal para la tramitación de un procedimiento conforme a lo dispuesto en los artículos 56 y 60 del Reglamento (UE) 2016/679 del Parlamento Europeo y del Consejo, de 27 de abril de 2016. Será en este caso de aplicación lo dispuesto en los apartados 1, 2 y 3 de este artículo.

5. Los plazos de tramitación establecidos en este artículo así como los de admisión a trámite regulados por el artículo 65.5 y de duración de las actuaciones previas de investigación previstos en el artículo 67.2, quedarán automáticamente suspendidos cuando deba recabarse información, consulta, solicitud de asistencia o pronunciamiento preceptivo de un órgano u organismo de la Unión Europea o de una o varias autoridades de control de los Estados miembros conforme con lo establecido en el Reglamento (UE) 2016/679 del Parlamento Europeo y del Consejo, de 27 de abril de 2016, por el tiempo que medie entre la solicitud y la notificación del pronunciamiento a la Agencia Española de Protección de Datos.

6. El transcurso de los plazos de tramitación a los que se refiere el apartado anterior se podrá suspender, mediante resolución motivada, cuando resulte indispensable recabar información de un órgano jurisdiccional.

Modificado por Ley 11/2023, de 8 de mayo, de trasposición de Directivas de la Unión Europea en materia de accesibilidad de determinados productos y servicios, migración de personas altamente cualificadas, tributaria y digitalización de actuaciones notariales y registrales; y por la que se modifica la Ley 12/2011, de 27 de mayo, sobre responsabilidad civil por daños nucleares o producidos por materiales radiactivos. (BOE de 09-05-2023).

Apdo. 3: Ver arts. 66 y 67 LOPDGDD.

ART. 65. Admisión a trámite de las reclamaciones.

1. Cuando se presentase ante la Agencia Española de Protección de Datos una reclamación, esta deberá evaluar su admisibilidad a trámite, de conformidad con las previsiones de este artículo.

2. La Agencia Española de Protección de Datos inadmitirá las reclamaciones presentadas cuando no versen sobre cuestiones de protección de datos personales, carezcan manifiestamente de fundamento, sean abusivas o no aporten indicios racionales de la existencia de una infracción.

3. Igualmente, la Agencia Española de Protección de Datos podrá inadmitir la reclamación cuando el responsable o encargado del tratamiento, previa advertencia formulada por la Agencia Española de Protección de Datos, hubiera adoptado las medidas correctivas encaminadas a poner fin al posible incumplimiento de la legislación de protección de datos y concurra alguna de las siguientes circunstancias:

a) Que no se haya causado perjuicio al afectado en el caso de las infracciones previstas en el artículo 74 de esta ley orgánica.

b) Que el derecho del afectado quede plenamente garantizado mediante la aplicación de las medidas.

4. Antes de resolver sobre la admisión a trámite de la reclamación, la Agencia Española de Protección de Datos podrá remitir la misma al delegado de protección de datos que hubiera, en su caso, designado el responsable o encargado del tratamiento, al organismo de supervisión establecido para la aplicación de los códigos de conducta o al organismo que asuma las funciones de resolución extrajudicial de conflictos a los efectos previstos en los artículos 37 y 38.2 de esta ley orgánica.

La Agencia Española de Protección de Datos podrá igualmente remitir la reclamación al responsable o encargado del tratamiento cuando no se hubiera designado un delegado de protección de datos ni estuviera adherido a mecanismos de resolución extrajudicial de conflictos, en cuyo caso el responsable o encargado deberá dar respuesta a la reclamación en el plazo de un mes.

Si como consecuencia de dichas actuaciones de remisión, el responsable o encargado del tratamiento demuestra haber adoptado medidas para el cumplimiento de la normativa aplicable, la Agencia Española de Protección de Datos podrá inadmitir a trámite la reclamación.

5. La decisión sobre la admisión o inadmisión a trámite, así como la que determine, en su caso, la remisión de la reclamación a la autoridad de control principal que se estime competente, deberá notificarse al reclamante en el plazo de tres meses. Si transcurrido este plazo no se produjera dicha notificación, se entenderá que prosigue la tramitación de la reclamación con arreglo a lo dispuesto en este título a partir de la fecha en que se cumpliesen tres meses desde que la reclamación tuvo entrada en la Agencia Española de Protección de Datos, sin perjuicio de la facultad de la Agencia de archivar posteriormente y de forma expresa la reclamación.

En el supuesto de que la Agencia Española de Protección de Datos actúe como consecuencia de la comunicación que le hubiera sido remitida por la autoridad de control de otro Estado miembro de la Unión Europea, conforme al artículo 64.4 de esta ley orgánica, el cómputo del plazo señalado en el párrafo anterior se iniciará una vez que se reciba en la Agencia toda la documentación necesaria para su tramitación.

Cuando los hechos de una reclamación relativa a la posible existencia en el ámbito competencial de la Agencia, guarden identidad sustancial con los que sean objeto de unas actuaciones previas de investigación o de un procedimiento sancionador ya iniciado, en la notificación de la decisión de admisión a trámite se podrá indicar el número de expediente correspondiente a las actuaciones previas o al procedimiento correspondiente, así como de la dirección web en la que se publicará la resolución que ponga fin al mismo, a efectos de que el reclamante pueda conocer el curso y resultado de la investigación.

6. Tras la admisión a trámite, si el responsable o encargado del tratamiento demuestran haber adoptado medidas para el cumplimiento de la normativa aplicable, la Agencia Española de Protección de Datos podrá resolver el archivo de la reclamación, cuando en el caso concreto concurran circunstancias que aconsejen la adopción de otras soluciones más moderadas o alternativas a la acción correctiva, siempre que no se hayan iniciado actuaciones previas de investigación o alguno de los procedimientos regulados en esta ley orgánica.

Apdos. 4 y 5 se modifican y apdo. 6 se añade por Ley 11/2023, de 8 de mayo, de trasposición de Directivas de la Unión Europea en materia de accesibilidad de determinados productos y servicios, migración de personas altamente cualificadas, tributaria y digitalización de actuaciones notariales y registrales; y por la que se modifica la Ley 12/2011, de 27 de mayo, sobre responsabilidad civil por daños nucleares o producidos por materiales radiactivos. (BOE de 09-05-2023).

Ver art. 64 LOPDGDD.

Apdo. 5: Ver art. 64.4 LOPDGDD.

ART. 66. Determinación del alcance territorial.

1. Salvo en los supuestos a los que se refiere el artículo 64.4 de esta ley orgánica, la Agencia Española de Protección de Datos deberá, con carácter previo a la realización de cualquier otra actuación, incluida la admisión a trámite de una reclamación o el comienzo de actuaciones previas de investigación, examinar su competencia y determinar el carácter nacional o transfronterizo, en cualquiera de sus modalidades, del procedimiento a seguir.

2. Si la Agencia Española de Protección de Datos considera que no tiene la condición de autoridad de control principal para la tramitación del procedimiento remitirá, sin más trámite, la reclamación formulada a la autoridad de control principal que considere competente, a fin de que por la misma se le dé el curso oportuno. La Agencia Española de Protección de Datos notificará esta circunstancia a quien, en su caso, hubiera formulado la reclamación.

El acuerdo por el que se resuelva la remisión a la que se refiere el párrafo anterior implicará el archivo provisional del procedimiento, sin perjuicio de que por la Agencia Española de Protección de Datos se dicte, en caso de que así proceda, la resolución a la que se refiere el apartado 8 del artículo 60 del Reglamento (UE) 2016/679.

Apdo. 1 modificado por Ley 11/2023, de 8 de mayo, de trasposición de Directivas de la Unión Europea en materia de accesibilidad de determinados productos y servicios, migración de personas altamente cualificadas, tributaria y digitalización de actuaciones notariales y registrales; y por la que se modifica la Ley 12/2011, de 27 de mayo, sobre responsabilidad civil por daños nucleares o producidos por materiales radiactivos. (BOE de 09-05-2023).

ART. 67. Actuaciones previas de investigación.

1. Antes de la adopción del acuerdo de inicio de procedimiento, y una vez admitida a trámite la reclamación si la hubiese, la Agencia Española de Protección de Datos podrá llevar a cabo actuaciones previas de investigación a fin de lograr una mejor determinación de los hechos y las circunstancias que justifican la tramitación del procedimiento.

La Agencia Española de Protección de Datos actuará en todo caso cuando sea precisa la investigación de tratamientos que implique un tráfico masivo de datos personales.

2. Las actuaciones previas de investigación se someterán a lo dispuesto en la sección 2.ª del capítulo I del título VII de esta ley orgánica y no podrán tener una duración superior a dieciocho meses a contar desde la fecha del acuerdo de admisión a trámite o de la fecha del acuerdo por el que se decida su iniciación cuando la Agencia Española de Protección de Datos actúe por propia iniciativa.

Apdo. 2 modificado por Ley 11/2023, de 8 de mayo, de trasposición de Directivas de la Unión Europea en materia de accesibilidad de determinados productos y servicios, migración de personas altamente cualificadas, tributaria y digitalización de actuaciones notariales y registrales; y por la que se modifica la Ley 12/2011, de 27 de mayo, sobre responsabilidad civil por daños nucleares o producidos por materiales radiactivos. (BOE de 09-05-2023).

Ver art. 64.2 LOPDGDD.

Apdo. 2: Ver art. 64.4 LOPDGDD.

ART. 68. Acuerdo de inicio del procedimiento para el ejercicio de la potestad sancionadora.

1. Concluidas, en su caso, las actuaciones a las que se refiere el artículo anterior, corresponderá a la Presidencia de la Agencia Española de Protección de Datos, cuando así proceda, dictar acuerdo de inicio de procedimiento para el ejercicio de la potestad sancionadora, en que se concretarán los hechos, la identificación de la persona o entidad contra la que se dirija el procedimiento, la infracción que hubiera podido cometerse y su posible sanción.

2. Cuando la Agencia Española de Protección de Datos ostente la condición de autoridad de control principal y deba seguirse el procedimiento previsto en el artículo 60 del Reglamento (UE) 2016/679, el proyecto de acuerdo de inicio de procedimiento sancionador se someterá a lo dispuesto en el mismo.

ART. 69. Medidas provisionales y de garantía de los derechos.

1. Durante la realización de las actuaciones previas de investigación o iniciado un procedimiento para el ejercicio de la potestad sancionadora, la Agencia Española de Protección

de Datos podrá acordar motivadamente las medidas provisionales necesarias y proporcionadas para salvaguardar el derecho fundamental a la protección de datos y, en especial, las previstas en el artículo 66.1 del Reglamento (UE) 2016/679, el bloqueo cautelar de los datos y la obligación inmediata de atender el derecho solicitado.

2. En los casos en que la Agencia Española de Protección de Datos considere que la continuación del tratamiento de los datos personales, su comunicación o transferencia internacional comportara un menoscabo grave del derecho a la protección de datos personales, podrá ordenar a los responsables o encargados de los tratamientos el bloqueo de los datos y la cesación de su tratamiento y, en caso de incumplirse por estos dichos mandatos, proceder a su inmovilización.

3. Cuando se hubiese presentado ante la Agencia Española de Protección de Datos una reclamación que se refiriese, entre otras cuestiones, a la falta de atención en plazo de los derechos establecidos en los artículos 15 a 22 del Reglamento (UE) 2016/679, la Agencia Española de Protección de Datos podrá acordar en cualquier momento, incluso con anterioridad a la iniciación del procedimiento para el ejercicio de la potestad sancionadora, mediante resolución motivada y previa audiencia del responsable del tratamiento, la obligación de atender el derecho solicitado, prosiguiéndose el procedimiento en cuanto al resto de las cuestiones objeto de la reclamación.

TÍTULO IX
Régimen sancionador

Este Título IX tiene carácter de ley ordinaria, tal y como dispone la D.F. 1.ª de esta norma.

Ver art. 61 Ley Orgánica 7/2021, de 26 de mayo, de protección de datos personales tratados para fines de prevención, detección, investigación y enjuiciamiento de infracciones penales y de ejecución de sanciones penales.

ART. 70. Sujetos responsables.

1. Están sujetos al régimen sancionador establecido en el Reglamento (UE) 2016/679 y en la presente ley orgánica:

a) Los responsables de los tratamientos.

b) Los encargados de los tratamientos.

c) Los representantes de los responsables o encargados de los tratamientos no establecidos en el territorio de la Unión Europea.

d) Las entidades de certificación.

e) Las entidades acreditadas de supervisión de los códigos de conducta.

2. No será de aplicación al delegado de protección de datos el régimen sancionador establecido en este Título.

ART. 71. Infracciones.

Constituyen infracciones los actos y conductas a las que se refieren los apartados 4, 5 y 6 del artículo 83 del Reglamento (UE) 2016/679, así como las que resulten contrarias a la presente ley orgánica.

ART. 72. Infracciones consideradas muy graves.

1. En función de lo que establece el artículo 83.5 del Reglamento (UE) 2016/679 se consideran muy graves y prescribirán a los tres años las infracciones que supongan una vulneración sustancial de los artículos mencionados en aquel y, en particular, las siguientes:

a) El tratamiento de datos personales vulnerando los principios y garantías establecidos en el artículo 5 del Reglamento (UE) 2016/679.

b) El tratamiento de datos personales sin que concurra alguna de las condiciones de licitud del tratamiento establecidas en el artículo 6 del Reglamento (UE) 2016/679.

c) El incumplimiento de los requisitos exigidos por el artículo 7 del Reglamento (UE) 2016/679 para la validez del consentimiento.

d) La utilización de los datos para una finalidad que no sea compatible con la finalidad para la cual fueron recogidos, sin contar con el consentimiento del afectado o con una base legal para ello.

e) El tratamiento de datos personales de las categorías a las que se refiere el artículo 9 del Reglamento (UE) 2016/679, sin que concurra alguna de las circunstancias previstas en dicho precepto y en el artículo 9 de esta ley orgánica.

f) El tratamiento de datos personales relativos a condenas e infracciones penales o medidas de seguridad conexas fuera de los supuestos permitidos por el artículo 10 del Reglamento (UE) 2016/679 y en el artículo 10 de esta ley orgánica.

g) El tratamiento de datos personales relacionados con infracciones y sanciones administrativas fuera de los supuestos permitidos por el artículo 27 de esta ley orgánica.

h) La omisión del deber de informar al afectado acerca del tratamiento de sus datos personales conforme a lo dispuesto en los artículos 13 y 14 del Reglamento (UE) 2016/679 y 12 de esta ley orgánica.

i) La vulneración del deber de confidencialidad establecido en el artículo 5 de esta ley orgánica.

j) La exigencia del pago de un canon para facilitar al afectado la información a la que se refieren los artículos 13 y 14 del Reglamento (UE) 2016/679 o por atender las solicitudes de ejercicio de derechos de los afectados previstos en los artículos 15 a 22 del Reglamento (UE) 2016/679, fuera de los supuestos establecidos en su artículo 12.5.

k) El impedimento o la obstaculización o la no atención reiterada del ejercicio de los derechos establecidos en los artículos 15 a 22 del Reglamento (UE) 2016/679.

l) La transferencia internacional de datos personales a un destinatario que se encuentre en un tercer país o a una organización internacional, cuando no concurran las garantías, requisitos o excepciones establecidos en los artículos 44 a 49 del Reglamento (UE) 2016/679.

m) El incumplimiento de las resoluciones dictadas por la autoridad de protección de datos competente en ejercicio de los poderes que le confiere el artículo 58.2 del Reglamento (UE) 2016/679.

n) El incumplimiento de la obligación de bloqueo de los datos establecida en el artículo 32 de esta ley orgánica cuando la misma sea exigible.

ñ) No facilitar el acceso del personal de la autoridad de protección de datos competente a los datos personales, información, locales, equipos y medios de tratamiento que sean requeridos por la autoridad de protección de datos para el ejercicio de sus poderes de investigación.

o) La resistencia u obstrucción del ejercicio de la función inspectora por la autoridad de protección de datos competente.

p) La reversión deliberada de un procedimiento de anonimización a fin de permitir la reidentificación de los afectados.

2. Tendrán la misma consideración y también prescribirán a los tres años las infracciones a las que se refiere el artículo 83.6 del Reglamento (UE) 2016/679.

Ver art. 77.2 LOPDGDD.

Apdo. 1.k): Ver art. 74.c) LOPDGDD.

ART. 73. Infracciones consideradas graves.

En función de lo que establece el artículo 83.4 del Reglamento (UE) 2016/679 se consideran graves y prescribirán a los dos años las infracciones que supongan una vulneración sustancial de los artículos mencionados en aquel y, en particular, las siguientes:

a) El tratamiento de datos personales de un menor de edad sin recabar su consentimiento, cuando tenga capacidad para ello, o el del titular de su patria potestad o tutela, conforme al artículo 8 del Reglamento (UE) 2016/679.

b) No acreditar la realización de esfuerzos razonables para verificar la validez del consentimiento prestado por un menor de edad o por el titular de su patria potestad o tutela sobre el mismo, conforme a lo requerido por el artículo 8.2 del Reglamento (UE) 2016/679.

c) El impedimento o la obstaculización o la no atención reiterada de los derechos de acceso, rectificación, supresión, limitación del tratamiento o a la portabilidad de los datos en tratamientos en los que no se requiere la identificación del afectado, cuando este, para el ejercicio de esos derechos, haya facilitado información adicional que permita su identificación.

d) La falta de adopción de aquellas medidas técnicas y organizativas que resulten apropiadas para aplicar de forma efectiva los principios de protección de datos desde el diseño, así como la no integración de las garantías necesarias en el tratamiento, en los términos exigidos por el artículo 25 del Reglamento (UE) 2016/679.

e) La falta de adopción de las medidas técnicas y organizativas apropiadas para garantizar que, por defecto, solo se tratarán los datos personales necesarios para cada uno de los fines específicos del tratamiento, conforme a lo exigido por el artículo 25.2 del Reglamento (UE) 2016/679.

f) La falta de adopción de aquellas medidas técnicas y organizativas que resulten apropiadas para garantizar un nivel de seguridad adecuado al riesgo del tratamiento, en los términos exigidos por el artículo 32.1 del Reglamento (UE) 2016/679.

g) El quebrantamiento, como consecuencia de la falta de la debida diligencia, de las medidas técnicas y organizativas que se hubiesen implantado conforme a lo exigido por el artículo 32.1 del Reglamento (UE) 2016/679.

h) El incumplimiento de la obligación de designar un representante del responsable o encargado del tratamiento no establecido en el territorio de la Unión Europea, conforme a lo previsto en el artículo 27 del Reglamento (UE) 2016/679.

i) La falta de atención por el representante en la Unión del responsable o del encargado del tratamiento de las solicitudes efectuadas por la autoridad de protección de datos o por los afectados.

j) La contratación por el responsable del tratamiento de un encargado de tratamiento que no ofrezca las garantías suficientes para aplicar las medidas técnicas y organizativas apropiadas conforme a lo establecido en el Capítulo IV del Reglamento (UE) 2016/679.

k) Encargar el tratamiento de datos a un tercero sin la previa formalización de un contrato u otro acto jurídico escrito con el contenido exigido por el artículo 28.3 del Reglamento (UE) 2016/679.

l) La contratación por un encargado del tratamiento de otros encargados sin contar con la autorización previa del responsable, o sin haberle informado sobre los cambios producidos en la subcontratación cuando fueran legalmente exigibles.

m) La infracción por un encargado del tratamiento de lo dispuesto en el Reglamento (UE) 2016/679 y en la presente ley orgánica, al determinar los fines y los medios del tratamiento, conforme a lo dispuesto en el artículo 28.10 del citado reglamento.

n) No disponer del registro de actividades de tratamiento establecido en el artículo 30 del Reglamento (UE) 2016/679.

ñ) No poner a disposición de la autoridad de protección de datos que lo haya solicitado, el registro de actividades de tratamiento, conforme al apartado 4 del artículo 30 del Reglamento (UE) 2016/679.

o) No cooperar con las autoridades de control en el desempeño de sus funciones en los supuestos no previstos en el artículo 72 de esta ley orgánica.

p) El tratamiento de datos personales sin llevar a cabo una previa valoración de los elementos mencionados en el artículo 28 de esta ley orgánica.

q) El incumplimiento del deber del encargado del tratamiento de notificar al responsable del tratamiento las violaciones de seguridad de las que tuviera conocimiento.

r) El incumplimiento del deber de notificación a la autoridad de protección de datos de una violación de seguridad de los datos personales de conformidad con lo previsto en el artículo 33 del Reglamento (UE) 2016/679.

s) El incumplimiento del deber de comunicación al afectado de una violación de la seguridad de los datos de conformidad con lo previsto en el artículo 34 del Reglamento (UE) 2016/679 si el responsable del tratamiento hubiera sido requerido por la autoridad de protección de datos para llevar a cabo dicha notificación.

t) El tratamiento de datos personales sin haber llevado a cabo la evaluación del impacto de las operaciones de tratamiento en la protección de datos personales en los supuestos en que la misma sea exigible.

u) El tratamiento de datos personales sin haber consultado previamente a la autoridad de protección de datos en los casos en que dicha consulta resulta preceptiva conforme al artículo 36 del Reglamento (UE) 2016/679 o cuando la ley establezca la obligación de llevar a cabo esa consulta.

v) El incumplimiento de la obligación de designar un delegado de protección de datos cuando sea exigible su nombramiento de acuerdo con el artículo 37 del Reglamento (UE) 2016/679 y el artículo 34 de esta ley orgánica.

w) No posibilitar la efectiva participación del delegado de protección de datos en todas las cuestiones relativas a la protección de datos personales, no respaldarlo o interferir en el desempeño de sus funciones.

x) La utilización de un sello o certificación en materia de protección de datos que no haya sido otorgado por una entidad de certificación debidamente acreditada o en caso de que la vigencia del mismo hubiera expirado.

y) Obtener la acreditación como organismo de certificación presentando información inexacta sobre el cumplimiento de los requisitos exigidos por el artículo 43 del Reglamento (UE) 2016/679.

z) El desempeño de funciones que el Reglamento (UE) 2016/679 reserva a los organismos de certificación, sin haber sido debidamente acreditado conforme a lo establecido en el artículo 39 de esta ley orgánica.

aa) El incumplimiento por parte de un organismo de certificación de los principios y deberes a los que está sometido según lo previsto en los artículos 42 y 43 de Reglamento (UE) 2016/679.

ab) El desempeño de funciones que el artículo 41 del Reglamento (UE) 2016/679 reserva a los organismos de supervisión de códigos de conducta sin haber sido previamente acreditado por la autoridad de protección de datos competente.

ac) La falta de adopción por parte de los organismos acreditados de supervisión de un código de conducta de las medidas que resulten oportunas en caso que se hubiera producido una infracción del código, conforme exige el artículo 41.4 del Reglamento (UE) 2016/679.

Ver art. 77.2 LOPDGDD.

Letra c): Ver art. 74.d) LOPDGDD.

Letra s): Ver art. 74.ñ) LOPDGDD.

ART. 74. Infracciones consideradas leves.

Se consideran leves y prescribirán al año las restantes infracciones de carácter meramente formal de los artículos mencionados en los apartados 4 y 5 del artículo 83 del Reglamento (UE) 2016/679 y, en particular, las siguientes:

a) El incumplimiento del principio de transparencia de la información o el derecho de información del afectado por no facilitar toda la información exigida por los artículos 13 y 14 del Reglamento (UE) 2016/679.

b) La exigencia del pago de un canon para facilitar al afectado la información exigida por los artículos 13 y 14 del Reglamento (UE) 2016/679 o por atender las solicitudes de ejercicio de derechos de los afectados previstos en los artículos 15 a 22 del Reglamento (UE) 2016/679, cuando así lo permita su artículo 12.5, si su cuantía excediese el importe de los costes afrontados para facilitar la información o realizar la actuación solicitada.

c) No atender las solicitudes de ejercicio de los derechos establecidos en los artículos 15 a 22 del Reglamento (UE) 2016/679, salvo que resultase de aplicación lo dispuesto en el artículo 72.1.k) de esta ley orgánica.

d) No atender los derechos de acceso, rectificación, supresión, limitación del tratamiento o a la portabilidad de los datos en tratamientos en los que no se requiere la identificación del afectado, cuando este, para el ejercicio de esos derechos, haya facilitado información adicional que permita su identificación, salvo que resultase de aplicación lo dispuesto en el artículo 73 c) de esta ley orgánica.

e) El incumplimiento de la obligación de notificación relativa a la rectificación o supresión de datos personales o la limitación del tratamiento exigida por el artículo 19 del Reglamento (UE) 2016/679.

f) El incumplimiento de la obligación de informar al afectado, cuando así lo haya solicitado, de los destinatarios a los que se hayan comunicado los datos personales rectificados, suprimidos o respecto de los que se ha limitado el tratamiento.

g) El incumplimiento de la obligación de suprimir los datos referidos a una persona fallecida cuando ello fuera exigible conforme al artículo 3 de esta ley orgánica.

h) La falta de formalización por los corresponsables del tratamiento del acuerdo que determine las obligaciones, funciones y responsabilidades respectivas con respecto al tratamiento de datos personales y sus relaciones con los afectados al que se refiere el artículo 26 del Reglamento (UE) 2016/679 o la inexactitud en la determinación de las mismas.

i) No poner a disposición de los afectados los aspectos esenciales del acuerdo formalizado entre los corresponsables del tratamiento, conforme exige el artículo 26.2 del Reglamento (UE) 2016/679.

j) La falta del cumplimiento de la obligación del encargado del tratamiento de informar al responsable del tratamiento acerca de la posible infracción por una instrucción recibida de este de las disposiciones del Reglamento (UE) 2016/679 o de esta ley orgánica, conforme a lo exigido por el artículo 28.3 del citado reglamento.

k) El incumplimiento por el encargado de las estipulaciones impuestas en el contrato o acto jurídico que regula el tratamiento o las instrucciones del responsable del tratamiento, salvo que esté legalmente obligado a ello conforme al Reglamento (UE) 2016/679 y a la presente ley orgánica o en los supuestos en que fuese necesario para evitar la infracción de la legislación en materia de protección de datos y se hubiese advertido de ello al responsable o al encargado del tratamiento.

l) Disponer de un Registro de actividades de tratamiento que no incorpore toda la información exigida por el artículo 30 del Reglamento (UE) 2016/679.

m) La notificación incompleta, tardía o defectuosa a la autoridad de protección de datos de la información relacionada con una violación de seguridad de los datos personales de conformidad con lo previsto en el artículo 33 del Reglamento (UE) 2016/679.

n) El incumplimiento de la obligación de documentar cualquier violación de seguridad, exigida por el artículo 33.5 del Reglamento (UE) 2016/679.

ñ) El incumplimiento del deber de comunicación al afectado de una violación de la seguridad de los datos que entrañe un alto riesgo para los derechos y libertades de los afectados, conforme a lo exigido por el artículo 34 del Reglamento (UE) 2016/679, salvo que resulte de aplicación lo previsto en el artículo 73 s) de esta ley orgánica.

o) Facilitar información inexacta a la Autoridad de protección de datos, en los supuestos en los que el responsable del tratamiento deba elevarle una consulta previa, conforme al artículo 36 del Reglamento (UE) 2016/679.

p) No publicar los datos de contacto del delegado de protección de datos, o no comunicarlos a la autoridad de protección de datos, cuando su nombramiento sea exigible de acuerdo con el artículo 37 del Reglamento (UE) 2016/679 y el artículo 34 de esta ley orgánica.

q) El incumplimiento por los organismos de certificación de la obligación de informar a la autoridad de protección de datos de la expedición, renovación o retirada de una certificación, conforme a lo exigido por los apartados 1 y 5 del artículo 43 del Reglamento (UE) 2016/679.

r) El incumplimiento por parte de los organismos acreditados de supervisión de un código de conducta de la obligación de informar a las autoridades de protección de datos acerca de las medidas que resulten oportunas en caso de infracción del código, conforme exige el artículo 41.4 del Reglamento (UE) 2016/679.

Ver art. 65.3 y 77.2 LOPDGDD.

ART. 75. Interrupción de la prescripción de la infracción.

Interrumpirá la prescripción la iniciación, con conocimiento del interesado, del procedimiento sancionador, reiniciándose el plazo de prescripción si el expediente sancionador estuviere paralizado durante más de seis meses por causas no imputables al presunto infractor.

Cuando la Agencia Española de Protección de Datos ostente la condición de autoridad de control principal y deba seguirse el procedimiento previsto en el artículo 60 del Reglamento (UE) 2016/679 interrumpirá la prescripción el conocimiento formal por el interesado del acuerdo de inicio.

Párrafo segundo modificado por Ley 11/2023, de 8 de mayo, de trasposición de Directivas de la Unión Europea en materia de accesibilidad de determinados productos y servicios, migración de personas altamente cualificadas, tributaria y digitalización de actuaciones notariales y registrales; y por la que se modifica la Ley 12/2011, de 27 de mayo, sobre responsabilidad civil por daños nucleares o producidos por materiales radiactivos. (BOE de 09-05-2023).

Ver art. 64.2 LOPDGDD.

ART. 76. Sanciones y medidas correctivas.

1. Las sanciones previstas en los apartados 4, 5 y 6 del artículo 83 del Reglamento (UE) 2016/679 se aplicarán teniendo en cuenta los criterios de graduación establecidos en el apartado 2 del citado artículo.

2. De acuerdo a lo previsto en el artículo 83.2.k) del Reglamento (UE) 2016/679 también podrán tenerse en cuenta:

a) El carácter continuado de la infracción.

b) La vinculación de la actividad del infractor con la realización de tratamientos de datos personales.

c) Los beneficios obtenidos como consecuencia de la comisión de la infracción.

d) La posibilidad de que la conducta del afectado hubiera podido inducir a la comisión de la infracción.

e) La existencia de un proceso de fusión por absorción posterior a la comisión de la infracción, que no puede imputarse a la entidad absorbente.

f) La afectación a los derechos de los menores.

g) Disponer, cuando no fuere obligatorio, de un delegado de protección de datos.

h) El sometimiento por parte del responsable o encargado, con carácter voluntario, a mecanismos de resolución alternativa de conflictos, en aquellos supuestos en los que existan controversias entre aquellos y cualquier interesado.

3. Será posible, complementaria o alternativamente, la adopción, cuando proceda, de las restantes medidas correctivas a las que se refiere el artículo 83.2 del Reglamento (UE) 2016/679.

4. Será objeto de publicación en el Boletín Oficial del Estado la información que identifique al infractor, la infracción cometida y el importe de la sanción impuesta cuando la autoridad competente sea la Agencia Española de Protección de Datos, la sanción fuese superior a un millón de euros y el infractor sea una persona jurídica.

Cuando la autoridad competente para imponer la sanción sea una autoridad autonómica de protección de datos, se estará a su normativa de aplicación.

Apdo. 2: ver art. 62 Ley Orgánica 7/2021, de 26 de mayo, de protección de datos personales tratados para fines de prevención, detección, investigación y enjuiciamiento de infracciones penales y de ejecución de sanciones penales.

ART. 77. Régimen aplicable a determinadas categorías de responsables o encargados del tratamiento.

1. El régimen establecido en este artículo será de aplicación a los tratamientos de los que sean responsables o encargados:

a) Los órganos constitucionales o con relevancia constitucional y las instituciones de las comunidades autónomas análogas a los mismos.

b) Los órganos jurisdiccionales.

c) La Administración General del Estado, las Administraciones de las comunidades autónomas y las entidades que integran la Administración Local.

d) Los organismos públicos y entidades de Derecho público vinculadas o dependientes de las Administraciones Públicas.

e) Las autoridades administrativas independientes.

f) El Banco de España.

g) Las corporaciones de Derecho público cuando las finalidades del tratamiento se relacionen con el ejercicio de potestades de derecho público.

h) Las fundaciones del sector público.

i) Las Universidades Públicas.

j) Los consorcios.

k) Los grupos parlamentarios de las Cortes Generales y las Asambleas Legislativas autonómicas, así como los grupos políticos de las Corporaciones Locales.

2. Cuando los responsables o encargados enumerados en el apartado 1 cometiesen alguna de las infracciones a las que se refieren los artículos 72 a 74 de esta ley orgánica, la autoridad de protección de datos que resulte competente dictará resolución declarando la infracción y estableciendo, en su caso, las medidas que proceda adoptar para que cese la conducta o se corrijan los efectos de la infracción que se hubiese cometido, con excepción de la prevista en el artículo 58.2.i del Reglamento (UE) 2016/679 del Parlamento Europeo y del Consejo, de 27 de abril de 2016.

La resolución se notificará al responsable o encargado del tratamiento, al órgano del que dependa jerárquicamente, en su caso, y a los afectados que tuvieran la condición de interesado, en su caso.

3. Sin perjuicio de lo establecido en el apartado anterior, la autoridad de protección de datos propondrá también la iniciación de actuaciones disciplinarias cuando existan indicios suficientes para ello. En este caso, el procedimiento y las sanciones a aplicar serán las establecidas en la legislación sobre régimen disciplinario o sancionador que resulte de aplicación.

Asimismo, cuando las infracciones sean imputables a autoridades y directivos, y se acredite la existencia de informes técnicos o recomendaciones para el tratamiento que no hubieran sido debidamente atendidos, en la resolución en la que se imponga la sanción se incluirá una amonestación con denominación del cargo responsable y se ordenará la publicación en el Boletín Oficial del Estado o autonómico que corresponda.

4. Se deberán comunicar a la autoridad de protección de datos las resoluciones que recaigan en relación con las medidas y actuaciones a que se refieren los apartados anteriores.

5. Se comunicarán al Defensor del Pueblo o, en su caso, a las instituciones análogas de las comunidades autónomas las actuaciones realizadas y las resoluciones dictadas al amparo de este artículo.

6. Cuando la autoridad competente sea la Agencia Española de Protección de Datos, esta publicará en su página web con la debida separación las resoluciones referidas a las entidades del apartado 1 de este artículo, con expresa indicación de la identidad del responsable o encargado del tratamiento que hubiera cometido la infracción.

Cuando la competencia corresponda a una autoridad autonómica de protección de datos se estará, en cuanto a la publicidad de estas resoluciones, a lo que disponga su normativa específica.

Apdo. 2 modificado por Ley 11/2023, de 8 de mayo, de trasposición de Directivas de la Unión Europea en materia de accesibilidad de determinados productos y servicios, migración de personas altamente cualificadas, tributaria y digitalización de actuaciones notariales y registrales; y por la que se modifica la Ley 12/2011, de 27 de mayo, sobre responsabilidad civil por daños nucleares o producidos por materiales radiactivos. (BOE de 09-05-2023).

Apdo. 1: Ver arts. 19.3, 31.2, 38.2, 42.1.b), 50, D.A. 1.ª y D.A. 10.ª LOPDGDD. Ver art. 62 Ley Orgánica 7/2021, de 26 de mayo, de protección de datos personales tratados para fines de prevención, detección, investigación y enjuiciamiento de infracciones penales y de ejecución de sanciones penales.

ART. 78. Prescripción de las sanciones.

1. Las sanciones impuestas en aplicación del Reglamento (UE) 2016/679 y de esta ley orgánica prescriben en los siguientes plazos:

a) Las sanciones por importe igual o inferior a 40.000 euros, prescriben en el plazo de un año.

b) Las sanciones por importe comprendido entre 40.001 y 300.000 euros prescriben a los dos años.

c) Las sanciones por un importe superior a 300.000 euros prescriben a los tres años.

2. El plazo de prescripción de las sanciones comenzará a contarse desde el día siguiente a aquel en que sea ejecutable la resolución por la que se impone la sanción o haya transcurrido el plazo para recurrirla.

3. La prescripción se interrumpirá por la iniciación, con conocimiento del interesado, del procedimiento de ejecución, volviendo a transcurrir el plazo si el mismo está paralizado durante más de seis meses por causa no imputable al infractor.

TÍTULO X
Garantía de los derechos digitales

Los artículos 79, 80, 81, 82, 88, 95, 96 y 97 tienen carácter de ley ordinaria, tal y como dispone la D.F. 1.ª de esta norma.

ART. 79. Los derechos en la Era digital.

Los derechos y libertades consagrados en la Constitución y en los Tratados y Convenios Internacionales en que España sea parte son plenamente aplicables en Internet. Los prestadores de servicios de la sociedad de la información y los proveedores de servicios de Internet contribuirán a garantizar su aplicación.

ART. 80. Derecho a la neutralidad de Internet.

Los usuarios tienen derecho a la neutralidad de Internet. Los proveedores de servicios de Internet proporcionarán una oferta transparente de servicios sin discriminación por motivos técnicos o económicos.

ART. 81. Derecho de acceso universal a Internet.

1. Todos tienen derecho a acceder a Internet independientemente de su condición personal, social, económica o geográfica.

2. Se garantizará un acceso universal, asequible, de calidad y no discriminatorio para toda la población.

3. El acceso a Internet de hombres y mujeres procurará la superación de la brecha de género tanto en el ámbito personal como laboral.

4. El acceso a Internet procurará la superación de la brecha generacional mediante acciones dirigidas a la formación y el acceso a las personas mayores.

5. La garantía efectiva del derecho de acceso a Internet atenderá la realidad específica de los entornos rurales.

6. El acceso a Internet deberá garantizar condiciones de igualdad para las personas que cuenten con necesidades especiales.

ART. 82. Derecho a la seguridad digital.

Los usuarios tienen derecho a la seguridad de las comunicaciones que transmitan y reciban a través de Internet. Los proveedores de servicios de Internet informarán a los usuarios de sus derechos.

ART. 83. Derecho a la educación digital.

1. El sistema educativo garantizará la plena inserción del alumnado en la sociedad digital y el aprendizaje de un consumo responsable y un uso crítico y seguro de los medios digitales y respetuoso con la dignidad humana, la justicia social y la sostenibilidad medioambiental, los valores constitucionales, los derechos fundamentales y, particularmente con el respeto y la garantía de la intimidad personal y familiar y la protección de datos personales. Las actuaciones realizadas en este ámbito tendrán carácter inclusivo, en particular en lo que respecta al alumnado con necesidades educativas especiales.

Las Administraciones educativas deberán incluir en el desarrollo del currículo la competencia digital a la que se refiere el apartado anterior, así como los elementos relacionados con las situaciones de riesgo derivadas de la inadecuada utilización de las TIC, con especial atención a las situaciones de violencia en la red.

2. El profesorado recibirá las competencias digitales y la formación necesaria para la enseñanza y transmisión de los valores y derechos referidos en el apartado anterior.

3. Los planes de estudio de los títulos universitarios, en especial, aquellos que habiliten para el desempeño profesional en la formación del alumnado, garantizarán la formación en el uso y seguridad de los medios digitales y en la garantía de los derechos fundamentales en Internet.

4. Las Administraciones Públicas incorporarán a los temarios de las pruebas de acceso a los cuerpos superiores y a aquéllos en que habitualmente se desempeñen funciones que impliquen el acceso a datos personales materias relacionadas con la garantía de los derechos digitales y en particular el de protección de datos.

Apdo. 1 modificado por Ley Orgánica 3/2020, de 29 de diciembre, por la que se modifica la Ley Orgánica 2/2006, de 3 de mayo, de Educación (BOE de 30-12-2020).

Ver D.A. 21.ª LOPDGDD.

Ver art. 62 Ley Orgánica 7/2021, de 26 de mayo, de protección de datos personales tratados para fines de prevención, detección, investigación y enjuiciamiento de infracciones penales y de ejecución de sanciones penales.

ART. 84. Protección de los menores en Internet.

1. Los padres, madres, tutores, curadores o representantes legales procurarán que los menores de edad hagan un uso equilibrado y responsable de los dispositivos digitales y de los servicios de la sociedad de la información a fin de garantizar el adecuado desarrollo de su personalidad y preservar su dignidad y sus derechos fundamentales.

2. La utilización o difusión de imágenes o información personal de menores en las redes sociales y servicios de la sociedad de la información equivalentes que puedan implicar una intromisión ilegítima en sus derechos fundamentales determinará la intervención del Ministerio Fiscal, que instará las medidas cautelares y de protección previstas en la Ley Orgánica 1/1996, de 15 de enero, de Protección Jurídica del Menor.

ART. 85. Derecho de rectificación en Internet.

1. Todos tienen derecho a la libertad de expresión en Internet.

2. Los responsables de redes sociales y servicios equivalentes adoptarán protocolos adecuados para posibilitar el ejercicio del derecho de rectificación ante los usuarios que difundan contenidos que atenten contra el derecho al honor, la intimidad personal y familiar en Internet y el derecho a comunicar o recibir libremente información veraz, atendiendo a los requisitos y procedimientos previstos en la Ley Orgánica 2/1984, de 26 de marzo, reguladora del derecho de rectificación.

Cuando los medios de comunicación digitales deban atender la solicitud de rectificación formulada contra ellos deberán proceder a la publicación en sus archivos digitales de un aviso aclaratorio que ponga de manifiesto que la noticia original no refleja la situación actual del individuo. Dicho aviso deberá aparecer en lugar visible junto con la información original.

ART. 86. Derecho a la actualización de informaciones en medios de comunicación digitales.

Toda persona tiene derecho a solicitar motivadamente de los medios de comunicación digitales la inclusión de un aviso de actualización suficientemente visible junto a las noticias que le conciernan cuando la información contenida en la noticia original no refleje su situación actual como consecuencia de circunstancias que hubieran tenido lugar después de la publicación, causándole un perjuicio.

En particular, procederá la inclusión de dicho aviso cuando las informaciones originales se refieran a actuaciones policiales o judiciales que se hayan visto afectadas en beneficio del interesado como consecuencia de decisiones judiciales posteriores. En este caso, el aviso hará referencia a la decisión posterior.

ART. 87. Derecho a la intimidad y uso de dispositivos digitales en el ámbito laboral.

1. Los trabajadores y los empleados públicos tendrán derecho a la protección de su intimidad en el uso de los dispositivos digitales puestos a su disposición por su empleador.

2. El empleador podrá acceder a los contenidos derivados del uso de medios digitales facilitados a los trabajadores a los solos efectos de controlar el cumplimiento de las obligaciones laborales o estatutarias y de garantizar la integridad de dichos dispositivos.

3. Los empleadores deberán establecer criterios de utilización de los dispositivos digitales respetando en todo caso los estándares mínimos de protección de su intimidad de acuerdo con los usos sociales y los derechos reconocidos constitucional y legalmente. En su elaboración deberán participar los representantes de los trabajadores.

El acceso por el empleador al contenido de dispositivos digitales respecto de los que haya admitido su uso con fines privados requerirá que se especifiquen de modo preciso los usos autorizados y se establezcan garantías para preservar la intimidad de los trabajadores, tales como, en su caso, la determinación de los períodos en que los dispositivos podrán utilizarse para fines privados.

Los trabajadores deberán ser informados de los criterios de utilización a los que se refiere este apartado.

ART. 88. Derecho a la desconexión digital en el ámbito laboral.

1. Los trabajadores y los empleados públicos tendrán derecho a la desconexión digital a fin de garantizar, fuera del tiempo de trabajo legal o convencionalmente establecido, el respeto de su tiempo de descanso, permisos y vacaciones, así como de su intimidad personal y familiar.

2. Las modalidades de ejercicio de este derecho atenderán a la naturaleza y objeto de la relación laboral, potenciarán el derecho a la conciliación de la actividad laboral y la vida personal y familiar y se sujetarán a lo establecido en la negociación colectiva o, en su defecto, a lo acordado entre la empresa y los representantes de los trabajadores.

3. El empleador, previa audiencia de los representantes de los trabajadores, elaborará una política interna dirigida a trabajadores, incluidos los que ocupen puestos directivos, en la que definirán las modalidades de ejercicio del derecho a la desconexión y las acciones de formación y de sensibilización del personal sobre un uso razonable de las herramientas tecnológicas que evite el riesgo de fatiga informática. En particular, se preservará el derecho a la desconexión digital en los supuestos de realización total o parcial del trabajo a distancia así como en el domicilio del empleado vinculado al uso con fines laborales de herramientas tecnológicas.

ART. 89. Derecho a la intimidad frente al uso de dispositivos de videovigilancia y de grabación de sonidos en el lugar de trabajo.

1. Los empleadores podrán tratar las imágenes obtenidas a través de sistemas de cámaras o videocámaras para el ejercicio de las funciones de control de los trabajadores o los empleados públicos previstas, respectivamente, en el artículo 20.3 del Estatuto de los Trabajadores y en la legislación de función pública, siempre que estas funciones se ejerzan dentro de su marco legal y con los límites inherentes al mismo. Los empleadores habrán de informar con carácter previo, y de forma expresa, clara y concisa, a los trabajadores o los empleados públicos y, en su caso, a sus representantes, acerca de esta medida.

En el supuesto de que se haya captado la comisión flagrante de un acto ilícito por los trabajadores o los empleados públicos se entenderá cumplido el deber de informar cuando existiese al menos el dispositivo al que se refiere el artículo 22.4 de esta ley orgánica.

2. En ningún caso se admitirá la instalación de sistemas de grabación de sonidos ni de videovigilancia en lugares destinados al descanso o esparcimiento de los trabajadores o los empleados públicos, tales como vestuarios, aseos, comedores y análogos.

3. La utilización de sistemas similares a los referidos en los apartados anteriores para la grabación de sonidos en el lugar de trabajo se admitirá únicamente cuando resulten relevantes los riesgos para la seguridad de las instalaciones, bienes y personas derivados de la actividad que se desarrolle en el centro de trabajo y siempre respetando el principio de proporcionalidad, el de intervención mínima y las garantías previstas en los apartados anteriores. La supresión de los sonidos conservados por estos sistemas de grabación se realizará atendiendo a lo dispuesto en el apartado 3 del artículo 22 de esta ley.

Ver art. 22.8 LOPDGDD.

ART. 90. Derecho a la intimidad ante la utilización de sistemas de geolocalización en el ámbito laboral.

1. Los empleadores podrán tratar los datos obtenidos a través de sistemas de geolocalización para el ejercicio de las funciones de control de los trabajadores o los empleados públicos previstas, respectivamente, en el artículo 20.3 del Estatuto de los Trabajadores y en la legislación de función pública, siempre que estas funciones se ejerzan dentro de su marco legal y con los límites inherentes al mismo.

2. Con carácter previo, los empleadores habrán de informar de forma expresa, clara e inequívoca a los trabajadores o los empleados públicos y, en su caso, a sus representantes, acerca de la existencia y características de estos dispositivos. Igualmente deberán informarles acerca del posible ejercicio de los derechos de acceso, rectificación, limitación del tratamiento y supresión.

ART. 91. Derechos digitales en la negociación colectiva.

Los convenios colectivos podrán establecer garantías adicionales de los derechos y libertades relacionados con el tratamiento de los datos personales de los trabajadores y la salvaguarda de derechos digitales en el ámbito laboral.

ART. 92. Protección de datos de los menores en Internet.

Los centros educativos y cualesquiera personas físicas o jurídicas que desarrollen actividades en las que participen menores de edad garantizarán la protección del interés superior del menor y sus derechos fundamentales, especialmente el derecho a la protección de datos personales, en la publicación o difusión de sus datos personales a través de servicios de la sociedad de la información.

Cuando dicha publicación o difusión fuera a tener lugar a través de servicios de redes sociales o servicios equivalentes deberán contar con el consentimiento del menor o sus representantes legales, conforme a lo prescrito en el artículo 7 de esta ley orgánica.

ART. 93. Derecho al olvido en búsquedas de Internet.

1. Toda persona tiene derecho a que los motores de búsqueda en Internet eliminen de las listas de resultados que se obtuvieran tras una búsqueda efectuada a partir de su nombre los enlaces publicados que contuvieran información relativa a esa persona cuando fuesen inadecuados, inexactos, no pertinentes, no actualizados o excesivos o hubieren devenido

como tales por el transcurso del tiempo, teniendo en cuenta los fines para los que se recogieron o trataron, el tiempo transcurrido y la naturaleza e interés público de la información.

Del mismo modo deberá procederse cuando las circunstancias personales que en su caso invocase el afectado evidenciasen la prevalencia de sus derechos sobre el mantenimiento de los enlaces por el servicio de búsqueda en Internet.

Este derecho subsistirá aun cuando fuera lícita la conservación de la información publicada en el sitio web al que se dirigiera el enlace y no se procediese por la misma a su borrado previo o simultáneo.

2. El ejercicio del derecho al que se refiere este artículo no impedirá el acceso a la información publicada en el sitio web a través de la utilización de otros criterios de búsqueda distintos del nombre de quien ejerciera el derecho.

ART. 94. Derecho al olvido en servicios de redes sociales y servicios equivalentes.

1. Toda persona tiene derecho a que sean suprimidos, a su simple solicitud, los datos personales que hubiese facilitado para su publicación por servicios de redes sociales y servicios de la sociedad de la información equivalentes.

2. Toda persona tiene derecho a que sean suprimidos los datos personales que le conciernan y que hubiesen sido facilitados por terceros para su publicación por los servicios de redes sociales y servicios de la sociedad de la información equivalentes cuando fuesen inadecuados, inexactos, no pertinentes, no actualizados o excesivos o hubieren devenido como tales por el transcurso del tiempo, teniendo en cuenta los fines para los que se recogieron o trataron, el tiempo transcurrido y la naturaleza e interés público de la información.

Del mismo modo deberá procederse a la supresión de dichos datos cuando las circunstancias personales que en su caso invocase el afectado evidenciasen la prevalencia de sus derechos sobre el mantenimiento de los datos por el servicio.

Se exceptúan de lo dispuesto en este apartado los datos que hubiesen sido facilitados por personas físicas en el ejercicio de actividades personales o domésticas.

3. En caso de que el derecho se ejercitase por un afectado respecto de datos que hubiesen sido facilitados al servicio, por él o por terceros, durante su minoría de edad, el prestador deberá proceder sin dilación a su supresión por su simple solicitud, sin necesidad de que concurran las circunstancias mencionadas en el apartado 2.

ART. 95. Derecho de portabilidad en servicios de redes sociales y servicios equivalentes.

Los usuarios de servicios de redes sociales y servicios de la sociedad de la información equivalentes tendrán derecho a recibir y transmitir los contenidos que hubieran facilitado a los prestadores de dichos servicios, así como a que los prestadores los transmitan directamente a otro prestador designado por el usuario, siempre que sea técnicamente posible.

Los prestadores podrán conservar, sin difundirla a través de Internet, copia de los contenidos cuando dicha conservación sea necesaria para el cumplimiento de una obligación legal.

ART. 96. Derecho al testamento digital.

1. El acceso a contenidos gestionados por prestadores de servicios de la sociedad de la información sobre personas fallecidas se regirá por las siguientes reglas:

a) Las personas vinculadas al fallecido por razones familiares o de hecho, así como sus herederos podrán dirigirse a los prestadores de servicios de la sociedad de la información al objeto de acceder a dichos contenidos e impartirles las instrucciones que estimen oportunas sobre su utilización, destino o supresión.

Como excepción, las personas mencionadas no podrán acceder a los contenidos del causante, ni solicitar su modificación o eliminación, cuando la persona fallecida lo hubiese prohibido expresamente o así lo establezca una ley. Dicha prohibición no afectará al derecho de los herederos a acceder a los contenidos que pudiesen formar parte del caudal relicto.

b) El albacea testamentario así como aquella persona o institución a la que el fallecido hubiese designado expresamente para ello también podrá solicitar, con arreglo a las instrucciones recibidas, el acceso a los contenidos con vistas a dar cumplimiento a tales instrucciones.

c) En caso de personas fallecidas menores de edad, estas facultades podrán ejercerse también por sus representantes legales o, en el marco de sus competencias, por el Ministerio Fiscal, que podrá actuar de oficio o a instancia de cualquier persona física o jurídica interesada.

d) En caso de fallecimiento de personas con discapacidad, estas facultades podrán ejercerse también, además de por quienes señala la letra anterior, por quienes hubiesen sido designados para el ejercicio de funciones de apoyo si tales facultades se entendieran comprendidas en las medidas de apoyo prestadas por el designado.

2. Las personas legitimadas en el apartado anterior podrán decidir acerca del mantenimiento o eliminación de los perfiles personales de personas fallecidas en redes sociales o servicios equivalentes, a menos que el fallecido hubiera decidido acerca de esta circunstancia, en cuyo caso se estará a sus instrucciones.

El responsable del servicio al que se le comunique, con arreglo al párrafo anterior, la solicitud de eliminación del perfil, deberá proceder sin dilación a la misma.

3. Mediante real decreto se establecerán los requisitos y condiciones para acreditar la validez y vigencia de los mandatos e instrucciones y, en su caso, el registro de los mismos, que podrá coincidir con el previsto en el artículo 3 de esta ley orgánica.

4. Lo establecido en este artículo en relación con las personas fallecidas en las comunidades autónomas con derecho civil, foral o especial, propio se regirá por lo establecido por estas dentro de su ámbito de aplicación.

Se habilita al Gobierno (ver D.F. 15.ª de esta norma) para desarrollar lo dispuesto en el apdo. 3 de este artículo.

ART. 97. Políticas de impulso de los derechos digitales.

1. El Gobierno, en colaboración con las comunidades autónomas, elaborará un Plan de Acceso a Internet con los siguientes objetivos:

a) superar las brechas digitales y garantizar el acceso a Internet de colectivos vulnerables o con necesidades especiales y de entornos familiares y sociales económicamente desfavorecidos mediante, entre otras medidas, un bono social de acceso a Internet;

b) impulsar la existencia de espacios de conexión de acceso público; y

c) fomentar medidas educativas que promuevan la formación en competencias y habilidades digitales básicas a personas y colectivos en riesgo de exclusión digital y la capacidad de todas las personas para realizar un uso autónomo y responsable de Internet y de las tecnologías digitales.

2. Asimismo se aprobará un Plan de Actuación dirigido a promover las acciones de formación, difusión y concienciación necesarias para lograr que los menores de edad hagan un uso equilibrado y responsable de los dispositivos digitales y de las redes sociales y de los servicios de la sociedad de la información equivalentes de Internet con la finalidad de garantizar su adecuado desarrollo de la personalidad y de preservar su dignidad y derechos fundamentales.

3. El Gobierno presentará un informe anual ante la comisión parlamentaria correspondiente del Congreso de los Diputados en el que se dará cuenta de la evolución de los derechos, garantías y mandatos contemplados en el presente Título y de las medidas necesarias para promover su impulso y efectividad.

DISPOSICIONES ADICIONALES

Las disposiciones adicionales (salvo la D.A. 2.ª Y D.A. 17.ª) tienen carácter de ley ordinaria, tal y como dispone la D.F. 1.ª de esta norma.

D.A. 1.ª Medidas de seguridad en el ámbito del sector público.

1. El Esquema Nacional de Seguridad incluirá las medidas que deban implantarse en caso de tratamiento de datos personales para evitar su pérdida, alteración o acceso no autorizado, adaptando los criterios de determinación del riesgo en el tratamiento de los datos a lo establecido en el artículo 32 del Reglamento (UE) 2016/679.

2. Los responsables enumerados en el artículo 77.1 de esta ley orgánica deberán aplicar a los tratamientos de datos personales las medidas de seguridad que correspondan de las previstas en el Esquema Nacional de Seguridad, así como impulsar un grado de implementación de medidas equivalentes en las empresas o fundaciones vinculadas a los mismos sujetas al Derecho privado.

En los casos en los que un tercero preste un servicio en régimen de concesión, encomienda de gestión o contrato, las medidas de seguridad se corresponderán con las de la
Administración pública de origen y se ajustarán al Esquema Nacional de Seguridad.

D.A. 2.ª Protección de datos y transparencia y acceso a la información pública.

La publicidad activa y el acceso a la información pública regulados por el Título I de la
Ley 19/2013, de 9 de diciembre, de transparencia, acceso a la información pública y buen
gobierno, así como las obligaciones de publicidad activa establecidas por la legislación
autonómica, se someterán, cuando la información contenga datos personales, a lo dispuesto en los artículos 5.3 y 15 de la Ley 19/2013, en el Reglamento (UE) 2016/679 y en la
presente ley orgánica.

D.A. 3.ª Cómputo de plazos.

Los plazos establecidos en el Reglamento (UE) 2016/679 o en esta ley orgánica, con
independencia de que se refieran a relaciones entre particulares o con entidades del sector
público, se regirán por las siguientes reglas:

a) Cuando los plazos se señalen por días, se entiende que estos son hábiles, excluyén-
dose del cómputo los sábados, los domingos y los declarados festivos.

b) Si el plazo se fija en semanas, concluirá el mismo día de la semana en que se produjo
el hecho que determina su iniciación en la semana de vencimiento.

c) Si el plazo se fija en meses o años, concluirá el mismo día en que se produjo el hecho
que determina su iniciación en el mes o el año de vencimiento. Si en el mes de vencimiento
no hubiera día equivalente a aquel en que comienza el cómputo, se entenderá que el plazo
expira el último día del mes.

d) Cuando el último día del plazo sea inhábil, se entenderá prorrogado al primer día hábil
siguiente.

D.A. 4.ª Procedimiento en relación con las competencias atribuidas a la Agencia Española de Protección de Datos por otras leyes.

Lo dispuesto en el Título VIII y en sus normas de desarrollo será de aplicación a los procedimientos que la Agencia Española de Protección de Datos hubiera de tramitar en ejercicio
de las competencias que le fueran atribuidas por otras leyes.

D.A. 5.ª Autorización judicial en relación con decisiones de la Comisión Europea en materia de transferencia internacional de datos.

1. Cuando una autoridad de protección de datos considerase que una decisión de la Comisión Europea en materia de transferencia internacional de datos, de cuya validez depen-
diese la resolución de un procedimiento concreto, infringiese lo dispuesto en el Reglamento
(UE) 2016/679, menoscabando el derecho fundamental a la protección de datos, acordará
inmediatamente la suspensión del procedimiento, a fin de solicitar del órgano judicial autorización para declararlo así en el seno del procedimiento del que esté conociendo. Dicha
suspensión deberá ser confirmada, modificada o levantada en el acuerdo de admisión o
inadmisión a trámite de la solicitud de la autoridad de protección de datos dirigida al tribunal competente.

Las decisiones de la Comisión Europea a las que puede resultar de aplicación este cauce
son:

a) aquellas que declaren el nivel adecuado de protección de un tercer país u organización
internacional, en virtud del artículo 45 del Reglamento (UE) 2016/679;

b) aquellas por las que se aprueben cláusulas tipo de protección de datos para la realización de transferencias internacionales de datos, o

c) aquellas que declaren la validez de los códigos de conducta a tal efecto.

2. La autorización a la que se refiere esta disposición solamente podrá ser concedida
si, previo planteamiento de cuestión prejudicial de validez en los términos del artículo
267 del Tratado de Funcionamiento de la Unión Europea, la decisión de la Comisión
Europea cuestionada fuera declarada inválida por el Tribunal de Justicia de la Unión
Europea.

D.A. 6.ª Incorporación de deudas a sistemas de información crediticia.

No se incorporarán a los sistemas de información crediticia a los que se refiere el artículo 20.1 de esta ley orgánica deudas en que la cuantía del principal sea inferior a cincuenta euros.

El Gobierno, mediante real decreto, podrá actualizar esta cuantía.

Se habilita al Gobierno (ver D.F. 15.ª de esta norma) para desarrollar lo dispuesto en esta disposición.

D.A. 7.ª Identificación de los interesados en las notificaciones por medio de anuncios y publicaciones de actos administrativos.

1. Cuando sea necesaria la publicación de un acto administrativo que contuviese datos personales del afectado, se identificará al mismo mediante su nombre y apellidos, añadiendo cuatro cifras numéricas aleatorias del documento nacional de identidad, número de identidad de extranjero, pasaporte o documento equivalente. Cuando la publicación se refiera a una pluralidad de afectados estas cifras aleatorias deberán alternarse.

Cuando se trate de la notificación por medio de anuncios, particularmente en los supuestos a los que se refiere el artículo 44 de la Ley 39/2015, de 1 de octubre, del Procedimiento Administrativo Común de las Administraciones Públicas, se identificará al afectado exclusivamente mediante el número completo de su documento nacional de identidad, número de identidad de extranjero, pasaporte o documento equivalente.

Cuando el afectado careciera de cualquiera de los documentos mencionados en los dos párrafos anteriores, se identificará al afectado únicamente mediante su nombre y apellidos. En ningún caso debe publicarse el nombre y apellidos de manera conjunta con el número completo del documento nacional de identidad, número de identidad de extranjero, pasaporte o documento equivalente.

2. A fin de prevenir riesgos para víctimas de violencia de género, el Gobierno impulsará la elaboración de un protocolo de colaboración que defina procedimientos seguros de publicación y notificación de actos administrativos, con la participación de los órganos con competencia en la materia.

D.A. 8.ª Potestad de verificación de las Administraciones Públicas.

Cuando se formulen solicitudes por cualquier medio en las que el interesado declare datos personales que obren en poder de las Administraciones Públicas, el órgano destinatario de la solicitud podrá efectuar en el ejercicio de sus competencias las verificaciones necesarias para comprobar la exactitud de los datos.

D.A. 9.ª Tratamiento de datos personales en relación con la notificación de incidentes de seguridad.

Cuando, de conformidad con lo dispuesto en la legislación nacional que resulte de aplicación, deban notificarse incidentes de seguridad, las autoridades públicas competentes, equipos de respuesta a emergencias informáticas (CERT), equipos de respuesta a incidentes de seguridad informática (CSIRT), proveedores de redes y servicios de comunicaciones electrónicas y proveedores de tecnologías y servicios de seguridad, podrán tratar los datos personales contenidos en tales notificaciones, exclusivamente durante el tiempo y alcance necesario para su análisis, detección, protección y respuesta ante incidentes y adoptando las medidas de seguridad adecuadas y proporcionadas al nivel de riesgo determinado.

D.A. 10.ª Comunicaciones de datos por los sujetos enumerados en el artículo 77.1.

Los responsables enumerados en el artículo 77.1 de esta ley orgánica podrán comunicar los datos personales que les sean solicitados por sujetos de derecho privado cuando cuenten con el consentimiento de los afectados o aprecien que concurre en los solicitantes un interés legítimo que prevalezca sobre los derechos e intereses de los afectados conforme a lo establecido en el artículo 6.1 f) del Reglamento (UE) 2016/679.

D.A. 11.ª Privacidad en las comunicaciones electrónicas.

Lo dispuesto en la presente ley orgánica se entenderá sin perjuicio de la aplicación de las normas de Derecho interno y de la Unión Europea reguladoras de la privacidad en el sector de las comunicaciones electrónicas, sin imponer obligaciones adicionales a las personas físicas o jurídicas en materia de tratamiento en el marco de la prestación de servicios públicos de comunicaciones electrónicas en redes públicas de comunicación en ámbitos en los que estén sujetas a obligaciones específicas establecidas en dichas normas.

D.A. 12.ª Disposiciones específicas aplicables a los tratamientos de los registros de personal del sector público.

1. Los tratamientos de los registros de personal del sector público se entenderán realizados en el ejercicio de poderes públicos conferidos a sus responsables, de acuerdo con lo previsto en el artículo 6.1.e) del Reglamento (UE) 2016/679.

2. Los registros de personal del sector público podrán tratar datos personales relativos a infracciones y condenas penales e infracciones y sanciones administrativas, limitándose a los datos estrictamente necesarios para el cumplimiento de sus fines.

3. De acuerdo con lo previsto en el artículo 18.2 del Reglamento (UE) 2016/679, y por considerarlo una razón de interés público importante, los datos cuyo tratamiento se haya limitado en virtud del artículo 18.1 del citado reglamento, podrán ser objeto de tratamiento cuando sea necesario para el desarrollo de los procedimientos de personal.

D.A. 13.ª Transferencias internacionales de datos tributarios.

Las transferencias de datos tributarios entre el Reino de España y otros Estados o entidades internacionales o supranacionales, se regularán por los términos y con los límites establecidos en la normativa sobre asistencia mutua entre los Estados de la Unión Europea, o en el marco de los convenios para evitar la doble imposición o de otros convenios internacionales, así como por las normas sobre la asistencia mutua establecidas en el Capítulo VI del Título III de la Ley 58/2003, de 17 de diciembre, General Tributaria.

D.A. 14.ª Normas dictadas en desarrollo del artículo 13 de la Directiva 95/46/CE.

Las normas dictadas en aplicación del artículo 13 de la Directiva 95/46/CE del Parlamento Europeo y del Consejo, de 24 de octubre de 1995, relativa a la protección de las personas físicas en lo que respecta al tratamiento de datos personales y a la libre circulación de estos datos, que hubiesen entrado en vigor con anterioridad a 25 de mayo de 2018, y en particular los artículos 23 y 24 de la Ley Orgánica 15/1999, de 13 de diciembre, de Protección de Datos de Carácter Personal, siguen vigentes en tanto no sean expresamente modificadas, sustituidas o derogadas.

D.A. 15.ª Requerimiento de información por parte de la Comisión Nacional del Mercado de Valores.

Cuando no haya podido obtener por otros medios la información necesaria para realizar sus labores de supervisión e inspección relacionadas con la detección de delitos graves, la Comisión Nacional del Mercado de Valores podrá recabar de los operadores que presten servicios de comunicaciones electrónicas disponibles al público y de los prestadores de servicios de la sociedad de la información, los datos que obren en su poder relativos a la comunicación electrónica o servicio de la sociedad de la información proporcionados por dichos prestadores que sean distintos a su contenido y resulten imprescindibles para el ejercicio de dichas labores.

La cesión de estos datos requerirá la previa obtención de autorización judicial otorgada conforme a las normas procesales.

Modificada por Ley Orgánica 7/2021, de 26 de mayo, de protección de datos personales tratados para fines de prevención, detección, investigación y enjuiciamiento de infracciones penales y de ejecución de sanciones penales (BOE de 27-05-2021). Modificación vigente a partir del 16 de junio de 2021.

D.A. 16.ª Prácticas agresivas en materia de protección de datos.

A los efectos previstos en el artículo 8 de la Ley 3/1991, de 10 de enero, de Competencia Desleal, se consideran prácticas agresivas las siguientes:

a) Actuar con intención de suplantar la identidad de la Agencia Española de Protección de Datos o de una autoridad autonómica de protección de datos en la realización de cualquier comunicación a los responsables y encargados de los tratamientos o a los interesados.

b) Generar la apariencia de que se está actuando en nombre, por cuenta o en colaboración con la Agencia Española de Protección de Datos o una autoridad autonómica de protección de datos en la realización de cualquier comunicación a los responsables y encargados de los tratamientos en que la remitente ofrezca sus productos o servicios.

c) Realizar prácticas comerciales en las que se coarte el poder de decisión de los destinatarios mediante la referencia a la posible imposición de sanciones por incumplimiento de la normativa de protección de datos personales.

d) Ofrecer cualquier tipo de documento por el que se pretenda crear una apariencia de cumplimiento de las disposiciones de protección de datos de forma complementaria a la realización de acciones formativas sin haber llevado a cabo las actuaciones necesarias para verificar que dicho cumplimiento se produce efectivamente.

e) Asumir, sin designación expresa del responsable o el encargado del tratamiento, la función de delegado de protección de datos y comunicarse en tal condición con la Agencia Española de Protección de Datos o las autoridades autonómicas de protección de datos.

D.A. 17.ª Tratamientos de datos de salud.

1. Se encuentran amparados en las letras g), h), i) y j) del artículo 9.2 del Reglamento (UE) 2016/679 los tratamientos de datos relacionados con la salud y de datos genéticos que estén regulados en las siguientes leyes y sus disposiciones de desarrollo:

a) La Ley 14/1986, de 25 de abril, General de Sanidad.

b) La Ley 31/1995, de 8 de noviembre, de Prevención de Riesgos Laborales.

c) La Ley 41/2002, de 14 de noviembre, básica reguladora de la autonomía del paciente y de derechos y obligaciones en materia de información y documentación clínica.

d) La Ley 16/2003, de 28 de mayo, de cohesión y calidad del Sistema Nacional de Salud.

e) La Ley 44/2003, de 21 de noviembre, de ordenación de las profesiones sanitarias.

f) La Ley 14/2007, de 3 de julio, de Investigación biomédica.

g) La Ley 33/2011, de 4 de octubre, General de Salud Pública.

h) La Ley 20/2015, de 14 de julio, de ordenación, supervisión y solvencia de las entidades aseguradoras y reaseguradoras.

i) El texto refundido de la Ley de garantías y uso racional de 105 medicamentos y productos sanitarios, aprobado por Real Decreto Legislativo 1/2015, de 24 de julio.

j) El texto refundido de la Ley General de derechos de las personas con discapacidad y de su inclusión social, aprobado por Real Decreto Legislativo 1/2013 de 29 de noviembre.

2. El tratamiento de datos en la investigación en salud se regirá por los siguientes criterios:

a) El interesado o, en su caso, su representante legal podrá otorgar el consentimiento para el uso de sus datos con fines de investigación en salud y, en particular, la biomédica. Tales finalidades podrán abarcar categorías relacionadas con áreas generales vinculadas a una especialidad médica o investigadora.

b) Las autoridades sanitarias e instituciones públicas con competencias en vigilancia de la salud pública podrán llevar a cabo estudios científicos sin el consentimiento de los afectados en situaciones de excepcional relevancia y gravedad para la salud pública.

c) Se considerará lícita y compatible la reutilización de datos personales con fines de investigación en materia de salud y biomédica cuando, habiéndose obtenido el consentimiento para una finalidad concreta, se utilicen los datos para finalidades o áreas de investigación relacionadas con el área en la que se integrase científicamente el estudio inicial.

En tales casos, los responsables deberán publicar la información establecida por el artículo 13 del Reglamento (UE) 2016/679 del Parlamento Europeo y del Consejo, de 27 de abril de 2016, relativo a la protección de las personas físicas en lo que respecta al tratamiento de sus datos personales y a la libre circulación de estos datos, en un lugar fácilmente accesible de la página web corporativa del centro donde se realice la investigación o estudio clínico y, en su caso, en la del promotor, y notificar la existencia de esta información por medios electrónicos a los afectados. Cuando estos carezcan de medios para acceder a tal información, podrán solicitar su remisión en otro formato.

Para los tratamientos previstos en esta letra, se requerirá informe previo favorable del comité de ética de la investigación.

d) Se considera lícito el uso de datos personales seudonimizados con fines de investigación en salud y, en particular, biomédica.

El uso de datos personales seudonimizados con fines de investigación en salud pública y biomédica requerirá:

1.º Una separación técnica y funcional entre el equipo investigador y quienes realicen la seudonimización y conserven la información que posibilite la reidentificación.

2.º Que los datos seudonimizados únicamente sean accesibles al equipo de investigación cuando:

i) Exista un compromiso expreso de confidencialidad y de no realizar ninguna actividad de reidentificación.

ii) Se adopten medidas de seguridad específicas para evitar la reidentificación y el acceso de terceros no autorizados.

Podrá procederse a la reidentificación de los datos en su origen, cuando con motivo de una investigación que utilice datos seudonimizados, se aprecie la existencia de un peligro real y concreto para la seguridad o salud de una persona o grupo de personas, o una amenaza grave para sus derechos o sea necesaria para garantizar una adecuada asistencia sanitaria.

e) Cuando se traten datos personales con fines de investigación en salud, y en particular la biomédica, a los efectos del artículo 89.2 del Reglamento (UE) 2016/679, podrán excepcionarse los derechos de los afectados previstos en los artículos 15, 16, 18 y 21 del Reglamento (EU) 2016/679 cuando:

1.º Los citados derechos se ejerzan directamente ante los investigadores o centros de investigación que utilicen datos anonimizados o seudonimizados.

2.º El ejercicio de tales derechos se refiera a los resultados de la investigación.

3.º La investigación tenga por objeto un interés público esencial relacionado con la seguridad del Estado, la defensa, la seguridad pública u otros objetivos importantes de interés público general, siempre que en este último caso la excepción esté expresamente recogida por una norma con rango de Ley.

f) Cuando conforme a lo previsto por el artículo 89 del Reglamento (UE) 2016/679, se lleve a cabo un tratamiento con fines de investigación en salud pública y, en particular, biomédica se procederá a:

1.º Realizar una evaluación de impacto que determine los riesgos derivados del tratamiento en los supuestos previstos en el artículo 35 del Reglamento (UE) 2016/679 o en los establecidos por la autoridad de control. Esta evaluación incluirá de modo específico los riesgos de reidentificación vinculados a la anonimización o seudonimización de los datos.

2.º Someter la investigación científica a las normas de calidad y, en su caso, a las directrices internacionales sobre buena práctica clínica.

3.º Adoptar, en su caso, medidas dirigidas a garantizar que los investigadores no acceden a datos de identificación de los interesados.

4.º Designar un representante legal establecido en la Unión Europea, conforme al artículo 74 del Reglamento (UE) 536/2014, si el promotor de un ensayo clínico no está establecido en la Unión Europea. Dicho representante legal podrá coincidir con el previsto en el artículo 27.1 del Reglamento (UE) 2016/679.

g) El uso de datos personales seudonimizados con fines de investigación en salud pública y, en particular, biomédica deberá ser sometido al informe previo del comité de ética de la investigación previsto en la normativa sectorial.

En defecto de la existencia del mencionado Comité, la entidad responsable de la investigación requerirá informe previo del delegado de protección de datos o, en su defecto, de un experto con los conocimientos previos en el artículo 37.5 del Reglamento (UE) 2016/679.

h) En el plazo máximo de un año desde la entrada en vigor de esta ley, los comités de ética de la investigación, en el ámbito de la salud, biomédico o del medicamento, deberán integrar entre sus miembros un delegado de protección de datos o, en su defecto, un experto con conocimientos suficientes del Reglamento (UE) 2016/679 cuando se ocupen de actividades de investigación que comporten el tratamiento de datos personales o de datos seudonimizados o anonimizados.

D.A. 18.ª Criterios de seguridad.

La Agencia Española de Protección de Datos desarrollará, con la colaboración, cuando sea precisa, de todos los actores implicados, las herramientas, guías, directrices y orientaciones que resulten precisas para dotar a los profesionales, microempresas y pequeñas y medianas empresas de pautas adecuadas para el cumplimiento de las obligaciones de responsabilidad activa establecidas en el Título IV del Reglamento (UE) 2016/679 y en el Título V de esta ley orgánica.

D.A. 19.ª Derechos de los menores ante Internet.

En el plazo de un año desde la entrada en vigor de esta ley orgánica, el Gobierno remitirá al Congreso de los Diputados un proyecto de ley dirigido específicamente a garantizar los derechos de los menores ante el impacto de Internet, con el fin de garantizar su seguridad y luchar contra la discriminación y la violencia que sobre los mismos es ejercida mediante las nuevas tecnologías.

D.A. 20.ª Especialidades del régimen jurídico de la Agencia Española de Protección de Datos.

1. No será de aplicación a la Agencia Española de Protección de Datos el artículo 50.2.c) de la Ley 40/2015, de 1 de octubre, de Régimen Jurídico del Sector Público.

2. La Agencia Española de Protección de Datos podrá adherirse a los sistemas de contratación centralizada establecidos por las Administraciones Públicas y participar en la gestión compartida de servicios comunes prevista en el artículo 85 de la Ley 40/2015, de 1 de octubre, de Régimen Jurídico del Sector Público.

D.A. 21.ª Educación digital.

Las Administraciones educativas darán cumplimiento al mandato contenido en el párrafo segundo del apartado 1 del artículo 83 de esta ley orgánica en el plazo de un año a contar desde la entrada en vigor de la misma.

D.A. 22.ª Acceso a los archivos públicos y eclesiásticos.

Las autoridades públicas competentes facilitarán el acceso a los archivos públicos y eclesiásticos en relación con los datos que se soliciten con ocasión de investigaciones policiales o judiciales de personas desaparecidas, debiendo atender las solicitudes con prontitud y diligencia las instituciones o congregaciones religiosas a las que se realicen las peticiones de acceso.

D.A. 23.ª Modelos de presentación de reclamaciones.

La Agencia Española de Protección de Datos podrá establecer modelos de presentación de reclamaciones ante la misma en todos los ámbitos en los que ésta tenga competencia, que serán de uso obligatorio para los interesados independientemente de que estén obligados o no a relacionarse electrónicamente con las administraciones públicas.

Los modelos serán publicados en el ''Boletín Oficial del Estado'' y en la Sede Electrónica de la Agencia Española de Protección de Datos y serán de obligado cumplimiento al mes de su publicación en el ''Boletín Oficial del Estado''.

Añadida por Ley 11/2023, de 8 de mayo, de trasposición de Directivas de la Unión Europea en materia de accesibilidad de determinados productos y servicios, migración de personas altamente cualificadas, tributaria y digitalización de actuaciones notariales y registrales; y por la que se modifica la Ley 12/2011, de 27 de mayo, sobre responsabilidad civil por daños nucleares o producidos por materiales radiactivos. (BOE de 09-05-2023).

DISPOSICIONES TRANSITORIAS

Las disposiciones transitorias tienen carácter de ley ordinaria, tal y como dispone la D.F. 1.ª de esta norma.

D.T. 1.ª Estatuto de la Agencia Española de Protección de Datos.

1. El Estatuto de la Agencia Española de Protección de Datos, aprobado por Real Decreto 428/1993, de 26 de marzo, continuará vigente en lo que no se oponga a lo establecido en el Título VIII de esta ley orgánica.

2. Lo dispuesto en los apartados 2, 3 y 5 del artículo 48 y en el artículo 49 de esta ley orgánica se aplicará una vez expire el mandato de quien ostente la condición de Director de la Agencia Española de Protección de Datos a la entrada en vigor de la misma.

D.T. 2.ª Códigos tipo inscritos en las autoridades de protección de datos conforme a la Ley Orgánica 15/1999, de 13 de diciembre, de Protección de Datos de Carácter Personal.

Los promotores de los códigos tipo inscritos en el registro de la Agencia Española de Protección de Datos o en las autoridades autonómicas de protección de datos deberán adaptar su contenido a lo dispuesto en el artículo 40 del Reglamento (UE) 2016/679 en el plazo de un año a contar desde la entrada en vigor de esta ley orgánica.

Si, transcurrido dicho plazo, no se hubiera solicitado la aprobación prevista en el artículo 38.4 de esta ley orgánica, se cancelará la inscripción y se comunicará a sus promotores.

D.T. 3.ª Régimen transitorio de los procedimientos.

1. Los procedimientos ya iniciados a la entrada en vigor de esta ley orgánica se regirán por la normativa anterior, salvo que esta ley orgánica contenga disposiciones más favorables para el interesado.

2. Lo dispuesto en el apartado anterior será asimismo de aplicación a los procedimientos respecto de los cuales ya se hubieren iniciado las actuaciones previas a las que se refiere la Sección 2.ª del Capítulo III del Título IX del Reglamento de desarrollo de la Ley Orgánica 15/1999, de 13 de diciembre, de Protección de Datos de Carácter Personal, aprobado por Real Decreto 1720/2007, de 21 de diciembre.

D.T. 4.ª Tratamientos sometidos a la Directiva (UE) 2016/680.

Los tratamientos sometidos a la Directiva (UE) 2016/680 del Parlamento Europeo y del Consejo, de 27 de abril de 2016, relativa a la protección de las personas físicas en lo que respecta al tratamiento de datos personales por parte de las autoridades competentes para fines de prevención, investigación, detección o enjuiciamiento de infracciones penales o de ejecución de sanciones penales, y a la libre circulación de dichos datos y por la que se deroga la Decisión Marco 2008/977/JAI del Consejo, continuarán rigiéndose por la Ley Orgánica 15/1999, de 13 de diciembre, y en particular el artículo 22, y sus disposiciones de desarrollo, en tanto no entre en vigor la norma que trasponga al Derecho español lo dispuesto en la citada directiva.

> NOTA: la Directiva (UE) 2016/680 del Parlamento Europeo y del Consejo, de 27 de abril de 2016, fue transpuesta por la Ley Orgánica 7/2021, de 26 de mayo, de protección de datos personales tratados para fines de prevención, detección, investigación y enjuiciamiento de infracciones penales y de ejecución de sanciones penales.

D.T. 5.ª Contratos de encargado del tratamiento.

Los contratos de encargado del tratamiento suscritos con anterioridad al 25 de mayo de 2018 al amparo de lo dispuesto en el artículo 12 de la Ley Orgánica 15/1999, de 13 de diciembre, de Protección de Datos de Carácter Personal mantendrán su vigencia hasta la fecha de vencimiento señalada en los mismos y en caso de haberse pactado de forma indefinida, hasta el 25 de mayo de 2022.

Durante dichos plazos cualquiera de las partes podrá exigir a la otra la modificación del contrato a fin de que el mismo resulte conforme a lo dispuesto en el artículo 28 del Reglamento (UE) 2016/679 y en el Capítulo II del Título V de esta ley orgánica.

D.T. 6.ª Reutilización con fines de investigación en materia de salud y biomédica de datos personales recogidos con anterioridad a la entrada en vigor de esta ley orgánica.

Se considerará lícita y compatible la reutilización con fines de investigación en salud y biomédica de datos personales recogidos lícitamente con anterioridad a la entrada en vigor de esta ley orgánica cuando concurra alguna de las circunstancias siguientes:

a) Que dichos datos personales se utilicen para la finalidad concreta para la que se hubiera prestado consentimiento.

b) Que, habiéndose obtenido el consentimiento para una finalidad concreta, se utilicen tales datos para finalidades o áreas de investigación relacionadas con la especialidad médica o investigadora en la que se integrase científicamente el estudio inicial.

DISPOSICIONES DEROGATORIAS

D.DT. Única. Derogación normativa.

1. Sin perjuicio de lo previsto en la disposición adicional decimocuarta y en la disposición transitoria cuarta, queda derogada la Ley Orgánica 15/1999, de 13 de diciembre, de Protección de Datos de Carácter Personal.

2. Queda derogado el Real Decreto-ley 5/2018, de 27 de julio, de medidas urgentes para la adaptación del Derecho español a la normativa de la Unión Europea en materia de protección de datos.

3. Asimismo, quedan derogadas cuantas disposiciones de igual o inferior rango contradigan, se opongan, o resulten incompatibles con lo dispuesto en el Reglamento (UE) 2016/679 y en la presente ley orgánica.

DISPOSICIONES FINALES

Las disposiciones finales (salvo la D.F. 1.ª, D.F. 2.ª, D.F. 3.ª, D.F. 4.ª, D.F. 8.ª, D.F. 10.ª Y D.F. 17.ª) tienen carácter de ley ordinaria, tal y como dispone la D.F. 1.ª de esta norma.

D.F. 1.ª Naturaleza de la presente ley.

La presente ley tiene el carácter de ley orgánica.

No obstante, tienen carácter de ley ordinaria:

— El Título IV,

— el Título VII, salvo los artículos 52 y 53, que tienen carácter orgánico,

— el Título VIII,

— el Título IX,

— los artículos 79, 80, 81, 82, 88, 95, 96 y 97 del Título X,

— las disposiciones adicionales, salvo la disposición adicional segunda y la disposición adicional decimoséptima, que tienen carácter orgánico,

— las disposiciones transitorias,

— y las disposiciones finales, salvo las disposiciones finales primera, segunda, tercera, cuarta, octava, décima y decimosexta, que tienen carácter orgánico.

D.F. 2.ª Título competencial.

1. Esta ley orgánica se dicta al amparo del artículo 149.1.1.ª de la Constitución, que atribuye al Estado la competencia exclusiva para la regulación de las condiciones básicas que garanticen la igualdad de todos los españoles en el ejercicio de los derechos y en el cumplimiento de los deberes constitucionales.

2. El Capítulo I del Título VII, el Título VIII, la disposición adicional cuarta y la disposición transitoria primera solo serán de aplicación a la Administración General del Estado y a sus organismos públicos.

3. Los artículos 87 a 90 se dictan al amparo de la competencia exclusiva que el artículo 149.1.7.ª y 18.ª de la Constitución reserva al Estado en materia de legislación laboral y bases del régimen estatutario de los funcionarios públicos respectivamente.

4. La disposición adicional quinta y las disposiciones finales séptima y sexta se dictan al amparo de la competencia que el artículo 149.1.6.ª de la Constitución atribuye al Estado en materia de legislación procesal.

5. La disposición adicional tercera se dicta al amparo del artículo 149.1.18.ª de la Constitución.

6. El artículo 96 se dicta al amparo del artículo 149.1.8.ª de la Constitución.

D.F. 3.ª Modificación de la Ley Orgánica 5/1985, de 19 de junio, del Régimen Electoral General.

Se modifica la Ley Orgánica 5/1985, de 19 de junio, del Régimen Electoral General que queda redactada como sigue:

Uno. El apartado 3 del artículo treinta y nueve queda redactado como sigue:

«3. Dentro del plazo anterior, cualquier persona podrá formular reclamación dirigida a la Delegación Provincial de la Oficina del Censo Electoral sobre sus datos censales, si bien solo

podrán ser tenidas en cuenta las que se refieran a la rectificación de errores en los datos personales, a los cambios de domicilio dentro de una misma circunscripción o a la no inclusión del reclamante en ninguna Sección del Censo de la circunscripción pese a tener derecho a ello. También serán atendidas las solicitudes de los electores que se opongan a su inclusión en las copias del censo electoral que se faciliten a los representantes de las candidaturas para realizar envíos postales de propaganda electoral. No serán tenidas en cuenta para la elección convocada las que reflejen un cambio de residencia de una circunscripción a otra, realizado con posterioridad a la fecha de cierre del censo para cada elección, debiendo ejercer su derecho en la sección correspondiente a su domicilio anterior.»

Dos. Se añade un nuevo artículo cincuenta y ocho bis, con el contenido siguiente:

«Artículo cincuenta y ocho bis. Utilización de medios tecnológicos y datos personales en las actividades electorales.

1. (Inconstitucional y nulo).

2. Los partidos políticos, coaliciones y agrupaciones electorales podrán utilizar datos personales obtenidos en páginas web y otras fuentes de acceso público para la realización de actividades políticas durante el periodo electoral.

3. El envío de propaganda electoral por medios electrónicos o sistemas de mensajería y la contratación de propaganda electoral en redes sociales o medios equivalentes no tendrán la consideración de actividad o comunicación comercial.

4. Las actividades divulgativas anteriormente referidas identificarán de modo destacado su naturaleza electoral.

5. Se facilitará al destinatario un modo sencillo y gratuito de ejercicio del derecho de oposición.»

El apartado 1 del artículo 58 bis se declara inconstitucional y nulo por STC 76/2019, de 22 de mayo de 2019. Recurso de inconstitucionalidad 1405-2019. (BOE de 25-06-2019)

D.F. 4.ª Modificación de la Ley Orgánica 6/1985, de 1 de julio, del Poder Judicial.

Se modifica la Ley Orgánica, 6/1985, de 1 de julio, del Poder Judicial, en los siguientes términos:

Uno. Se añade un apartado tercero al artículo 58, con la siguiente redacción:

«Artículo 58.

Tercero. De la solicitud de autorización para la declaración prevista en la disposición adicional quinta de la Ley Orgánica de Protección de Datos Personales y Garantía de los Derechos Digitales, cuando tal solicitud sea formulada por el Consejo General del Poder Judicial.»

Dos. Se añade una letra f) al artículo 66, con la siguiente redacción:

«Artículo 66.

f) De la solicitud de autorización para la declaración prevista en la disposición adicional quinta de la Ley Orgánica de Protección de Datos Personales y Garantía de los Derechos Digitales, cuando tal solicitud sea formulada por la Agencia Española de Protección de Datos.»

Tres. Se añaden una letra k) al apartado 1 y un nuevo apartado 7 al artículo 74, con la siguiente redacción:

«Artículo 74.

1. [...]

k) De la solicitud de autorización para la declaración prevista en la disposición adicional quinta de la Ley Orgánica de Protección de Datos Personales y Garantía de los Derechos Digitales, cuando tal solicitud sea formulada por la autoridad de protección de datos de la Comunidad Autónoma respectiva.

[...]

7. Corresponde a las Salas de lo Contencioso-administrativo de los Tribunales Superiores de Justicia autorizar, mediante auto, el requerimiento de información por parte de autoridades autonómicas de protección de datos a los operadores que presten servicios de comunicaciones electrónicas disponibles al público y de los prestadores de servicios de la sociedad de la información, cuando ello sea necesario de acuerdo con la legislación específica.»

Cuatro. Se añade un nuevo apartado 7 al artículo 90:

«7. Corresponde a los Juzgados Centrales de lo Contencioso-administrativo autorizar, mediante auto, el requerimiento de información por parte de la Agencia Española de Protección de Datos y otras autoridades administrativas independientes de ámbito estatal a los operadores

que presten servicios de comunicaciones electrónicas disponibles al público y de los prestado-res de servicios de la sociedad de la información, cuando ello sea necesario de acuerdo con la legislación específica.»

D.F. 5.ª Modificación de la Ley 14/1986, de 25 de abril, General de Sanidad.

Se añade un nuevo Capítulo II al Título VI de la Ley 14/1986, de 25 de abril, General de Sanidad con el siguiente contenido:

«CAPÍTULO II

Tratamiento de datos de la investigación en salud

Artículo 105 bis.

El tratamiento de datos personales en la investigación en salud se regirá por lo dispuesto en la Disposición adicional decimoséptima de la Ley Orgánica de Protección de Datos Personales y Garantía de los Derechos Digitales.»

D.F. 6.ª Modificación de la Ley 29/1998, de 13 de julio, reguladora de la Jurisdicción Contencioso-administrativa.

La Ley 29/1998, de 13 de julio, reguladora de la Jurisdicción Contencioso-administrativa, se modifica en los siguientes términos:

Uno. Se añade un nuevo apartado 7 al artículo 10:

«7. Conocerán de la solicitud de autorización al amparo del artículo 122 ter, cuando sea formulada por la autoridad de protección de datos de la Comunidad Autónoma respectiva.»

Dos. Se añade un nuevo apartado 5 al artículo 11:

«5. Conocerá de la solicitud de autorización al amparo del artículo 122 ter, cuando sea for-mulada por la Agencia Española de Protección de Datos.»

Tres. Se añade un nuevo apartado 4 al artículo 12:

«4. Conocerá de la solicitud de autorización al amparo del artículo 122 ter, cuando sea for-mulada por el Consejo General del Poder Judicial.»

Cuatro. Se introduce un nuevo artículo 122 ter, con el siguiente tenor:

«**Artículo 122 ter. Procedimiento de autorización judicial de conformidad de una decisión de la Comisión Europea en materia de transferencia internacional de datos.**

1. El procedimiento para obtener la autorización judicial a que se refiere la disposición adi-cional quinta de la Ley Orgánica de Protección de Datos Personales y Garantía de los Derechos Digitales, se iniciará con la solicitud de la autoridad de protección de datos dirigida al Tribunal competente para que se pronuncie acerca de la conformidad de una decisión de la Comisión Europea en materia de transferencia internacional de datos con el Derecho de la Unión Europea. La solicitud irá acompañada de copia del expediente que se encontrase pendiente de resolución ante la autoridad de protección de datos.

2. Serán partes en el procedimiento, además de la autoridad de protección de datos, quienes lo fueran en el procedimiento tramitado ante ella y, en todo caso, la Comisión Europea.

3. El acuerdo de admisión o inadmisión a trámite del procedimiento confirmará, modificará o levantará la suspensión del procedimiento por posible vulneración de la normativa de pro-tección de datos tramitado ante la autoridad de protección de datos, del que trae causa este procedimiento de autorización judicial.

4. Admitida a trámite la solicitud, el Tribunal competente lo notificará a la autoridad de pro-tección de datos a fin de que dé traslado a quienes interviniesen en el procedimiento tramitado ante la misma para que se personen en el plazo de tres días. Igualmente, se dará traslado a la Comisión Europea a los mismos efectos.

5. Concluido el plazo mencionado en la letra anterior, se dará traslado de la solicitud de auto-rización a las partes personadas a fin de que en el plazo de diez días aleguen lo que estimen pro-cedente, pudiendo solicitar en ese momento la práctica de las pruebas que estimen necesarias.

6. Transcurrido el período de prueba, si alguna de las partes lo hubiese solicitado y el órgano jurisdiccional lo estimase pertinente, se celebrará una vista. El Tribunal podrá decidir el alcance de las cuestiones sobre las que las partes deberán centrar sus alegaciones en dicha vista.

7. Finalizados los trámites mencionados en los tres apartados anteriores, el Tribunal compe-tente adoptará en el plazo de diez días una de estas decisiones:

a) Si considerase que la decisión de la Comisión Europea es conforme al Derecho de la Unión Europea, dictará sentencia declarándolo así y denegando la autorización solicitada.

b) En caso de considerar que la decisión es contraria al Derecho de la Unión Europea, dictará auto de planteamiento de cuestión prejudicial de validez de la citada decisión ante el Tribunal de Justicia de la Unión Europea, en los términos del artículo 267 del Tratado de Funcionamiento de la Unión Europea.

La autorización solamente podrá ser concedida si la decisión de la Comisión Europea cuestionada fuera declarada inválida por el Tribunal de Justicia de la Unión Europea.

8. El régimen de recursos será el previsto en esta ley.»

D.F. 7.ª Modificación de la Ley 1/2000, de 7 de enero, de Enjuiciamiento Civil.

Se modifica el artículo 15 bis de la Ley 1/2000, de 7 de enero, de Enjuiciamiento Civil, que queda redactado como sigue:

«Artículo 15 bis. Intervención en procesos de defensa de la competencia y de protección de datos.

1. La Comisión Europea, la Comisión Nacional de los Mercados y la Competencia y los órganos competentes de las comunidades autónomas en el ámbito de sus competencias podrán intervenir en los procesos de defensa de la competencia y de protección de datos, sin tener la condición de parte, por propia iniciativa o a instancia del órgano judicial, mediante la aportación de información o presentación de observaciones escritas sobre cuestiones relativas a la aplicación de los artículos 101 y 102 del Tratado de Funcionamiento de la Unión Europea o los artículos 1 y 2 de la Ley 15/2007, de 3 de julio, de Defensa de la Competencia. Con la venia del correspondiente órgano judicial, podrán presentar también observaciones verbales. A estos efectos, podrán solicitar al órgano jurisdiccional competente que les remita o haga remitir todos los documentos necesarios para realizar una valoración del asunto de que se trate.

La aportación de información no alcanzará a los datos o documentos obtenidos en el ámbito de las circunstancias de aplicación de la exención o reducción del importe de las multas previstas en los artículos 65 y 66 de la Ley 15/2007, de 3 de julio, de Defensa de la Competencia.

2. La Comisión Europea, la Comisión Nacional de los Mercados y la Competencia y los órganos competentes de las comunidades autónomas aportarán la información o presentarán las observaciones previstas en el número anterior diez días antes de la celebración del acto del juicio a que se refiere el artículo 433 o dentro del plazo de oposición o impugnación del recurso interpuesto.

3. Lo dispuesto en los anteriores apartados en materia de procedimiento será asimismo de aplicación cuando la Comisión Europea, la Agencia Española de Protección de Datos y las autoridades autonómicas de protección de datos, en el ámbito de sus competencias, consideren precisa su intervención en un proceso que afecte a cuestiones relativas a la aplicación del Reglamento (UE) 2016/679 del Parlamento Europeo y del Consejo, de 27 de abril de 2016.»

D.F. 8.ª Modificación de la Ley Orgánica 6/2001, de 21 de diciembre, de Universidades.

Se incluye una nueva letra l) en el apartado 2 del artículo 46 de la Ley Orgánica 6/2001, de 21 de diciembre, de Universidades, con el contenido siguiente:

«l) La formación en el uso y seguridad de los medios digitales y en la garantía de los derechos fundamentales en Internet.»

D.F. 9.ª Modificación de la Ley 41/2002, de 14 de noviembre, básica reguladora de la autonomía del paciente y de derechos y obligaciones en materia de información y documentación clínica.

Se modifica el apartado 3 del artículo 16 de la Ley 41/2002, de 14 de noviembre, básica reguladora de la autonomía del paciente y de derechos y obligaciones en materia de información y documentación clínica, que pasa a tener el siguiente tenor:

«Artículo 16. [...]

3. El acceso a la historia clínica con fines judiciales, epidemiológicos, de salud pública, de investigación o de docencia, se rige por lo dispuesto en la legislación vigente en materia de protección de datos personales, y en la Ley 14/1986, de 25 de abril, General de Sanidad, y demás normas de aplicación en cada caso. El acceso a la historia clínica con estos fines obliga a preservar los datos de identificación personal del paciente, separados de los de carácter clinicoasistencial, de manera que, como regla general, quede asegurado el anonimato, salvo que el propio paciente haya dado su consentimiento para no separarlos.

Se exceptúan los supuestos de investigación previstos en el apartado 2 de la Disposición adicional decimoséptima de la Ley Orgánica de Protección de Datos Personales y Garantía de los Derechos Digitales.

Asimismo se exceptúan los supuestos de investigación de la autoridad judicial en los que se considere imprescindible la unificación de los datos identificativos con los clinicoasistenciales, en los cuales se estará a lo que dispongan los jueces y tribunales en el proceso correspondiente. El acceso a los datos y documentos de la historia clínica queda limitado estrictamente a los fines específicos de cada caso.

Cuando ello sea necesario para la prevención de un riesgo o peligro grave para la salud de la población, las Administraciones sanitarias a las que se refiere la Ley 33/2011, de 4 de octubre, General de Salud Pública, podrán acceder a los datos identificativos de los pacientes por razones epidemiológicas o de protección de la salud pública. El acceso habrá de realizarse, en todo caso, por un profesional sanitario sujeto al secreto profesional o por otra persona sujeta, asimismo, a una obligación equivalente de secreto, previa motivación por parte de la Administración que solicitase el acceso a los datos.»

D.F. 10.ª Modificación de la Ley Orgánica 2/2006, de 3 de mayo, de Educación.

Se incluye una nueva letra l) en el apartado 1 del artículo 2 de la Ley Orgánica 2/2006, de 3 de mayo, de Educación, que queda redactado como sigue:

«l) La capacitación para garantizar la plena inserción del alumnado en la sociedad digital y el aprendizaje de un uso seguro de los medios digitales y respetuoso con la dignidad humana, los valores constitucionales, los derechos fundamentales y, particularmente, con el respeto y la garantía de la intimidad individual y colectiva.»

D.F. 11.ª Modificación de la Ley 19/2013, de 9 de diciembre, de transparencia, acceso a la información pública y buen gobierno.

Se modifica la Ley 19/2013, de 9 de diciembre, de transparencia, acceso a la información pública y buen gobierno, en los siguientes términos:

Uno. Se añade un nuevo artículo 6 bis, con la siguiente redacción:

«Artículo 6 bis. Registro de actividades de tratamiento.

Los sujetos enumerados en el artículo 77.1 de la Ley Orgánica de Protección de Datos Personales y Garantía de los Derechos Digitales, publicarán su inventario de actividades de tratamiento en aplicación del artículo 31 de la citada Ley Orgánica.»

Dos. El apartado 1 del artículo 15 queda redactado como sigue:

«1. Si la información solicitada contuviera datos personales que revelen la ideología, afiliación sindical, religión o creencias, el acceso únicamente se podrá autorizar en caso de que se contase con el consentimiento expreso y por escrito del afectado, a menos que dicho afectado hubiese hecho manifiestamente públicos los datos con anterioridad a que se solicitase el acceso.

Si la información incluyese datos personales que hagan referencia al origen racial, a la salud o a la vida sexual, incluyese datos genéticos o biométricos o contuviera datos relativos a la comisión de infracciones penales o administrativas que no conllevasen la amonestación pública al infractor, el acceso solo se podrá autorizar en caso de que se cuente con el consentimiento expreso del afectado o si aquel estuviera amparado por una norma con rango de ley.»

D.F. 12.ª Modificación de la Ley 39/2015, de 1 de octubre, del Procedimiento Administrativo Común de las Administraciones Públicas.

Se modifican los apartados 2 y 3 del artículo 28 de la Ley 39/2015, de 1 de octubre, del Procedimiento Administrativo Común de las Administraciones Públicas, que pasan a tener la siguiente redacción:

«Artículo 28. [...]

2. Los interesados tienen derecho a no aportar documentos que ya se encuentren en poder de la Administración actuante o hayan sido elaborados por cualquier otra Administración. La administración actuante podrá consultar o recabar dichos documentos salvo que el interesado se opusiera a ello. No cabrá la oposición cuando la aportación del documento se exigiera en el marco del ejercicio de potestades sancionadoras o de inspección.

Las Administraciones Públicas deberán recabar los documentos electrónicamente a través de sus redes corporativas o mediante consulta a las plataformas de intermediación de datos u otros sistemas electrónicos habilitados al efecto.

Cuando se trate de informes preceptivos ya elaborados por un órgano administrativo distinto al que tramita el procedimiento, estos deberán ser remitidos en el plazo de diez días a contar desde su solicitud. Cumplido este plazo, se informará al interesado de que puede aportar este informe o esperar a su remisión por el órgano competente.

3. Las Administraciones no exigirán a los interesados la presentación de documentos originales, salvo que, con carácter excepcional, la normativa reguladora aplicable establezca lo contrario.

Asimismo, las Administraciones Públicas no requerirán a los interesados datos o documentos no exigidos por la normativa reguladora aplicable o que hayan sido aportados anteriormente por el interesado a cualquier Administración. A estos efectos, el interesado deberá indicar en qué momento y ante qué órgano administrativo presentó los citados documentos, debiendo las Administraciones Públicas recabarlos electrónicamente a través de sus redes corporativas o de una consulta a las plataformas de intermediación de datos u otros sistemas electrónicos habilitados al efecto, salvo que conste en el procedimiento la oposición expresa del interesado o la ley especial aplicable requiera su consentimiento expreso. Excepcionalmente, si las Administraciones Públicas no pudieran recabar los citados documentos, podrán solicitar nuevamente al interesado su aportación.»

D.F. 13.ª Modificación del texto refundido de la Ley del Estatuto de los Trabajadores.

Se añade un nuevo artículo 20 bis al texto refundido de la Ley del Estatuto de los Trabajadores, aprobado por Real Decreto Legislativo 2/2015, de 23 de octubre, con el siguiente contenido:

«Artículo 20 bis. Derechos de los trabajadores a la intimidad en relación con el entorno digital y a la desconexión.

Los trabajadores tienen derecho a la intimidad en el uso de los dispositivos digitales puestos a su disposición por el empleador, a la desconexión digital y a la intimidad frente al uso de dispositivos de videovigilancia y geolocalización en los términos establecidos en la legislación vigente en materia de protección de datos personales y garantía de los derechos digitales.»

D.F. 14.ª Modificación del texto refundido de la Ley del Estatuto Básico del Empleado Público.

Se añade una nueva letra j bis) en el artículo 14 del texto refundido de la Ley del Estatuto Básico del Empleado Público, aprobado por Real Decreto Legislativo 5/2015, de 30 de octubre, que quedará redactada como sigue:

«j bis) A la intimidad en el uso de dispositivos digitales puestos a su disposición y frente al uso de dispositivos de videovigilancia y geolocalización, así como a la desconexión digital en los términos establecidos en la legislación vigente en materia de protección de datos personales y garantía de los derechos digitales.»

D.F. 15.ª Desarrollo normativo.

Se habilita al Gobierno para desarrollar lo dispuesto en los artículos 3.2, 38.6, 45.2, 63.3, 96.3 y disposición adicional sexta, en los términos establecidos en ellos.

Ver Real Decreto 389/2021, de 1 de junio, por el que se aprueba el Estatuto de la Agencia Española de Protección de Datos (BOE de 02-06-2021).

D.F. 16.ª Entrada en vigor.

La presente ley orgánica entrará en vigor el día siguiente al de su publicación en el Boletín Oficial del Estado.

Por tanto,
Mando a todos los españoles, particulares y autoridades, que guarden y hagan guardar esta ley orgánica.

Madrid, 5 de diciembre de 2018.
FELIPE R.

El Presidente del Gobierno,
PEDRO SÁNCHEZ PÉREZ-CASTEJÓN

REGLAMENTO (UE) 2016/679 DEL PARLAMENTO EUROPEO Y DEL CONSEJO, DE 27 DE ABRIL DE 2016, RELATIVO A LA PROTECCIÓN DE LAS PERSONAS FÍSICAS EN LO QUE RESPECTA AL TRATAMIENTO DE DATOS PERSONALES Y A LA LIBRE CIRCULACIÓN DE ESTOS DATOS Y POR EL QUE SE DEROGA LA DIRECTIVA 95/46/CE (REGLAMENTO GENERAL DE PROTECCIÓN DE DATOS)

II.
REGLAMENTO (UE) 2016/679 DEL PARLAMENTO EUROPEO Y DEL CONSEJO, DE 27 DE ABRIL DE 2016, RELATIVO A LA PROTECCIÓN DE LAS PERSONAS FÍSICAS EN LO QUE RESPECTA AL TRATAMIENTO DE DATOS PERSONALES Y A LA LIBRE CIRCULACIÓN DE ESTOS DATOS Y POR EL QUE SE DEROGA LA DIRECTIVA 95/46/CE (REGLAMENTO GENERAL DE PROTECCIÓN DE DATOS)

—DOUE núm. 119, de 4 de mayo de 2016—

Incluidas las correcciones de errores publicadas en el DOUE L 127, de 23 de mayo de 2018 y en el DOUE L 74, de 4 de marzo de 2021

(Texto pertinente a efectos del EEE)

EL PARLAMENTO EUROPEO Y EL CONSEJO DE LA UNIÓN EUROPEA,

Visto el Tratado de Funcionamiento de la Unión Europea, y en particular su artículo 16,
Vista la propuesta de la Comisión Europea,
Previa transmisión del proyecto de texto legislativo a los Parlamentos nacionales,
Visto el dictamen del Comité Económico y Social Europeo (1),
Visto el dictamen del Comité de las Regiones (2),
De conformidad con el procedimiento legislativo ordinario (3),

Considerando lo siguiente:

(1) La protección de las personas físicas en relación con el tratamiento de datos personales es un derecho fundamental. El artículo 8, apartado 1, de la Carta de los Derechos Fundamentales de la Unión Europea («la Carta») y el artículo 16, apartado 1, del Tratado de Funcionamiento de la Unión Europea (TFUE) establecen que toda persona tiene derecho a la protección de los datos de carácter personal que le conciernan.

(2) Los principios y normas relativos a la protección de las personas físicas en lo que respecta al tratamiento de sus datos de carácter personal deben, cualquiera que sea su nacionalidad o residencia, respetar sus libertades y derechos fundamentales, en particular el derecho a la protección de los datos de carácter personal. El presente Reglamento pretende contribuir a la plena realización de un espacio de libertad, seguridad y justicia y de una unión económica, al progreso económico y social, al refuerzo y la convergencia de las economías dentro del mercado interior, así como al bienestar de las personas físicas.

(3) La Directiva 95/46/CE del Parlamento Europeo y del Consejo (4) trata de armonizar la protección de los derechos y las libertades fundamentales de las personas físicas en relación con las actividades de tratamiento de datos de carácter personal y garantizar la libre circulación de estos datos entre los Estados miembros.

(4) El tratamiento de datos personales debe estar concebido para servir a la humanidad. El derecho a la protección de los datos personales no es un derecho absoluto sino que debe considerarse en relación con su función en la sociedad y mantener el equilibrio con otros derechos fundamentales, con arreglo al principio de proporcionalidad. El presente Reglamento respeta todos los derechos fundamentales y observa las libertades y los principios reconocidos en la Carta conforme se consagran en los Tratados, en particular el respeto de la vida privada y familiar, del domicilio y de las comunicaciones, la protección de los datos de carácter personal, la libertad de pensamiento, de conciencia y de religión, la libertad de expresión y de información, la libertad de empresa, el derecho a la tutela judicial efectiva y a un juicio justo, y la diversidad cultural, religiosa y lingüística.

(5) La integración económica y social resultante del funcionamiento del mercado interior ha llevado a un aumento sustancial de los flujos transfronterizos de datos personales. En toda la Unión se ha incrementado el intercambio de datos personales entre los operadores públicos y privados, incluidas las personas físicas, las asociaciones y las empresas. El Derecho de la Unión insta a las autoridades nacionales de los Estados miembros a que cooperen e intercambien datos personales a fin de poder cumplir sus funciones o desempeñar otras por cuenta de una autoridad de otro Estado miembro.

(6) La rápida evolución tecnológica y la globalización han planteado nuevos retos para la protección de los datos personales. La magnitud de la recogida y del intercambio de datos personales ha aumentado de manera significativa. La tecnología permite que tanto las empresas privadas como las autoridades públicas utilicen datos personales en una escala sin precedentes a la hora de realizar sus actividades. Las personas físicas difunden un volumen cada vez mayor de información personal a escala mundial. La tecnología ha transformado tanto la economía como la vida social, y ha de facilitar aún más la libre circulación de datos personales dentro de la Unión y la transferencia a terceros países y organizaciones internacionales, garantizando al mismo tiempo un elevado nivel de protección de los datos personales.

(7) Estos avances requieren un marco más sólido y coherente para la protección de datos en la Unión Europea, respaldado por una ejecución estricta, dada la importancia de generar la confianza que permita a la economía digital desarrollarse en todo el mercado interior. Las personas físicas deben tener el control de sus propios datos personales. Hay que reforzar la seguridad jurídica y práctica para las personas físicas, los operadores económicos y las autoridades públicas.

(8) En los casos en que el presente Reglamento establece que sus normas sean especificadas o restringidas por el Derecho de los Estados miembros, estos, en la medida en que sea necesario por razones de coherencia y para que las disposiciones nacionales sean comprensibles para sus destinatarios, pueden incorporar a su Derecho nacional elementos del presente Reglamento.

(9) Aunque los objetivos y principios de la Directiva 95/46/CE siguen siendo válidos, ello no ha impedido que la protección de los datos en el territorio de la Unión se aplique de manera fragmentada, ni la inseguridad jurídica ni una percepción generalizada entre la opinión pública de que existen riesgos importantes para la protección de las personas físicas, en particular en relación con las actividades en línea. Las diferencias en el nivel de protección de los derechos y libertades de las personas físicas, en particular del derecho a la protección de los datos de carácter personal, en lo que respecta al tratamiento de dichos datos en los Estados miembros pueden impedir la libre circulación de los datos de carácter personal en la Unión. Estas diferencias pueden constituir, por lo tanto, un obstáculo al ejercicio de las actividades económicas a nivel de la Unión, falsear la competencia e impedir que las autoridades cumplan las funciones que les incumben en virtud del Derecho de la Unión. Esta diferencia en los niveles de protección se debe a la existencia de divergencias en la ejecución y aplicación de la Directiva 95/46/CE.

(10) Para garantizar un nivel uniforme y elevado de protección de las personas físicas y eliminar los obstáculos a la circulación de datos personales dentro de la Unión, el nivel de protección de los derechos y libertades de las personas físicas por lo que se refiere al tratamiento de dichos datos debe ser equivalente en todos los Estados miembros. Debe garantizarse en toda la Unión que la aplicación de las normas de protección de los derechos y libertades fundamentales de las personas físicas en relación con el tratamiento de datos de carácter personal sea coherente y homogénea. En lo que respecta al tratamiento de datos personales para el cumplimiento de una obligación legal, para el cumplimiento de una misión realizada en interés público o en el ejercicio de poderes públicos conferidos al responsable del tratamiento, los Estados miembros deben estar facultados para mantener o adoptar disposiciones nacionales a fin de especificar en mayor grado la aplicación de las normas del presente Reglamento. Junto con la normativa general y horizontal sobre protección de datos por la que se aplica la Directiva 95/46/CE, los Estados miembros cuentan con distintas normas sectoriales específicas en ámbitos que precisan disposiciones más específicas. El presente Reglamento reconoce también un margen de maniobra para que los Estados miembros especifiquen sus normas, inclusive para el tratamiento de categorías especiales de datos personales («datos sensibles»). En este sentido, el presente Reglamento no excluye el Derecho de los Estados miembros que determina las circunstancias relativas a situaciones específicas de tratamiento, incluida la indicación pormenorizada de las condiciones en las que el tratamiento de datos personales es lícito.

(11) La protección efectiva de los datos personales en la Unión exige que se refuercen y especifiquen los derechos de los interesados y las obligaciones de quienes tratan y determinan el tratamiento de los datos de carácter personal, y que en los Estados miembros se reconozcan poderes equivalentes para supervisar y garantizar el cumplimiento de las normas relativas a la protección de los datos de carácter personal y las infracciones se castiguen con sanciones equivalentes.

(12) El artículo 16, apartado 2, del TFUE encomienda al Parlamento Europeo y al Consejo que establezcan las normas sobre protección de las personas físicas respecto del tratamiento de datos de carácter personal y las normas relativas a la libre circulación de dichos datos.

(13) Para garantizar un nivel coherente de protección de las personas físicas en toda la Unión y evitar divergencias que dificulten la libre circulación de datos personales dentro del mercado interior, es necesario un reglamento que proporcione seguridad jurídica y transparencia a los operadores económicos, incluidas las microempresas y las pequeñas y medianas empresas, y ofrezca a las personas físicas de todos los Estados miembros el mismo nivel de derechos y obligaciones exigibles y de responsabilidades para los responsables y encargados del tratamiento, con el fin de garantizar una supervisión coherente del tratamiento de datos personales y sanciones equivalentes en todos los Estados miembros, así como la cooperación efectiva entre las autoridades de control de los diferentes Estados miembros. El buen funcionamiento del mercado interior exige que la libre circulación de los datos personales en la Unión no sea restringida ni prohibida por motivos relacionados con la protección de las personas físicas en lo que respecta al tratamiento de datos personales. Con objeto de tener en cuenta la situación específica de las microempresas y las pequeñas y medianas empresas, el presente Reglamento incluye una serie de excepciones en materia de llevanza de registros para organizaciones con menos de 250 empleados. Además, alienta a las instituciones y órganos de la Unión y a los Estados miembros y a sus autoridades de control a tener en cuenta las necesidades específicas de las microempresas y las pequeñas y medianas empresas en la aplicación del presente Reglamento. El concepto de microempresas y pequeñas y medianas empresas debe extraerse del artículo 2 del anexo de la Recomendación 2003/361/CE de la Comisión (5).

(14) La protección otorgada por el presente Reglamento debe aplicarse a las personas físicas, independientemente de su nacionalidad o de su lugar de residencia, en relación con el tratamiento de sus datos personales. El presente Reglamento no regula el tratamiento de datos personales relativos a personas jurídicas y en particular a empresas constituidas como personas jurídicas, incluido el nombre y la forma de la persona jurídica y sus datos de contacto.

(15) A fin de evitar que haya un grave riesgo de elusión, la protección de las personas físicas debe ser tecnológicamente neutra y no debe depender de las técnicas utilizadas. La protección de las personas físicas debe aplicarse al tratamiento automatizado de datos personales, así como a su tratamiento manual, cuando los datos personales figuren en un fichero o estén destinados a ser incluidos en él. Los ficheros o conjuntos de ficheros, así como sus portadas, que no estén estructurados con arreglo a criterios específicos, no deben entrar en el ámbito de aplicación del presente Reglamento.

(16) El presente Reglamento no se aplica a cuestiones de protección de los derechos y las libertades fundamentales o la libre circulación de datos personales relacionadas con actividades excluidas del ámbito de del Derecho de la Unión, como las actividades relativas a la seguridad nacional. Tampoco se aplica al tratamiento de datos de carácter personal por los Estados miembros en el ejercicio de las actividades relacionadas con la política exterior y de seguridad común de la Unión.

(17) El Reglamento (CE) n.º 45/2001 del Parlamento Europeo y del Consejo (6) se aplica al tratamiento de datos de carácter personal por las instituciones, órganos y organismos de la Unión. El Reglamento (CE) n.º 45/2001 y otros actos jurídicos de la Unión aplicables a dicho tratamiento de datos de carácter personal deben adaptarse a los principios y normas establecidos en el presente Reglamento y aplicarse a la luz del mismo. A fin de establecer un marco sólido y coherente en materia de protección de datos en la Unión, una vez adoptado el presente Reglamento deben introducirse las adaptaciones necesarias del Reglamento (CE) n.º 45/2001, con el fin de que pueda aplicarse al mismo tiempo que el presente Reglamento.

(18) El presente Reglamento no se aplica al tratamiento de datos de carácter personal por una persona física en el curso de una actividad exclusivamente personal o doméstica y, por tanto, sin conexión alguna con una actividad profesional o comercial. Entre las actividades personales o domésticas cabe incluir la correspondencia y la llevanza de un repertorio de direcciones, o la actividad en las redes sociales y la actividad en línea realizada en el contexto de las citadas actividades. No obstante, el presente Reglamento se aplica a los responsables o encargados del tratamiento que proporcionen los medios para tratar datos personales relacionados con tales actividades personales o domésticas.

(19) La protección de las personas físicas en lo que respecta al tratamiento de datos de carácter personal por parte de las autoridades competentes a efectos de la prevención, investigación, detección o enjuiciamiento de infracciones penales o de la ejecución de sanciones penales, incluida la protección frente a las amenazas contra la seguridad pública y la libre circulación de estos datos y su prevención, es objeto de un acto jurídico específico a nivel de la Unión. El presente Reglamento no debe, por lo tanto, aplicarse a las actividades de tratamiento destinadas a tales fines. No obstante, los datos personales tratados por las autoridades públicas en aplicación del presente Reglamento deben, si se destinan a tales fines, regirse por un acto jurídico de la Unión más específico, concretamente la Directiva (UE) 2016/680 del Parlamento Europeo y del Consejo (7). Los Estados miembros pueden encomendar a las autoridades competentes, tal como se definen en la Directiva (UE) 2016/680, funciones que no se lleven a cabo necesariamente con fines de prevención, investigación, detección o enjuiciamiento de infracciones penales o ejecución de sanciones penales, incluida la protección frente a las amenazas a la seguridad pública y su prevención, de tal forma que el tratamiento de datos personales para estos otros fines, en la medida en que esté incluido en el ámbito del Derecho de la Unión, entra en el ámbito de aplicación del presente Reglamento.

En lo que respecta al tratamiento de datos personales por parte de dichas autoridades competentes con fines que entren en el ámbito de aplicación del presente Reglamento, los Estados miembros deben tener la posibilidad de mantener o introducir disposiciones más específicas para adaptar la aplicación de las normas del presente Reglamento. Tales disposiciones pueden establecer de forma más precisa requisitos concretos para el tratamiento de datos personales con otros fines por parte de dichas autoridades competentes, tomando en consideración la estructura constitucional, organizativa y administrativa del Estado miembro en cuestión. Cuando el tratamiento de datos personales por organismos privados entre en el ámbito de aplicación del presente Reglamento, este debe disponer que los Estados miembros puedan, en condiciones específicas, limitar conforme a Derecho determinadas obligaciones y derechos siempre que dicha limitación sea una medida necesaria y proporcionada en una sociedad democrática para proteger intereses específicos importantes, entre ellos la seguridad pública y la prevención, la investigación, la detección y el enjuiciamiento de infracciones penales o la ejecución de sanciones penales, inclusive la protección frente a las amenazas contra la seguridad pública y su prevención. Esto se aplica, por ejemplo, en el marco de la lucha contra el blanqueo de capitales o de las actividades de los laboratorios de policía científica.

(20) Aunque el presente Reglamento se aplica, entre otras, a las actividades de los tribunales y otras autoridades judiciales, en virtud del Derecho de la Unión o de los Estados miembros pueden especificarse las operaciones de tratamiento y los procedimientos de tratamiento en relación con el tratamiento de datos personales por los tribunales y otras autoridades judiciales. A fin de preservar la independencia del poder judicial en el desempeño de sus funciones, incluida la toma de decisiones, la competencia de las autoridades de control no debe abarcar el tratamiento de datos personales cuando los tribunales actúen en ejercicio de su función judicial. El control de esas operaciones de tratamiento de datos ha de poder encomendarse a organismos específicos establecidos dentro del sistema judicial del Estado miembro, los cuales deben, en particular, garantizar el cumplimiento de las normas del presente Reglamento, concienciar más a los miembros del poder judicial acerca de sus obligaciones en virtud de este y atender las reclamaciones en relación con tales operaciones de tratamiento de datos.

(21) El presente Reglamento debe entenderse sin perjuicio de la aplicación de la Directiva 2000/31/CE del Parlamento Europeo y del Consejo (8), en particular de las normas en materia de responsabilidad de los prestadores de servicios intermediarios establecidas en sus artículos 12 a 15. El objetivo de dicha Directiva es contribuir al correcto funcionamiento del mercado interior garantizando la libre circulación de los servicios de la sociedad de la información entre los Estados miembros.

(22) Todo tratamiento de datos personales en el contexto de las actividades de un establecimiento de un responsable o un encargado del tratamiento en la Unión debe llevarse a cabo de conformidad con el presente Reglamento, independientemente de que el tratamiento tenga lugar en la Unión. Un establecimiento implica el ejercicio de manera efectiva y real de una actividad a través de modalidades estables. La forma jurídica que revistan tales modalidades, ya sea una sucursal o una filial con personalidad jurídica, no es el factor determinante al respecto.

(23) Con el fin de garantizar que las personas físicas no se vean privadas de la protección a la que tienen derecho en virtud del presente Reglamento, el tratamiento de datos personales de interesados que se encuentran en la Unión por un responsable o un encargado no establecido en la Unión debe regirse por el presente Reglamento si las actividades de tratamiento se refieren a la oferta de bienes o servicios a dichos interesados, independientemente de que medie pago. Para determinar si dicho responsable o encargado ofrece bienes o servicios a interesados que se encuentran en la Unión, debe determinarse si es evidente que el responsable o el encargado proyecta ofrecer servicios a interesados en uno o varios de los Estados miembros de la Unión. Si bien la mera accesibilidad del sitio web del responsable o encargado o de un intermediario en la Unión, de una dirección de correo electrónico u otros datos de contacto, o el uso de una lengua generalmente utilizada en el tercer país donde resida el responsable del tratamiento, no basta para determinar dicha intención, hay factores, como el uso de una lengua o una moneda utilizada generalmente en uno o varios Estados miembros con la posibilidad de encargar bienes y servicios en esa otra lengua, o la mención de clientes o usuarios que residen en la Unión, que pueden revelar que el responsable del tratamiento proyecta ofrecer bienes o servicios a interesados en la Unión.

(24) El tratamiento de datos personales de los interesados que se encuentran en la Unión por un responsable o encargado no establecido en la Unión debe ser también objeto del presente Reglamento cuando esté relacionado con la observación del comportamiento de dichos interesados en la medida en que este comportamiento tenga lugar en la Unión. Para determinar si se puede considerar que una actividad de tratamiento controla el comportamiento de los interesados, debe evaluarse si las personas físicas son objeto de un seguimiento en internet, inclusive el potencial uso posterior de técnicas de tratamiento de datos personales que consistan en la elaboración de un perfil de una persona física con el fin, en particular, de adoptar decisiones sobre él o de analizar o predecir sus preferencias personales, comportamientos y actitudes.

(25) Cuando sea de aplicación el Derecho de los Estados miembros en virtud del Derecho internacional público, el presente Reglamento debe aplicarse también a todo responsable del tratamiento no establecido en la Unión, como en una misión diplomática u oficina consular de un Estado miembro.

(26) Los principios de la protección de datos deben aplicarse a toda la información relativa a una persona física identificada o identificable. Los datos personales seudonimizados, que cabría atribuir a una persona física mediante la utilización de información adicional, deben considerarse información sobre una persona física identificable. Para determinar si una persona física es identificable, deben tenerse en cuenta todos los medios, como la singularización, que razonablemente pueda utilizar el responsable del tratamiento o cualquier otra persona para identificar directa o indirectamente a la persona física. Para determinar si existe una probabilidad razonable de que se utilicen medios para identificar a una persona física, deben tenerse en cuenta todos los factores objetivos, como los costes y el tiempo necesarios para la identificación, teniendo en cuenta tanto la tecnología disponible en el momento del tratamiento como los avances tecnológicos. Por lo tanto los principios de protección de datos no deben aplicarse a la información anónima, es decir información que no guarda relación con una persona física identificada o identificable, ni a los datos convertidos en anónimos de forma que el interesado no sea identificable, o deje de serlo. En consecuencia, el presente Reglamento no afecta al tratamiento de dicha información anónima, inclusive con fines estadísticos o de investigación.

(27) El presente Reglamento no se aplica a la protección de datos personales de personas fallecidas. Los Estados miembros son competentes para establecer normas relativas al tratamiento de los datos personales de estas.

(28) La aplicación de la seudonimización a los datos personales puede reducir los riesgos para los interesados afectados y ayudar a los responsables y a los encargados del tratamiento a cumplir sus obligaciones de protección de los datos. Así pues, la introducción explícita de la «seudonimización» en el presente Reglamento no pretende excluir ninguna otra medida relativa a la protección de los datos.

(29) Para incentivar la aplicación de la seudonimización en el tratamiento de datos personales, debe ser posible establecer medidas de seudonimización, permitiendo al mismo tiempo un análisis general, por parte del mismo responsable del tratamiento, cuando este haya adoptado las medidas técnicas y organizativas necesarias para garantizar que se aplique el presente Reglamento al tratamiento correspondiente y que se mantenga por separado la información adicional para la atribución de los datos personales a una persona concreta. El responsable que trate datos personales debe indicar cuáles son sus personas autorizadas.

(30) Las personas físicas pueden ser asociadas a identificadores en línea facilitados por sus dispositivos, aplicaciones, herramientas y protocolos, como direcciones de los protocolos de internet, identificadores de sesión en forma de «cookies» u otros identificadores, como etiquetas de identificación por radiofrecuencia. Esto puede dejar huellas que, en particular, al ser combinadas con identificadores únicos y otros datos recibidos por los servidores, pueden ser utilizadas para elaborar perfiles de las personas físicas e identificarlas.

(31) Las autoridades públicas a las que se comunican datos personales en virtud de una obligación legal para el ejercicio de su misión oficial, como las autoridades fiscales y aduaneras, las unidades de investigación financiera, las autoridades administrativas independientes o los organismos de supervisión de los mercados financieros encargados de la reglamentación y supervisión de los mercados de valores, no deben considerarse destinatarios de datos si reciben datos personales que son necesarios para llevar a cabo una investigación concreta de interés general, de conformidad con el Derecho de la Unión o de los Estados miembros. Las solicitudes de comunicación de las autoridades públicas siempre deben presentarse por escrito, de forma motivada y con carácter ocasional, y no deben referirse a la totalidad de un fichero ni dar lugar a la interconexión de varios ficheros. El tratamiento de datos personales por dichas autoridades públicas debe ser conforme con la normativa en materia de protección de datos que sea de aplicación en función de la finalidad del tratamiento.

(32) El consentimiento debe darse mediante un acto afirmativo claro que refleje una manifestación de voluntad libre, específica, informada, e inequívoca del interesado de aceptar el tratamiento de datos de carácter personal que le conciernen, como una declaración por escrito, inclusive por medios electrónicos, o una declaración verbal. Esto podría incluir marcar una casilla de un sitio web en internet, escoger parámetros técnicos para la utilización de servicios de la sociedad de la información, o cualquier otra declaración o conducta que indique claramente en este contexto que el interesado acepta la propuesta de tratamiento de sus datos personales. Por tanto, el silencio, las casillas ya marcadas o la inacción no deben constituir consentimiento. El consentimiento debe darse para todas las actividades de tratamiento realizadas con el mismo o los mismos fines. Cuando el tratamiento tenga varios fines, debe darse el consentimiento para todos ellos. Si el consentimiento del interesado se ha de dar a raíz de una solicitud por medios electrónicos, la solicitud ha de ser clara, concisa y no perturbar innecesariamente el uso del servicio para el que se presta.

(33) Con frecuencia no es posible determinar totalmente la finalidad del tratamiento de los datos personales con fines de investigación científica en el momento de su recogida. Por consiguiente, debe permitirse a los interesados dar su consentimiento para determinados ámbitos de investigación científica que respeten las normas éticas reconocidas para la investigación científica. Los interesados deben tener la oportunidad de dar su consentimiento solamente para determinadas áreas de investigación o partes de proyectos de investigación, en la medida en que lo permita la finalidad perseguida.

(34) Debe entenderse por datos genéticos los datos personales relacionados con características genéticas, heredadas o adquiridas, de una persona física, provenientes del análisis de una muestra biológica de la persona física en cuestión, en particular a través de un análisis cromosómico, un análisis del ácido desoxirribonucleico (ADN) o del ácido ribonucleico (ARN), o del análisis de cualquier otro elemento que permita obtener información equivalente.

(35) Entre los datos personales relativos a la salud se deben incluir todos los datos relativos al estado de salud del interesado que dan información sobre su estado de salud física o mental pasado, presente o futuro. Se incluye la información sobre la persona física recogida con ocasión de su inscripción a efectos de asistencia sanitaria, o con ocasión de la prestación de tal asistencia, de conformidad con la Directiva 2011/24/UE del Parlamento Europeo y del Consejo (9); todo número, símbolo o dato asignado a una persona física que la identifique de manera unívoca a efectos sanitarios; la información obtenida de pruebas o exámenes de una parte del cuerpo o de una sustancia corporal, incluida la procedente de datos genéticos y muestras biológicas, y cualquier información relativa, a título de ejemplo, a una enfermedad, una discapacidad, el riesgo de padecer enfermedades, el historial médico, el tratamiento clínico o el estado fisiológico o biomédico del interesado, independientemente de su fuente, por ejemplo un médico u otro profesional sanitario, un hospital, un dispositivo médico, o una prueba diagnóstica in vitro.

(36) El establecimiento principal de un responsable del tratamiento en la Unión debe ser el lugar de su administración central en la Unión, salvo que las decisiones relativas a los fines y medios del tratamiento de los datos personales se tomen en otro establecimiento del responsable en la Unión, en cuyo caso, ese otro establecimiento debe considerarse el establecimiento principal. El establecimiento principal de un responsable en la Unión debe determinarse en función de criterios objetivos y debe implicar el ejercicio efectivo y real de actividades de gestión que determinen las principales decisiones en cuanto a los fines y medios del tratamiento a través de modalidades estables. Dicho criterio no debe depender de si el tratamiento de los datos personales se realiza en dicho lugar. La presencia y utilización de medios técnicos y tecnologías para el tratamiento de datos personales o las actividades de tratamiento no constituyen, en sí mismas, establecimiento principal y no son, por lo tanto, criterios determinantes de un establecimiento principal. El establecimiento principal del encargado del tratamiento debe ser el lugar de su administración central en la Unión o, si careciese de administración central en la Unión, el lugar en el que se llevan a cabo las principales actividades de tratamiento en la Unión. En los casos que impliquen tanto al responsable como al encargado, la autoridad de control principal competente debe seguir siendo la autoridad de control del Estado miembro en el que el responsable tenga su establecimiento principal, pero la autoridad de control del encargado debe considerarse autoridad de control interesada y participar en el procedimiento de cooperación establecido en el presente Reglamento. En cualquier caso, las autoridades de control del Estado miembro o los Estados miembros en los que el encargado tenga uno o varios establecimientos no deben considerarse autoridades de control interesadas cuando el proyecto de decisión afecte únicamente al responsable. Cuando el tratamiento lo realice un grupo empresarial, el establecimiento principal de la empresa que ejerce el control debe considerarse el establecimiento principal del grupo empresarial, excepto cuando los fines y medios del tratamiento los determine otra empresa.

(37) Un grupo empresarial debe estar constituido por una empresa que ejerce el control y las empresas controladas, debiendo ser la empresa que ejerce el control la que pueda ejercer una influencia dominante en las otras empresas, por razones, por ejemplo, de propiedad, participación financiera, normas por las que se rige, o poder de hacer cumplir las normas de protección de datos personales. Una empresa que controle el tratamiento de los datos personales en las empresas que estén afiliadas debe considerarse, junto con dichas empresas, «grupo empresarial».

(38) Los niños merecen una protección específica de sus datos personales, ya que pueden ser menos conscientes de los riesgos, consecuencias, garantías y derechos concernientes al tratamiento de datos personales. Dicha protección específica debe aplicarse en particular, a la utilización de datos personales de niños con fines de mercadotecnia o elaboración de perfiles de personalidad o de usuario, y a la obtención de datos personales relativos a niños cuando se utilicen servicios ofrecidos directamente a un niño. El consentimiento del titular de la patria potestad o tutela no debe ser necesario en el contexto de los servicios preventivos o de asesoramiento ofrecidos directamente a los niños.

(39) Todo tratamiento de datos personales debe ser lícito y leal. Para las personas físicas debe quedar totalmente claro que se están recogiendo, utilizando, consultando o tratando de otra manera datos personales que les conciernen, así como la medida en que dichos datos son o serán tratados. El principio de transparencia exige que toda información y comunicación relativa al tratamiento de dichos datos sea fácilmente accesible y fácil de entender, y que se utilice un lenguaje sencillo y claro. Dicho principio se refiere en particular a la información de los interesados sobre la identidad del responsable del tratamiento y los fines del mismo y a la información añadida para garantizar un tratamiento leal y transparente con respecto a las personas físicas afectadas y a su derecho a obtener confirmación y comunicación de los datos personales que les conciernan que sean objeto de tratamiento. Las personas físicas deben tener conocimiento de los riesgos, las normas, las salvaguardias y los derechos relativos al tratamiento de datos personales así como del modo de hacer valer sus derechos en relación con el tratamiento. En particular, los fines específicos del tratamiento de los datos personales deben ser explícitos y legítimos, y deben determinarse en el momento de su recogida. Los datos personales deben ser adecuados, pertinentes y limitados a lo necesario para los fines para los que sean tratados. Ello requiere, en particular, garantizar que se limite a un mínimo estricto su plazo de conservación. Los datos personales solo deben tratarse si la finalidad del tratamiento no pudiera lograrse razonablemente por otros medios. Para garantizar que los datos personales no se conservan más tiempo del necesario, el responsable del tratamiento ha de establecer plazos para su supresión o revisión periódica. Deben tomarse todas las medidas razonables para garantizar que se rectifiquen o supriman los datos personales que sean inexactos. Los datos personales deben tratarse de un modo que garantice una seguridad y confidencialidad adecuadas de los datos personales, inclusive para impedir el acceso o uso no autorizados de dichos datos y del equipo utilizado en el tratamiento.

(40) Para que el tratamiento sea lícito, los datos personales deben ser tratados con el consentimiento del interesado o sobre alguna otra base legítima establecida conforme a Derecho, ya sea en el presente Reglamento o en virtud de otro Derecho de la Unión o de los Estados miembros a que se refiera el presente Reglamento, incluida la necesidad de cumplir la obligación legal aplicable al responsable del tratamiento o la necesidad de ejecutar un contrato en el que sea parte el interesado o con objeto de tomar medidas a instancia del interesado con anterioridad a la conclusión de un contrato.

(41) Cuando el presente Reglamento hace referencia a una base jurídica o a una medida legislativa, esto no exige necesariamente un acto legislativo adoptado por un parlamento, sin perjuicio de los requisitos de conformidad del ordenamiento constitucional del Estado miembro de que se trate. Sin embargo, dicha base jurídica o medida legislativa debe ser clara y precisa y su aplicación previsible para sus destinatarios, de conformidad con la jurisprudencia del Tribunal de Justicia de la Unión Europea (en lo sucesivo, «Tribunal de Justicia») y del Tribunal Europeo de Derechos Humanos.

(42) Cuando el tratamiento se lleva a cabo con el consentimiento del interesado, el responsable del tratamiento debe ser capaz de demostrar que aquel ha dado su consentimiento a la operación de tratamiento. En particular en el contexto de una declaración por escrito efectuada sobre otro asunto, debe haber garantías de que el interesado es consciente del hecho de que da su consentimiento y de la medida en que lo hace. De acuerdo con la Directiva 93/13/CEE del Consejo (10), debe proporcionarse un modelo de declaración de consentimiento elaborado previamente por el responsable del tratamiento con una formula-

II

ción inteligible y de fácil acceso que emplee un lenguaje claro y sencillo, y que no contenga cláusulas abusivas. Para que el consentimiento sea informado, el interesado debe conocer como mínimo la identidad del responsable del tratamiento y los fines del tratamiento a los cuales están destinados los datos personales. El consentimiento no debe considerarse libremente prestado cuando el interesado no goza de verdadera o libre elección o no puede denegar o retirar su consentimiento sin sufrir perjuicio alguno.

(43) Para garantizar que el consentimiento se haya dado libremente, este no debe constituir un fundamento jurídico válido para el tratamiento de datos de carácter personal en un caso concreto en el que exista un desequilibro claro entre el interesado y el responsable del tratamiento, en particular cuando dicho responsable sea una autoridad pública y sea por lo tanto improbable que el consentimiento se haya dado libremente en todas las circunstancias de dicha situación particular. Se presume que el consentimiento no se ha dado libremente cuando no permita autorizar por separado las distintas operaciones de tratamiento de datos personales pese a ser adecuado en el caso concreto, o cuando el cumplimiento de un contrato, incluida la prestación de un servicio, sea dependiente del consentimiento, aún cuando este no sea necesario para dicho cumplimiento.

(44) El tratamiento debe ser lícito cuando sea necesario en el contexto de un contrato o de la intención de concluir un contrato.

(45) Cuando se realice en cumplimiento de una obligación legal aplicable al responsable del tratamiento, o si es necesario para el cumplimiento de una misión realizada en interés público o en el ejercicio de poderes públicos, el tratamiento debe tener una base en el Derecho de la Unión o de los Estados miembros. El presente Reglamento no requiere que cada tratamiento individual se rija por una norma específica. Una norma puede ser suficiente como base para varias operaciones de tratamiento de datos basadas en una obligación legal aplicable al responsable del tratamiento, o si el tratamiento es necesario para el cumplimiento de una misión realizada en interés público o en el ejercicio de poderes públicos. La finalidad del tratamiento también debe determinase en virtud del Derecho de la Unión o de los Estados miembros. Además, dicha norma podría especificar las condiciones generales del presente Reglamento por las que se rige la licitud del tratamiento de datos personales, establecer especificaciones para la determinación del responsable del tratamiento, el tipo de datos personales objeto de tratamiento, los interesados afectados, las entidades a las que se pueden comunicar los datos personales, las limitaciones de la finalidad, el plazo de conservación de los datos y otras medidas para garantizar un tratamiento lícito y leal. Debe determinarse también en virtud del Derecho de la Unión o de los Estados miembros si el responsable del tratamiento que realiza una misión en interés público o en el ejercicio de poderes públicos debe ser una autoridad pública u otra persona física o jurídica de Derecho público, o, cuando se haga en interés público, incluidos fines sanitarios como la salud pública, la protección social y la gestión de los servicios de sanidad, de Derecho privado, como una asociación profesional.

(46) El tratamiento de datos personales también debe considerarse lícito cuando sea necesario para proteger un interés esencial para la vida del interesado o la de otra persona física. En principio, los datos personales únicamente deben tratarse sobre la base del interés vital de otra persona física cuando el tratamiento no pueda basarse manifiestamente en una base jurídica diferente. Ciertos tipos de tratamiento pueden responder tanto a motivos importantes de interés público como a los intereses vitales del interesado, como por ejemplo cuando el tratamiento es necesario para fines humanitarios, incluido el control de epidemias y su propagación, o en situaciones de emergencia humanitaria, sobre todo en caso de catástrofes naturales o de origen humano.

(47) El interés legítimo de un responsable del tratamiento, incluso el de un responsable al que se puedan comunicar datos personales, o de un tercero, puede constituir una base jurídica para el tratamiento, siempre que no prevalezcan los intereses o los derechos y libertades del interesado, teniendo en cuenta las expectativas razonables de los interesados basadas en su relación con el responsable. Tal interés legítimo podría darse, por ejemplo, cuando existe una relación pertinente y apropiada entre el interesado y el responsable, como en situaciones en las que el interesado es cliente o está al servicio del responsable. En cualquier caso, la existencia de un interés legítimo requeriría una evaluación meticulosa, inclusive si un interesado puede prever de forma razonable, en el momento y en el contex-

II

to de la recogida de datos personales, que pueda producirse el tratamiento con tal fin. En particular, los intereses y los derechos fundamentales del interesado podrían prevalecer sobre los intereses del responsable del tratamiento cuando se proceda al tratamiento de los datos personales en circunstancias en las que el interesado no espere razonablemente que se realice un tratamiento ulterior. Dado que corresponde al legislador establecer por ley la base jurídica para el tratamiento de datos personales por parte de las autoridades públicas, esta base jurídica no debe aplicarse al tratamiento efectuado por las autoridades públicas en el ejercicio de sus funciones. El tratamiento de datos de carácter personal estrictamente necesario para la prevención del fraude constituye también un interés legítimo del responsable del tratamiento de que se trate. El tratamiento de datos personales con fines de mercadotecnia directa puede considerarse realizado por interés legítimo.

(48) Los responsables que forman parte de un grupo empresarial o de entidades afiliadas a un organismo central pueden tener un interés legítimo en transmitir datos personales dentro del grupo empresarial para fines administrativos internos, incluido el tratamiento de datos personales de clientes o empleados. Los principios generales aplicables a la transmisión de datos personales, dentro de un grupo empresarial, a una empresa situada en un país tercero no se ven afectados.

(49) Constituye un interés legítimo del responsable del tratamiento interesado el tratamiento de datos personales en la medida estrictamente necesaria y proporcionada para garantizar la seguridad de la red y de la información, es decir la capacidad de una red o de un sistema información de resistir, en un nivel determinado de confianza, a acontecimientos accidentales o acciones ilícitas o malintencionadas que comprometan la disponibilidad, autenticidad, integridad y confidencialidad de los datos personales conservados o transmitidos, y la seguridad de los servicios conexos ofrecidos por, o accesibles a través de, estos sistemas y redes, por parte de autoridades públicas, equipos de respuesta a emergencias informáticas (CERT), equipos de respuesta a incidentes de seguridad informática (CSIRT), proveedores de redes y servicios de comunicaciones electrónicas y proveedores de tecnologías y servicios de seguridad. En lo anterior cabría incluir, por ejemplo, impedir el acceso no autorizado a las redes de comunicaciones electrónicas y la distribución malintencionada de códigos, y frenar ataques de «denegación de servicio» y daños a los sistemas informáticos y de comunicaciones electrónicas.

(50) El tratamiento de datos personales con fines distintos de aquellos para los que hayan sido recogidos inicialmente solo debe permitirse cuando sea compatible con los fines de su recogida inicial. En tal caso, no se requiere una base jurídica aparte, distinta de la que permitió la obtención de los datos personales. Si el tratamiento es necesario para el cumplimiento de una misión realizada en interés público o en el ejercicio de poderes públicos conferidos al responsable del tratamiento, los cometidos y los fines para los cuales se debe considerar compatible y lícito el tratamiento ulterior se pueden determinar y especificar de acuerdo con el Derecho de la Unión o de los Estados miembros. Las operaciones de tratamiento ulterior con fines de archivo en interés público, fines de investigación científica e histórica o fines estadísticos deben considerarse operaciones de tratamiento lícitas compatibles. La base jurídica establecida en el Derecho de la Unión o de los Estados miembros para el tratamiento de datos personales también puede servir de base jurídica para el tratamiento ulterior. Con objeto de determinar si el fin del tratamiento ulterior es compatible con el fin de la recogida inicial de los datos personales, el responsable del tratamiento, tras haber cumplido todos los requisitos para la licitud del tratamiento original, debe tener en cuenta, entre otras cosas, cualquier relación entre estos fines y los fines del tratamiento ulterior previsto, el contexto en el que se recogieron los datos, en particular las expectativas razonables del interesado basadas en su relación con el responsable en cuanto a su uso posterior, la naturaleza de los datos personales, las consecuencias para los interesados del tratamiento ulterior previsto y la existencia de garantías adecuadas tanto en la operación de tratamiento original como en la operación de tratamiento ulterior prevista.

Si el interesado dio su consentimiento o el tratamiento se basa en el Derecho de la Unión o de los Estados miembros que constituye una medida necesaria y proporcionada en una sociedad democrática para salvaguardar, en particular, objetivos importantes de interés público general, el responsable debe estar facultado para el tratamiento ulterior de los datos personales, con independencia de la compatibilidad de los fines. En todo caso, se debe garantizar la aplicación de los principios establecidos por el presente Reglamento y, en particular, la información del interesado sobre esos otros fines y sobre sus derechos, incluido el derecho de oposición. La indicación de posibles actos delictivos o amenazas para la seguridad pública por parte del responsable del tratamiento y la transmisión a la autoridad competente de los datos respecto de casos individuales o casos diversos relacionados con un mismo acto delictivo o amenaza para la seguridad pública debe considerarse que es en interés legítimo del responsable. Con todo, debe prohibirse esa transmisión en interés legítimo del responsable o el tratamiento ulterior de datos personales si el tratamiento no es compatible con una obligación de secreto legal, profesional o vinculante por otro concepto.

(51) Especial protección merecen los datos personales que, por su naturaleza, son particularmente sensibles en relación con los derechos y las libertades fundamentales, ya que el contexto de su tratamiento podría entrañar importantes riesgos para los derechos y las libertades fundamentales. Debe incluirse entre tales datos personales los datos de carácter personal que revelen el origen racial o étnico, entendiéndose que el uso del término «origen racial» en el presente Reglamento no implica la aceptación por parte de la Unión de teorías que traten de determinar la existencia de razas humanas separadas. El tratamiento de fotografías no debe considerarse sistemáticamente tratamiento de categorías especiales de datos personales, pues únicamente se encuentran comprendidas en la definición de datos biométricos cuando el hecho de ser tratadas con medios técnicos específicos permita la identificación o la autenticación unívocas de una persona física. Tales datos personales no deben ser tratados, a menos que se permita su tratamiento en situaciones específicas contempladas en el presente Reglamento, habida cuenta de que los Estados miembros pueden establecer disposiciones específicas sobre protección de datos con objeto de adaptar la aplicación de las normas del presente Reglamento al cumplimiento de una obligación legal o al cumplimiento de una misión realizada en interés público o en el ejercicio de poderes públicos conferidos al responsable del tratamiento. Además de los requisitos específicos de ese tratamiento, deben aplicarse los principios generales y otras normas del presente Reglamento, sobre todo en lo que se refiere a las condiciones de licitud del tratamiento. Se deben establecer de forma explícita excepciones a la prohibición general de tratamiento de esas categorías especiales de datos personales, entre otras cosas cuando el interesado dé su consentimiento explícito o tratándose de necesidades específicas, en particular cuando el tratamiento sea realizado en el marco de actividades legítimas por determinadas asociaciones o fundaciones cuyo objetivo sea permitir el ejercicio de las libertades fundamentales.

(52) Asimismo deben autorizarse excepciones a la prohibición de tratar categorías especiales de datos personales cuando lo establezca el Derecho de la Unión o de los Estados miembros y siempre que se den las garantías apropiadas, a fin de proteger datos personales y otros derechos fundamentales, cuando sea en interés público, en particular el tratamiento de datos personales en el ámbito de la legislación laboral, la legislación sobre protección social, incluidas las pensiones y con fines de seguridad, supervisión y alerta sanitaria, la prevención o control de enfermedades transmisibles y otras amenazas graves para la salud. Tal excepción es posible para fines en el ámbito de la salud, incluidas la sanidad pública y la gestión de los servicios de asistencia sanitaria, especialmente con el fin de garantizar la calidad y la rentabilidad de los procedimientos utilizados para resolver las reclamaciones de prestaciones y de servicios en el régimen del seguro de enfermedad, o con fines de archivo en interés público, fines de investigación científica e histórica o fines estadísticos. Debe autorizarse asimismo a título excepcional el tratamiento de dichos datos personales cuando sea necesario para la formulación, el ejercicio o la defensa de reclamaciones, ya sea por un procedimiento judicial o un procedimiento administrativo o extrajudicial.

(53) Las categorías especiales de datos personales que merecen mayor protección únicamente deben tratarse con fines relacionados con la salud cuando sea necesario para lograr dichos fines en beneficio de las personas físicas y de la sociedad en su conjunto, en particular en el contexto de la gestión de los servicios y sistemas sanitarios o de protección social, incluido el tratamiento de esos datos por las autoridades gestoras de la sanidad y las autoridades sanitarias nacionales centrales con fines de control de calidad, gestión de la información y supervisión general nacional y local del sistema sanitario o de protección social, y garantía de la continuidad de la asistencia sanitaria o la protección social y la asistencia sanitaria transfronteriza o fines de seguridad, supervisión y alerta sanitaria, o con fines de archivo en interés público, fines de investigación científica o histórica o fines estadísticos, basados en el Derecho de la Unión o del Estado miembro que ha de cumplir un objetivo de

II

interés público, así como para estudios realizados en interés público en el ámbito de la salud pública. Por tanto, el presente Reglamento debe establecer condiciones armonizadas para el tratamiento de categorías especiales de datos personales relativos a la salud, en relación con necesidades específicas, en particular si el tratamiento de esos datos lo realizan, con fines relacionados con la salud, personas sujetas a la obligación legal de secreto profesional. El Derecho de la Unión o de los Estados miembros debe establecer medidas específicas y adecuadas para proteger los derechos fundamentales y los datos personales de las personas físicas. Los Estados miembros deben estar facultados para mantener o introducir otras condiciones, incluidas limitaciones, con respecto al tratamiento de datos genéticos, datos biométricos o datos relativos a la salud. No obstante, esto no ha de suponer un obstáculo para la libre circulación de datos personales dentro de la Unión cuando tales condiciones se apliquen al tratamiento transfronterizo de esos datos.

(54) El tratamiento de categorías especiales de datos personales, sin el consentimiento del interesado, puede ser necesario por razones de interés público en el ámbito de la salud pública. Ese tratamiento debe estar sujeto a medidas adecuadas y específicas a fin de proteger los derechos y libertades de las personas físicas. En ese contexto, «salud pública» debe interpretarse en la definición del Reglamento (CE) n.º 1338/2008 del Parlamento Europeo y del Consejo (11), es decir, todos los elementos relacionados con la salud, concretamente el estado de salud, con inclusión de la morbilidad y la discapacidad, los determinantes que influyen en dicho estado de salud, las necesidades de asistencia sanitaria, los recursos asignados a la asistencia sanitaria, la puesta a disposición de asistencia sanitaria y el acceso universal a ella, así como los gastos y la financiación de la asistencia sanitaria, y las causas de mortalidad. Este tratamiento de datos relativos a la salud por razones de interés público no debe dar lugar a que terceros, como empresarios, compañías de seguros o entidades bancarias, traten los datos personales con otros fines.

(55) Se realiza además por razones de interés público el tratamiento de datos personales por las autoridades públicas con el fin de alcanzar los objetivos, establecidos en el Derecho constitucional o en el Derecho internacional público, de asociaciones religiosas reconocidas oficialmente.

(56) Si, en el marco de actividades electorales, el funcionamiento del sistema democrático exige en un Estado miembro que los partidos políticos recopilen datos personales sobre las opiniones políticas de las personas, puede autorizarse el tratamiento de estos datos por razones de interés público, siempre que se ofrezcan garantías adecuadas.

(57) Si los datos personales tratados por un responsable no le permiten identificar a una persona física, el responsable no debe estar obligado a obtener información adicional para identificar al interesado con la única finalidad de cumplir cualquier disposición del presente Reglamento. No obstante, el responsable del tratamiento no debe negarse a recibir información adicional facilitada por el interesado a fin de respaldarle en el ejercicio de sus derechos. La identificación debe incluir la identificación digital de un interesado, por ejemplo mediante un mecanismo de autenticación, como las mismas credenciales, empleadas por el interesado para abrir una sesión en el servicio en línea ofrecido por el responsable.

(58) El principio de transparencia exige que toda información dirigida al público o al interesado sea concisa, fácilmente accesible y fácil de entender, y que se utilice un lenguaje claro y sencillo, y, además, en su caso, se visualice. Esta información podría facilitarse en forma electrónica, por ejemplo, cuando esté dirigida al público, mediante un sitio web. Ello es especialmente pertinente en situaciones en las que la proliferación de agentes y la complejidad tecnológica de la práctica hagan que sea difícil para el interesado saber y comprender si se están recogiendo, por quién y con qué finalidad, datos personales que le conciernen, como es en el caso de la publicidad en línea. Dado que los niños merecen una protección específica, cualquier información y comunicación cuyo tratamiento les afecte debe facilitarse en un lenguaje claro y sencillo que sea fácil de entender.

(59) Deben arbitrarse fórmulas para facilitar al interesado el ejercicio de sus derechos en virtud del presente Reglamento, incluidos los mecanismos para solicitar y, en su caso, obtener de forma gratuita, en particular, el acceso a los datos personales y su rectificación o supresión, así como el ejercicio del derecho de oposición. El responsable del tratamiento también debe proporcionar medios para que las solicitudes se presenten por medios electrónicos, en particular cuando los datos personales se tratan por medios electrónicos. El responsable del tratamiento debe estar obligado a responder a las solicitudes del interesado sin dilación indebida y a más tardar en el plazo de un mes, y a explicar sus motivos en caso de que no fuera a atenderlas.

(60) Los principios de tratamiento leal y transparente exigen que se informe al interesado de la existencia de la operación de tratamiento y sus fines. El responsable del tratamiento debe facilitar al interesado cuanta información complementaria sea necesaria para garantizar un tratamiento leal y transparente, habida cuenta de las circunstancias y del contexto específicos en que se traten los datos personales. Se debe además informar al interesado de la existencia de la elaboración de perfiles y de las consecuencias de dicha elaboración. Si los datos personales se obtienen de los interesados, también se les debe informar de si están obligados a facilitarlos y de las consecuencias en caso de que no lo hicieran. Dicha información puede transmitirse en combinación con unos iconos normalizados que ofrezcan, de forma fácilmente visible, inteligible y claramente legible, una adecuada visión de conjunto del tratamiento previsto. Los iconos que se presentan en formato electrónico deben ser legibles mecánicamente.

(61) Se debe facilitar a los interesados la información sobre el tratamiento de sus datos personales en el momento en que se obtengan de ellos o, si se obtienen de otra fuente, en un plazo razonable, dependiendo de las circunstancias del caso. Si los datos personales pueden ser comunicados legítimamente a otro destinatario, se debe informar al interesado en el momento en que se comunican al destinatario por primera vez. El responsable del tratamiento que proyecte tratar los datos para un fin que no sea aquel para el que se recogieron debe proporcionar al interesado, antes de dicho tratamiento ulterior, información sobre ese otro fin y otra información necesaria. Cuando el origen de los datos personales no pueda facilitarse al interesado por haberse utilizado varias fuentes, debe facilitarse información general.

(62) Sin embargo, no es necesario imponer la obligación de proporcionar información cuando el interesado ya posea la información, cuando el registro o la comunicación de los datos personales estén expresamente establecidos por ley, o cuando facilitar la información al interesado resulte imposible o exija un esfuerzo desproporcionado. Tal podría ser particularmente el caso cuando el tratamiento se realice con fines de archivo en interés público, fines de investigación científica o histórica o fines estadísticos. A este respecto, debe tomarse en consideración el número de interesados, la antigüedad de los datos y las garantías adecuadas adoptadas.

(63) Los interesados deben tener derecho a acceder a los datos personales recogidos que le conciernan y a ejercer dicho derecho con facilidad y a intervalos razonables, con el fin de conocer y verificar la licitud del tratamiento. Ello incluye el derecho de los interesados a acceder a datos relativos a la salud, por ejemplo los datos de sus historias clínicas que contengan información como diagnósticos, resultados de exámenes, evaluaciones de facultativos y cualesquiera tratamientos o intervenciones practicadas. Todo interesado debe, por tanto, tener el derecho a conocer y a que se le comuniquen, en particular, los fines para los que se tratan los datos personales, su plazo de tratamiento, sus destinatarios, la lógica implícita en todo tratamiento automático de datos personales y, por lo menos cuando se base en la elaboración de perfiles, las consecuencias de dicho tratamiento. Si es posible, el responsable del tratamiento debe estar facultado para facilitar acceso remoto a un sistema seguro que ofrezca al interesado un acceso directo a sus datos personales. Este derecho no debe afectar negativamente a los derechos y libertades de terceros, incluidos los secretos comerciales o la propiedad intelectual y, en particular, los derechos de propiedad intelectual que protegen programas informáticos. No obstante, estas consideraciones no deben tener como resultado la negativa a prestar toda la información al interesado. Si trata una gran cantidad de información relativa al interesado, el responsable del tratamiento debe estar facultado para solicitar que, antes de facilitarse la información, el interesado especifique la información o actividades de tratamiento a que se refiere la solicitud.

(64) El responsable del tratamiento debe utilizar todas las medidas razonables para verificar la identidad de los interesados que soliciten acceso, en particular en el contexto de los servicios en línea y los identificadores en línea. El responsable no debe conservar datos personales con el único propósito de poder responder a posibles solicitudes.

(65) Los interesados deben tener derecho a que se rectifiquen los datos personales que le conciernen y un «derecho al olvido» si la retención de tales datos infringe el presente Reglamento o el Derecho de la Unión o de los Estados miembros aplicable al responsable del tratamiento. En particular, los interesados deben tener derecho a que sus datos personales se supriman y dejen de tratarse si ya no son necesarios para los fines para los que fueron recogidos o tratados de otro modo, si los interesados han retirado su consentimiento para el tratamiento o se oponen al tratamiento de datos personales que les conciernen, o si el tratamiento de sus datos personales incumple de otro modo el presente Reglamento. Este derecho es pertinente en particular si el interesado dio su consentimiento siendo niño y no se es plenamente consciente de los riesgos que implica el tratamiento, y más tarde quiere suprimir tales datos personales, especialmente en internet. El interesado debe poder ejercer este derecho aunque ya no sea un niño. Sin embargo, la retención ulterior de los datos personales debe ser lícita cuando sea necesaria para el ejercicio de la libertad de expresión e información, para el cumplimiento de una obligación legal, para el cumplimiento de una misión realizada en interés público o en el ejercicio de poderes públicos conferidos al responsable del tratamiento, por razones de interés público en el ámbito de la salud pública, con fines de archivo en interés público, fines de investigación científica o histórica o fines estadísticos, o para la formulación, el ejercicio o la defensa de reclamaciones.

(66) A fin de reforzar el «derecho al olvido» en el entorno en línea, el derecho de supresión debe ampliarse de tal forma que el responsable del tratamiento que haya hecho públicos datos personales esté obligado a indicar a los responsables del tratamiento que estén tratando tales datos personales que supriman todo enlace a ellos, o las copias o réplicas de tales datos. Al proceder así, dicho responsable debe tomar medidas razonables, teniendo en cuenta la tecnología y los medios a su disposición, incluidas las medidas técnicas, para informar de la solicitud del interesado a los responsables que estén tratando los datos personales.

(67) Entre los métodos para limitar el tratamiento de datos personales cabría incluir los consistentes en trasladar temporalmente los datos seleccionados a otro sistema de tratamiento, en impedir el acceso de usuarios a los datos personales seleccionados o en retirar temporalmente los datos publicados de un sitio internet. En los ficheros automatizados la limitación del tratamiento debe realizarse, en principio, por medios técnicos, de forma que los datos personales no sean objeto de operaciones de tratamiento ulterior ni puedan modificarse. El hecho de que el tratamiento de los datos personales esté limitado debe indicarse claramente en el sistema.

(68) Para reforzar aún más el control sobre sus propios datos, cuando el tratamiento de los datos personales se efectúe por medios automatizados, debe permitirse asimismo que los interesados que hubieran facilitado datos personales que les conciernan a un responsable del tratamiento los reciban en un formato estructurado, de uso común, de lectura mecánica e interoperable, y los transmitan a otro responsable del tratamiento. Debe alentarse a los responsables a crear formatos interoperables que permitan la portabilidad de datos. Dicho derecho debe aplicarse cuando el interesado haya facilitado los datos personales dando su consentimiento o cuando el tratamiento sea necesario para la ejecución de un contrato. No debe aplicarse cuando el tratamiento tiene una base jurídica distinta del consentimiento o el contrato. Por su propia naturaleza, dicho derecho no debe ejercerse en contra de responsables que traten datos personales en el ejercicio de sus funciones públicas. Por lo tanto, no debe aplicarse, cuando el tratamiento de los datos personales sea necesario para cumplir una obligación legal aplicable al responsable o para el cumplimiento de una misión realizada en interés público o en el ejercicio de poderes públicos conferidos al responsable. El derecho del interesado a transmitir o recibir datos personales que lo conciernan no debe obligar al responsable a adoptar o mantener sistemas de tratamiento que sean técnicamente compatibles. Cuando un conjunto de datos personales determinado concierna a más de un interesado, el derecho a recibir tales datos se debe entender sin menoscabo de los derechos y libertades de otros interesados de conformidad con el presente Reglamento. Por otra parte, ese derecho no debe menoscabar el derecho del interesado a obtener la supresión de los datos personales y las limitaciones de ese derecho recogidas en el presente Reglamento, y en particular no debe implicar la supresión de los datos personales concernientes al interesado que este haya facilitado para la ejecución de un contrato, en la medida y durante el tiempo en que los datos personales sean necesarios para la ejecución de dicho contrato.

El interesado debe tener derecho a que los datos personales se transmitan directamente de un responsable del tratamiento a otro, cuando sea técnicamente posible.

(69) En los casos en que los datos personales puedan ser tratados lícitamente porque el tratamiento es necesario para el cumplimiento de una misión realizada en interés público o en el ejercicio de poderes públicos conferidos al responsable del tratamiento o por motivos de intereses legítimos del responsable o de un tercero, el interesado debe, sin embargo, tener derecho a oponerse al tratamiento de cualquier dato personal relativo a su situación particular. Debe ser el responsable el que demuestre que sus intereses legítimos imperiosos prevalecen sobre los intereses o los derechos y libertades fundamentales del interesado.

(70) Si los datos personales son tratados con fines de mercadotecnia directa, el interesado debe tener derecho a oponerse a dicho tratamiento, inclusive a la elaboración de perfiles en la medida en que esté relacionada con dicha mercadotecnia directa, ya sea con respecto a un tratamiento inicial o ulterior, y ello en cualquier momento y sin coste alguno. Dicho derecho debe comunicarse explícitamente al interesado y presentarse claramente y al margen de cualquier otra información.

(71) El interesado debe tener derecho a no ser objeto de una decisión, que puede incluir una medida, que evalúe aspectos personales relativos a él, y que se base únicamente en el tratamiento automatizado y produzca efectos jurídicos en él o le afecte significativamente de modo similar, como la denegación automática de una solicitud de crédito en línea o los servicios de contratación en red en los que no medie intervención humana alguna. Este tipo de tratamiento incluye la elaboración de perfiles consistente en cualquier forma de tratamiento automatizado de los datos personales que evalúe aspectos personales relativos a una persona física, en particular para analizar o predecir aspectos relacionados con el rendimiento en el trabajo, la situación económica, la salud, las preferencias o intereses personales, la fiabilidad o el comportamiento, la situación o los movimientos del interesado, en la medida en que produzca efectos jurídicos en él o le afecte significativamente de modo similar. Sin embargo, se deben permitir las decisiones basadas en tal tratamiento, incluida la elaboración de perfiles, si lo autoriza expresamente el Derecho de la Unión o de los Estados miembros aplicable al responsable del tratamiento, incluso con fines de control y prevención del fraude y la evasión fiscal, realizada de conformidad con las reglamentaciones, normas y recomendaciones de las instituciones de la Unión o de los órganos de supervisión nacionales y para garantizar la seguridad y la fiabilidad de un servicio prestado por el responsable del tratamiento, o necesario para la conclusión o ejecución de un contrato entre el interesado y un responsable del tratamiento, o en los casos en los que el interesado haya dado su consentimiento explícito. En cualquier caso, dicho tratamiento debe estar sujeto a las garantías apropiadas, entre las que se deben incluir la información específica al interesado y el derecho a obtener intervención humana, a expresar su punto de vista, a recibir una explicación de la decisión tomada después de tal evaluación y a impugnar la decisión. Tal medida no debe afectar a un menor.

A fin de garantizar un tratamiento leal y transparente respecto del interesado, teniendo en cuenta las circunstancias y contexto específicos en los que se tratan los datos personales, el responsable del tratamiento debe utilizar procedimientos matemáticos o estadísticos adecuados para la elaboración de perfiles, aplicar medidas técnicas y organizativas apropiadas para garantizar, en particular, que se corrigen los factores que introducen inexactitudes en los datos personales y se reduce al máximo el riesgo de error, asegurar los datos personales de forma que se tengan en cuenta los posibles riesgos para los intereses y derechos del interesado e impedir, entre otras cosas, efectos discriminatorios en las personas físicas por motivos de raza u origen étnico, opiniones políticas, religión o creencias, afiliación sindical, condición genética o estado de salud u orientación sexual, o tratamiento que dé lugar a medidas que produzcan tal efecto. Las decisiones automatizadas y la elaboración de perfiles sobre la base de categorías particulares de datos personales únicamente deben permitirse en condiciones específicas.

(72) La elaboración de perfiles está sujeta a las normas del presente Reglamento que rigen el tratamiento de datos personales, como los fundamentos jurídicos del tratamiento o los principios de la protección de datos. El Comité Europeo de Protección de Datos establecido por el presente Reglamento (en lo sucesivo, el «Comité») debe tener la posibilidad de formular orientaciones en este contexto.

(73) El Derecho de la Unión o de los Estados miembros puede imponer restricciones a determinados principios y a los derechos de información, acceso, rectificación o supresión de datos personales, al derecho a la portabilidad de los datos, al derecho de oposición, a las decisiones basadas en la elaboración de perfiles, así como a la comunicación de una violación de la seguridad de los datos personales a un interesado y a determinadas obligaciones conexas de los responsables del tratamiento, en la medida en que sea necesario y proporcionado en una sociedad democrática para salvaguardar la seguridad pública, incluida la protección de la vida humana, especialmente en respuesta a catástrofes naturales o de origen humano, la prevención, investigación y el enjuiciamiento de infracciones penales o la ejecución de sanciones penales, incluida la protección frente a las amenazas contra la seguridad pública o de violaciones de normas deontológicas en las profesiones reguladas, y su prevención, otros objetivos importantes de interés público general de la Unión o de un Estado miembro, en particular un importante interés económico o financiero de la Unión o de un Estado miembro, la llevanza de registros públicos por razones de interés público general, el tratamiento ulterior de datos personales archivados para ofrecer información específica relacionada con el comportamiento político durante los regímenes de antiguos Estados totalitarios, o la protección del interesado o de los derechos y libertades de otros, incluida la protección social, la salud pública y los fines humanitarios. Dichas restricciones deben ajustarse a lo dispuesto en la Carta y en el Convenio Europeo para la Protección de los Derechos Humanos y de las Libertades Fundamentales.

(74) Debe quedar establecida la responsabilidad del responsable del tratamiento por cualquier tratamiento de datos personales realizado por él mismo o por su cuenta. En particular, el responsable debe estar obligado a aplicar medidas oportunas y eficaces y ha de poder demostrar la conformidad de las actividades de tratamiento con el presente Reglamento, incluida la eficacia de las medidas. Dichas medidas deben tener en cuenta la naturaleza, el ámbito, el contexto y los fines del tratamiento así como el riesgo para los derechos y libertades de las personas físicas.

(75) Los riesgos para los derechos y libertades de las personas físicas, de gravedad y probabilidad variables, pueden deberse al tratamiento de datos que pudieran provocar daños y perjuicios físicos, materiales o inmateriales, en particular en los casos en los que el tratamiento pueda dar lugar a problemas de discriminación, usurpación de identidad o fraude, pérdidas financieras, daño para la reputación, pérdida de confidencialidad de datos sujetos al secreto profesional, reversión no autorizada de la seudonimización o cualquier otro perjuicio económico o social significativo; en los casos en los que se prive a los interesados de sus derechos y libertades o se les impida ejercer el control sobre sus datos personales; en los casos en los que los datos personales tratados revelen el origen étnico o racial, las opiniones políticas, la religión o creencias filosóficas, la militancia en sindicatos y el tratamiento de datos genéticos, datos relativos a la salud o datos sobre la vida sexual, o las condenas e infracciones penales o medidas de seguridad conexas; en los casos en los que se evalúen aspectos personales, en particular el análisis o la predicción de aspectos referidos al rendimiento en el trabajo, situación económica, salud, preferencias o intereses personales, fiabilidad o comportamiento, situación o movimientos, con el fin de crear o utilizar perfiles personales; en los casos en los que se traten datos personales de personas vulnerables, en particular niños; o en los casos en los que el tratamiento implique una gran cantidad de datos personales y afecte a un gran número de interesados.

(76) La probabilidad y la gravedad del riesgo para los derechos y libertades del interesado debe determinarse con referencia a la naturaleza, el alcance, el contexto y los fines del tratamiento de datos. El riesgo debe ponderarse sobre la base de una evaluación objetiva mediante la cual se determine si las operaciones de tratamiento de datos suponen un riesgo o si el riesgo es alto.

(77) Se podrían proporcionar directrices para la aplicación de medidas oportunas y para demostrar el cumplimiento por parte del responsable o del encargado del tratamiento, especialmente con respecto a la identificación del riesgo relacionado con el tratamiento, a su evaluación en términos de origen, naturaleza, probabilidad y gravedad y a la identificación de buenas prácticas para mitigar el riesgo, que revistan, en particular, la forma de códigos de conducta aprobados, certificaciones aprobadas, directrices dadas por el Comité o indicaciones proporcionadas por un delegado de protección de datos. El Comité también puede emitir directrices sobre operaciones de tratamiento que se considere improbable supongan un alto riesgo para los derechos y libertades de las personas físicas, e indicar qué medidas pueden ser suficientes en dichos casos para afrontar el riesgo en cuestión.

(78) La protección de los derechos y libertades de las personas físicas con respecto al tratamiento de datos personales exige la adopción de medidas técnicas y organizativas apropiadas con el fin de garantizar el cumplimiento de los requisitos del presente Reglamento. A fin de poder demostrar la conformidad con el presente Reglamento, el responsable del tratamiento debe adoptar políticas internas y aplicar medidas que cumplan en particular los principios de protección de datos desde el diseño y por defecto. Dichas medidas podrían consistir, entre otras, en reducir al máximo el tratamiento de datos personales, seudonimizar lo antes posible los datos personales, dar transparencia a las funciones y el tratamiento de datos personales, permitiendo a los interesados supervisar el tratamiento de datos y al responsable del tratamiento crear y mejorar elementos de seguridad. Al desarrollar, diseñar, seleccionar y usar aplicaciones, servicios y productos que están basados en el tratamiento de datos personales o que tratan datos personales para cumplir su función, ha de alentarse a los productores de los productos, servicios y aplicaciones a que tengan en cuenta el derecho a la protección de datos cuando desarrollan y diseñen estos productos, servicios y aplicaciones, y que se aseguren, con la debida atención al estado de la técnica, de que los responsables y los encargados del tratamiento están en condiciones de cumplir sus obligaciones en materia de protección de datos. Los principios de la protección de datos desde el diseño y por defecto también deben tenerse en cuenta en el contexto de los contratos públicos.

(79) La protección de los derechos y libertades de los interesados, así como la responsabilidad de los responsables y encargados del tratamiento, también en lo que respecta a la supervisión por parte de las autoridades de control y a las medidas adoptadas por ellas, requieren una atribución clara de las responsabilidades en virtud del presente Reglamento, incluidos los casos en los que un responsable determine los fines y medios del tratamiento de forma conjunta con otros responsables, o en los que el tratamiento se lleve a cabo por cuenta de un responsable.

(80) El responsable o el encargado del tratamiento no establecido en la Unión que esté tratando datos personales de interesados que se encuentran en la Unión y cuyas actividades de tratamiento están relacionadas con la oferta de bienes o servicios a dichos interesados en la Unión, independientemente de si se requiere un pago por parte de estos, o con el control de su comportamiento en la medida en que este tenga lugar en la Unión, debe designar a un representante, a menos que el tratamiento sea ocasional, no incluya el tratamiento a gran escala de categorías especiales de datos personales o el tratamiento de datos personales relativos a condenas e infracciones penales, y sea improbable que entrañe un riesgo para los derechos y libertades de las personas físicas, vista la naturaleza, el contexto, el ámbito y los fines del tratamiento, o si el responsable del tratamiento es una autoridad u organismo público. El representante debe actuar por cuenta del responsable o el encargado y puede ser contactado por cualquier autoridad de control. El representante debe ser designado expresamente por mandato escrito del responsable o del encargado para que actúe en su nombre con respecto a las obligaciones que les incumben en virtud del presente Reglamento. La designación de dicho representante no afecta a la responsabilidad del responsable o del encargado en virtud del presente Reglamento. Dicho representante debe desempeñar sus funciones conforme al mandato recibido del responsable o del encargado, incluida la cooperación con las autoridades de control competentes en relación con cualquier medida que se tome para garantizar el cumplimiento del presente Reglamento. El representante designado debe estar sujeto a medidas coercitivas en caso de incumplimiento por parte del responsable o del encargado.

(81) Para garantizar el cumplimiento de las disposiciones del presente Reglamento respecto del tratamiento que lleve a cabo el encargado por cuenta del responsable, este, al encomendar actividades de tratamiento a un encargado, debe recurrir únicamente a encargados que ofrezcan suficientes garantías, en particular en lo que respecta a conocimientos especializados, fiabilidad y recursos, de cara a la aplicación de medidas técnicas y organizativas que cumplan los requisitos del presente Reglamento, incluida la seguridad del tratamiento. La adhesión del encargado a un código de conducta aprobado o a un mecanismo de certificación aprobado puede servir de elemento para demostrar el cumplimiento de las obligaciones por parte del responsable. El tratamiento por un encargado debe regirse por un contrato u otro acto jurídico con arreglo al Derecho de la Unión o de los Estados miembros que vincule al encargado con el responsable, que fije el objeto y la duración del tratamiento, la naturaleza y fines del tratamiento, el tipo de datos personales y las categorías de interesados, habida cuenta de las funciones y responsabilidades específicas del encargado en el contexto del tratamiento que ha de llevarse a cabo y del riesgo para los derechos y libertades del interesado. El responsable y el encargado pueden optar por basarse en un contrato individual o en cláusulas contractuales tipo que adopte directamente la Comisión o que primero adopte una autoridad de control de conformidad con el mecanismo de coherencia y posteriormente la Comisión. Una vez finalizado el tratamiento por cuenta del responsable, el encargado debe, a elección de aquel, devolver o suprimir los datos personales, salvo que el Derecho de la Unión o de los Estados miembros aplicable al encargado del tratamiento obligue a conservar los datos.

(82) Para demostrar la conformidad con el presente Reglamento, el responsable o el encargado del tratamiento debe mantener registros de las actividades de tratamiento bajo su responsabilidad. Todos los responsables y encargados están obligados a cooperar con la autoridad de control y a poner a su disposición, previa solicitud, dichos registros, de modo que puedan servir para supervisar las operaciones de tratamiento.

(83) A fin de mantener la seguridad y evitar que el tratamiento infrinja lo dispuesto en el presente Reglamento, el responsable o el encargado deben evaluar los riesgos inherentes al tratamiento y aplicar medidas para mitigarlos, como el cifrado. Estas medidas deben garantizar un nivel de seguridad adecuado, incluida la confidencialidad, teniendo en cuenta el estado de la técnica y el coste de su aplicación con respecto a los riesgos y la naturaleza de los datos personales que deban protegerse. Al evaluar el riesgo en relación con la seguridad de los datos, se deben tener en cuenta los riesgos que se derivan del tratamiento de los datos personales, como la destrucción, pérdida o alteración accidental o ilícita de datos personales transmitidos, conservados o tratados de otra forma, o la comunicación o acceso no autorizados a dichos datos, susceptibles en particular de ocasionar daños y perjuicios físicos, materiales o inmateriales.

(84) A fin de mejorar el cumplimiento del presente Reglamento en aquellos casos en los que sea probable que las operaciones de tratamiento entrañen un alto riesgo para los derechos y libertades de las personas físicas, debe incumbir al responsable del tratamiento la realización de una evaluación de impacto relativa a la protección de datos, que evalúe, en particular, el origen, la naturaleza, la particularidad y la gravedad de dicho riesgo. El resultado de la evaluación debe tenerse en cuenta cuando se decidan las medidas adecuadas que deban tomarse con el fin de demostrar que el tratamiento de los datos personales es conforme con el presente Reglamento. Si una evaluación de impacto relativa a la protección de datos muestra que las operaciones de tratamiento entrañan un alto riesgo que el responsable no puede mitigar con medidas adecuadas en términos de tecnología disponible y costes de aplicación, debe consultarse a la autoridad de control antes del tratamiento.

(85) Si no se toman a tiempo medidas adecuadas, las violaciones de la seguridad de los datos personales pueden entrañar daños y perjuicios físicos, materiales o inmateriales para las personas físicas, como pérdida de control sobre sus datos personales o restricción de sus derechos, discriminación, usurpación de identidad, pérdidas financieras, reversión no autorizada de la seudonimización, daño para la reputación, pérdida de confidencialidad de datos sujetos al secreto profesional, o cualquier otro perjuicio económico o social significativo para la persona física en cuestión. Por consiguiente, tan pronto como el responsable del tratamiento tenga conocimiento de que se ha producido una violación de la seguridad de los datos personales, el responsable debe, sin dilación indebida y, de ser posible, a más tardar 72 horas después de que haya tenido constancia de ella, notificar la violación de la seguridad de los datos personales a la autoridad de control competente, a menos que el responsable pueda demostrar, atendiendo al principio de responsabilidad proactiva, la improbabilidad de que la violación de la seguridad de los datos personales entrañe un riesgo para los derechos y las libertades de las personas físicas. Si dicha notificación no es posible en el plazo de 72 horas, debe acompañarse de una indicación de los motivos de la dilación, pudiendo facilitarse información por fases sin más dilación indebida.

(86) El responsable del tratamiento debe comunicar al interesado sin dilación indebida la violación de la seguridad de los datos personales en caso de que puede entrañar un alto riesgo para sus derechos y libertades, y permitirle tomar las precauciones necesarias. La comunicación debe describir la naturaleza de la violación de la seguridad de los datos personales y las recomendaciones para que la persona física afectada mitigue los potenciales efectos adversos resultantes de la violación. Dichas comunicaciones a los interesados deben realizarse tan pronto como sea razonablemente posible y en estrecha cooperación con la autoridad de control, siguiendo sus orientaciones o las de otras autoridades competentes, como las autoridades policiales. Así, por ejemplo, la necesidad de mitigar un riesgo de daños y perjuicios inmediatos justificaría una rápida comunicación con los interesados, mientras que cabe justificar que la comunicación lleve más tiempo por la necesidad de aplicar medidas adecuadas para impedir violaciones de la seguridad de los datos personales continuas o similares.

(87) Debe verificarse si se ha aplicado toda la protección tecnológica adecuada y se han tomado las medidas organizativas oportunas para determinar de inmediato si se ha producido una violación de la seguridad de los datos personales y para informar sin dilación a la autoridad de control y al interesado. Debe verificarse que la notificación se ha realizado sin dilación indebida teniendo en cuenta, en particular, la naturaleza y gravedad de la violación de la seguridad de los datos personales y sus consecuencias y efectos adversos para el interesado. Dicha notificación puede resultar en una intervención de la autoridad de control de conformidad con las funciones y poderes que establece el presente Reglamento.

(88) Al establecer disposiciones de aplicación sobre el formato y los procedimientos aplicables a la notificación de las violaciones de la seguridad de los datos personales, hay que tener debidamente en cuenta las circunstancias de tal violación, inclusive si los datos personales habían sido protegidos mediante las medidas técnicas de protección adecuadas, limitando eficazmente la probabilidad de usurpación de identidad u otras formas de uso indebido. Asimismo, estas normas y procedimientos deben tener en cuenta los intereses legítimos de las autoridades policiales en caso de que una comunicación prematura pueda obstaculizar innecesariamente la investigación de las circunstancias de una violación de la seguridad de los datos personales.

(89) La Directiva 95/46/CE estableció la obligación general de notificar el tratamiento de datos personales a las autoridades de control. Pese a implicar cargas administrativas y financieras, dicha obligación, sin embargo, no contribuyó en todos los casos a mejorar la protección de los datos personales. Por tanto, estas obligaciones generales de notificación indiscriminada deben eliminarse y sustituirse por procedimientos y mecanismos eficaces que se centren, en su lugar, en los tipos de operaciones de tratamiento que, por su naturaleza, alcance, contexto y fines, entrañen probablemente un alto riesgo para los derechos y libertades de las personas físicas. Estos tipos de operaciones de tratamiento pueden ser, en particular, las que implican el uso de nuevas tecnologías, o son de una nueva clase y el responsable del tratamiento no ha realizado previamente una evaluación de impacto relativa a la protección de datos, o si resultan necesarias visto el tiempo transcurrido desde el tratamiento inicial.

(90) En tales casos, el responsable debe llevar a cabo, antes del tratamiento, una evaluación de impacto relativa a la protección de datos con el fin de valorar la particular gravedad y probabilidad del alto riesgo, teniendo en cuenta la naturaleza, ámbito, contexto y fines del tratamiento y los orígenes del riesgo. Dicha evaluación de impacto debe incluir, en particular, las medidas, garantías y mecanismos previstos para mitigar el riesgo, garantizar la protección de los datos personales y demostrar la conformidad con el presente Reglamento.

(91) Lo anterior debe aplicarse, en particular, a las operaciones de tratamiento a gran escala que persiguen tratar una cantidad considerable de datos personales a nivel regional, nacional o supranacional y que podrían afectar a un gran número de interesados y entrañen probablemente un alto riesgo, por ejemplo, debido a su sensibilidad, cuando, en función del nivel de conocimientos técnicos alcanzado, se haya utilizado una nueva tecnología a gran escala y a otras operaciones de tratamiento que entrañan un alto riesgo para los derechos y libertades de los interesados, en particular cuando estas operaciones hace más difícil para los interesados el ejercicio de sus derechos. La evaluación de impacto relativa a la protección de datos debe realizarse también en los casos en los que se tratan datos personales para adoptar decisiones relativas a personas físicas concretas a raíz de una evaluación

sistemática y exhaustiva de aspectos personales propios de personas físicas, basada en la elaboración de perfiles de dichos datos o a raíz del tratamiento de categorías especiales de datos personales, datos biométricos o datos sobre condenas e infracciones penales o medidas de seguridad conexas. También es necesaria una evaluación de impacto relativa a la protección de datos para el control de zonas de acceso público a gran escala, en particular cuando se utilicen dispositivos optoelectrónicos o para cualquier otro tipo de operación cuando la autoridad de control competente considere que el tratamiento entrañe probablemente un alto riesgo para los derechos y libertades de los interesados, en particular porque impida a los interesados ejercer un derecho o utilizar un servicio o ejecutar un contrato, o porque se efectúe sistemáticamente a gran escala. El tratamiento de datos personales no debe considerarse a gran escala si lo realiza, respecto de datos personales de pacientes o clientes, un solo médico, otro profesional de la salud o abogado. En estos casos, la evaluación de impacto de la protección de datos no debe ser obligatoria.

(92) Hay circunstancias en las que puede ser razonable y económico que una evaluación de impacto relativa a la protección de datos abarque más de un único proyecto, por ejemplo, en el caso de que las autoridades u organismos públicos prevean crear una aplicación o plataforma común de tratamiento, o si varios responsables proyecten introducir una aplicación o un entorno de tratamiento común en un sector o segmento empresarial o para una actividad horizontal de uso generalizado.

(93) Los Estados miembros, al adoptar el Derecho en el que se basa el desempeño de las funciones de la autoridad pública o el organismo público y que regula la operación o el conjunto de operaciones de tratamiento en cuestión, pueden considerar necesario llevar a cabo dicha evaluación con carácter previo a las actividades de tratamiento.

(94) Debe consultarse a la autoridad de control antes de iniciar las actividades de tratamiento si una evaluación de impacto relativa a la protección de datos muestra que, en ausencia de garantías, medidas de seguridad y mecanismos destinados a mitigar los riesgos, el tratamiento entrañaría un alto riesgo para los derechos y libertades de las personas físicas, y el responsable del tratamiento considera que el riesgo no puede mitigarse por medios razonables en cuanto a tecnología disponible y costes de aplicación. Existe la probabilidad de que ese alto riesgo se deba a determinados tipos de tratamiento y al alcance y frecuencia de este, lo que también puede ocasionar daños y perjuicios o una injerencia en los derechos y libertades de la persona física. La autoridad de control debe responder a la solicitud de consulta dentro de un plazo determinado. Sin embargo, la ausencia de respuesta de la autoridad de control dentro de dicho plazo no debe obstar a cualquier intervención de dicha autoridad basada en las funciones y poderes que le atribuye el presente Reglamento, incluido el poder de prohibir operaciones de tratamiento. Como parte de dicho proceso de consulta, se puede presentar a la autoridad de control el resultado de una evaluación de impacto relativa a la protección de datos efectuada en relación con el tratamiento en cuestión, en particular las medidas previstas para mitigar los riesgos para los derechos y libertades de las personas físicas.

(95) El encargado del tratamiento debe asistir al responsable cuando sea necesario y a petición suya, a fin de asegurar que se cumplen las obligaciones que se derivan de la realización de las evaluaciones de impacto relativas a la protección de datos y de la consulta previa a la autoridad de control.

(96) Deben llevarse también a cabo consultas con la autoridad de control en el curso de la tramitación de una medida legislativa o reglamentaria que establezca el tratamiento de datos personales, a fin de garantizar la conformidad del tratamiento previsto con el presente Reglamento y, en particular, de mitigar el riesgo que implique el tratamiento para el interesado.

(97) Al supervisar la observancia interna del presente Reglamento, el responsable o el encargado del tratamiento debe contar con la ayuda de una persona con conocimientos especializados del Derecho y la práctica en materia de protección de datos si el tratamiento lo realiza una autoridad pública, a excepción de los tribunales u otras autoridades judiciales independientes en el ejercicio de su función judicial, si el tratamiento lo realiza en el sector privado un responsable cuyas actividades principales consisten en operaciones de tratamiento a gran escala que requieren un seguimiento habitual y sistemático de los interesados, o si las actividades principales del responsable o del encargado consisten en el tratamiento a

gran escala de categorías especiales de datos personales y de datos relativos a condenas e infracciones penales. En el sector privado, las actividades principales de un responsable están relacionadas con sus actividades primarias y no están relacionadas con el tratamiento de datos personales como actividades auxiliares. El nivel de conocimientos especializados necesario se debe determinar, en particular, en función de las operaciones de tratamiento de datos que se lleven a cabo y de la protección exigida para los datos personales tratados por el responsable o el encargado. Tales delegados de protección de datos, sean o no empleados del responsable del tratamiento, deben estar en condiciones de desempeñar sus funciones y cometidos de manera independiente.

(98) Se debe incitar a las asociaciones u otros organismos que representen a categorías de responsables o encargados a que elaboren códigos de conducta, dentro de los límites fijados por el presente Reglamento, con el fin de facilitar su aplicación efectiva, teniendo en cuenta las características específicas del tratamiento llevado a cabo en determinados sectores y las necesidades específicas de las microempresas y las pequeñas y medianas empresas. Dichos códigos de conducta podrían en particular establecer las obligaciones de los responsables y encargados, teniendo en cuenta el riesgo probable para los derechos y libertades de las personas físicas que se derive del tratamiento.

(99) Al elaborar un código de conducta, o al modificar o ampliar dicho código, las asociaciones y otros organismos que representan a categorías de responsables o encargados deben consultar a las partes interesadas, incluidos los interesados cuando sea posible, y tener en cuenta las consideraciones transmitidas y las opiniones manifestadas en respuesta a dichas consultas.

(100) A fin de aumentar la transparencia y el cumplimiento del presente Reglamento, debe fomentarse el establecimiento de mecanismos de certificación y sellos y marcas de protección de datos, que permitan a los interesados evaluar con mayor rapidez el nivel de protección de datos de los productos y servicios correspondientes.

(101) Los flujos transfronterizos de datos personales a, y desde, países no pertenecientes a la Unión y organizaciones internacionales son necesarios para la expansión del comercio y la cooperación internacionales. El aumento de estos flujos plantea nuevos retos e inquietudes en lo que respecta a la protección de los datos de carácter personal. No obstante, si los datos personales se transfieren de la Unión a responsables, encargados u otros destinatarios en terceros países o a organizaciones internacionales, esto no debe menoscabar el nivel de protección de las personas físicas garantizado en la Unión por el presente Reglamento, ni siquiera en las transferencias ulteriores de datos personales desde el tercer país u organización internacional a responsables y encargados en el mismo u otro tercer país u organización internacional. En todo caso, las transferencias a terceros países y organizaciones internacionales solo pueden llevarse a cabo de plena conformidad con el presente Reglamento. Una transferencia solo podría tener lugar si, a reserva de las demás disposiciones del presente Reglamento, el responsable o encargado cumple las disposiciones del presente Reglamento relativas a la transferencia de datos personales a terceros países u organizaciones internacionales.

(102) El presente Reglamento se entiende sin perjuicio de los acuerdos internacionales celebrados entre la Unión y terceros países que regulan la transferencia de datos personales, incluidas las oportunas garantías para los interesados. Los Estados miembros pueden celebrar acuerdos internacionales que impliquen la transferencia de datos personales a terceros países o a organizaciones internacionales siempre que dichos acuerdos no afecten al presente Reglamento ni a ninguna otra disposición del Derecho de la Unión e incluyan un nivel adecuado de protección de los derechos fundamentales de los interesados.

(103) La Comisión puede decidir, con efectos para toda la Unión, que un tercer país, un territorio o un sector específico de un tercer país, o una organización internacional ofrece un nivel de protección de datos adecuado, aportando de esta forma en toda la Unión seguridad y uniformidad jurídicas en lo que se refiere al tercer país u organización internacional que se considera ofrece tal nivel de protección. En estos casos, se pueden realizar transferencias de datos personales a estos países sin que se requiera obtener otro tipo de autorización. La Comisión también puede decidir revocar esa decisión, previo aviso y completa declaración motivada al tercer país u organización internacional.

II

(104) En consonancia con los valores fundamentales en los que se basa la Unión, en particular la protección de los derechos humanos, la Comisión, en su evaluación del tercer país, o de un territorio o un sector específico de un tercer país, debe tener en cuenta de qué manera respeta un determinado tercer país respeta el Estado de Derecho, el acceso a la justicia y las normas y criterios internacionales en materia de derechos humanos y su Derecho general y sectorial, incluida la legislación relativa a la seguridad pública, la defensa y la seguridad nacional, así como el orden público y el Derecho penal. En la adopción de una decisión de adecuación con respecto a un territorio o un sector específico de un tercer país se deben tener en cuenta criterios claros y objetivos, como las actividades concretas de tratamiento y el alcance de las normas jurídicas aplicables y la legislación vigente en el tercer país. El tercer país debe ofrecer garantías que aseguren un nivel adecuado de protección equivalente en lo esencial al ofrecido en la Unión, en particular cuando los datos personales son objeto de tratamiento en uno o varios sectores específicos. En particular, el tercer país debe garantizar que haya un control verdaderamente independiente de la protección de datos y establecer mecanismos de cooperación con las autoridades de protección de datos de los Estados miembros, así como reconocer a los interesados derechos efectivos y exigibles y acciones administrativas y judiciales efectivas.

(105) Aparte de los compromisos internacionales adquiridos por el tercer país u organización internacional, la Comisión debe tener en cuenta las obligaciones resultantes de la participación del tercer país u organización internacional en sistemas multilaterales o regionales, en particular en relación con la protección de los datos personales, y el cumplimiento de esas obligaciones. En particular, debe tenerse en cuenta la adhesión del país al Convenio del Consejo de Europa, de 28 de enero de 1981, para la protección de las personas con respecto al tratamiento automatizado de datos de carácter personal y su Protocolo adicional. La Comisión debe consultar al Comité al evaluar el nivel de protección existente en terceros países u organizaciones internacionales.

(106) La Comisión debe supervisar la aplicación de las decisiones sobre el nivel de protección en un país tercero, un territorio o un sector específico de un país tercero, o una organización internacional, y la aplicación las decisiones adoptadas sobre la base del artículo 25, apartado 6, o el artículo 26, apartado 4, de la Directiva 95/46/CE. En sus decisiones de adecuación, la Comisión debe establecer un mecanismo para la revisión periódica de su aplicación. Dicha revisión periódica debe realizarse en colaboración con el tercer país u organización internacional de que se trate y tener en cuenta todos los cambios en la materia que se produzcan en dicho tercer país u organización internacional. A efectos de la supervisión y realización de las revisiones periódicas, la Comisión debe tomar en consideración las opiniones y conclusiones del Parlamento Europeo y del Consejo, así como de otros organismos y fuentes pertinentes. La Comisión debe evaluar, en un plazo razonable, la aplicación de dichas decisiones e informar de cualquier conclusión pertinente al Comité que, en el sentido del Reglamento (UE) n.° 182/2011 del Parlamento Europeo y del Consejo (12), establece el presente Reglamento, y al Parlamento Europeo y el Consejo.

(107) La Comisión puede reconocer que un tercer país, un territorio o sector específico en un tercer país, o una organización internacional ya no garantiza un nivel de protección de datos adecuado. En consecuencia, debe prohibirse la transferencia de datos personales a dicho tercer país u organización internacional, salvo que se cumplan los requisitos del presente Reglamento relativos a las transferencias basadas en garantías adecuadas, incluidas las normas corporativas vinculantes, y a las excepciones aplicadas a situaciones específicas. En ese caso, debe establecerse la celebración de consultas entre la Comisión y esos terceros países u organizaciones internacionales. La Comisión debe informar en tiempo oportuno al tercer país u organización internacional de las razones y entablar consultas a fin de subsanar la situación.

(108) En ausencia de una decisión por la que se constate la adecuación de la protección de los datos, el responsable o el encargado del tratamiento deben tomar medidas para compensar la falta de protección de datos en un tercer país mediante garantías adecuadas para el interesado. Tales garantías adecuadas pueden consistir en el recurso a normas corporativas vinculantes, a cláusulas tipo de protección de datos adoptadas por la Comisión o por una autoridad de control, o a cláusulas contractuales autorizadas por una autoridad de control. Esas garantías deben asegurar la observancia de requisitos de protección de datos y derechos de los interesados adecuados al tratamiento dentro de la Unión, incluida la disponibilidad por parte de los interesados de derechos exigibles y de acciones legales efectivas, lo que incluye el derecho a obtener una reparación administrativa o judicial efectiva y a reclamar una indemnización, en la Unión o en un tercer país. En particular, deben referirse al cumplimiento de los principios generales relativos al tratamiento de los datos personales y los principios de la protección de datos desde el diseño y por defecto. Las transferencias también pueden realizarlas autoridades o entidades públicas con entidades o autoridades públicas de terceros países o con organizaciones internacionales con competencias o funciones correspondientes, igualmente sobre la base de disposiciones incorporadas a acuerdos administrativos, como un memorando de entendimiento, que reconozcan derechos exigibles y efectivos a los interesados. Si las garantías figuran en acuerdos administrativos que no sean jurídicamente vinculantes se debe recabar la autorización de la autoridad de control competente.

(109) La posibilidad de que el responsable o el encargado del tratamiento recurran a cláusulas tipo de protección de datos adoptadas por la Comisión o una autoridad de control no debe obstar a que los responsables o encargados incluyan las cláusulas tipo de protección de datos en un contrato más amplio, como un contrato entre dos encargados, o a que añadan otras cláusulas o garantías adicionales, siempre que no contradigan, directa o indirectamente, las cláusulas contractuales tipo adoptadas por la Comisión o por una autoridad de control, ni mermen los derechos o las libertades fundamentales de los interesados. Se debe alentar a los responsables y encargados del tratamiento a ofrecer garantías adicionales mediante compromisos contractuales que complementen las cláusulas tipo de protección de datos.

(110) Todo grupo empresarial o unión de empresas dedicadas a una actividad económica conjunta debe tener la posibilidad de invocar normas corporativas vinculantes autorizadas para sus transferencias internacionales de la Unión a organizaciones dentro del mismo grupo empresarial o unión de empresas dedicadas a una actividad económica conjunta, siempre que tales normas corporativas incorporen todos los principios esenciales y derechos aplicables con el fin de ofrecer garantías adecuadas para las transferencias o categorías de transferencias de datos de carácter personal.

(111) Se debe establecer la posibilidad de realizar transferencias en determinadas circunstancias, de mediar el consentimiento explícito del interesado, si la transferencia es ocasional y necesaria en relación con un contrato o una reclamación, independientemente de tratarse de un procedimiento judicial o un procedimiento administrativo o extrajudicial, incluidos los procedimientos ante organismos reguladores. También se debe establecer la posibilidad de realizar transferencias cuando así lo requieran razones importantes de interés público establecidas por el Derecho de la Unión o de los Estados miembros, o cuando la transferencia se haga a partir de un registro establecido por ley y se destine a consulta por el público o por personas que tengan un interés legítimo. En este último caso la transferencia no debe afectar a la totalidad de los datos personales o de las categorías de datos incluidos en el registro y, cuando el registro esté destinado a su consulta por personas que tengan un interés legítimo, la transferencia solo debe efectuarse a petición de dichas personas o, si estas van a ser las destinatarias, teniendo plenamente en cuenta los intereses y los derechos fundamentales del interesado.

(112) Dichas excepciones deben aplicarse en particular a las transferencias de datos requeridas y necesarias por razones importantes de interés público, por ejemplo en caso de intercambios internacionales de datos entre autoridades en el ámbito de la competencia, administraciones fiscales o aduaneras, entre autoridades de supervisión financiera, entre servicios competentes en materia de seguridad social o de sanidad pública, por ejemplo en caso contactos destinados a localizar enfermedades contagiosas o para reducir y/o eliminar el dopaje en el deporte. La transferencia de datos personales también debe considerarse lícita en caso de que sea necesaria para proteger un interés esencial para los intereses vitales del interesado o de otra persona, incluida la integridad física o la vida, si el interesado no está en condiciones de dar su consentimiento. En ausencia de una decisión de adecuación, el Derecho de la Unión o de los Estados miembros puede limitar expresamente, por razones importantes de interés público, la transferencia de categorías específicas de datos a un tercer país o a una organización internacional. Los Estados miembros deben notificar esas disposiciones a la Comisión. Puede considerarse necesaria, por una razón importante de interés público o por ser de interés vital para el interesado, toda transferencia a una organización internacional humanitaria de datos personales de un interesado que no tenga capacidad física o jurídica para dar su consentimiento, con el fin de desempeñar un cometido basado en las Convenciones de Ginebra o de conformarse al Derecho internacional humanitario aplicable en caso de conflictos armados.

(113) Las transferencias que pueden calificarse de no repetitivas y sólo se refieren a un número limitado de interesados, también han de ser posibles en caso de servir a intereses legítimos imperiosos del responsable del tratamiento, si no prevalecen sobre ellos los intereses o los derechos y libertades del interesado y el responsable ha evaluado todas las circunstancias concurrentes en la transferencia de datos. El responsable debe prestar especial atención a la naturaleza de los datos personales, la finalidad y la duración de la operación o las operaciones de tratamiento propuestas, así como la situación en el país de origen, el tercer país y el país de destino final, y ofrecer, garantías apropiadas para proteger los derechos fundamentales y las libertades de las personas físicas con respecto al tratamiento de sus datos personales. Dichas transferencias sólo deben ser posibles en casos aislados, cuando ninguno de los otros motivos para la transferencia sean aplicables. Las legítimas expectativas de la sociedad en un aumento del conocimiento se deben tener en cuenta para fines de investigación científica o histórica o fines estadísticos. El responsable debe informar de la transferencia a la autoridad de control y al interesado.

(114) En cualquier caso, cuando la Comisión no haya tomado ninguna decisión sobre el nivel adecuado de la protección de datos en un tercer país, el responsable o el encargado del tratamiento deben arbitrar soluciones que garanticen a los interesados derechos exigibles y efectivos con respecto al tratamiento de sus datos en la Unión, una vez transferidos estos, de forma que sigan beneficiándose de derechos fundamentales y garantías.

(115) Algunos países terceros adoptan leyes, reglamentaciones y otros actos jurídicos con los que se pretende regular directamente las actividades de tratamiento de personas físicas y jurídicas bajo jurisdicción de los Estados miembros. Esto puede incluir sentencias de órganos jurisdiccionales o decisiones de autoridades administrativas de terceros países que obliguen a un responsable o un encargado del tratamiento a transferir o comunicar datos personales, y que no se basen en un acuerdo internacional, como un tratado de asistencia judicial mutua, en vigor entre el tercer país requirente y la Unión o un Estado miembro. La aplicación extraterritorial de dichas leyes, reglamentaciones y otros actos jurídicos puede ser contraria al Derecho internacional e impedir la protección de las personas físicas garantizada en la Unión en virtud del presente Reglamento. Las transferencias solo deben autorizarse cuando se cumplan las condiciones del presente Reglamento relativas a las transferencias a terceros países. Tal puede ser el caso, entre otros, cuando la comunicación sea necesaria por una razón importante de interés público reconocida por el Derecho de la Unión o de los Estados miembros aplicable al responsable del tratamiento.

(116) Cuando los datos personales circulan a través de las fronteras hacia el exterior de la Unión se puede poner en mayor riesgo la capacidad de las personas físicas para ejercer los derechos de protección de datos, en particular con el fin de protegerse contra la utilización o comunicación ilícitas de dicha información. Al mismo tiempo, es posible que las autoridades de control se vean en la imposibilidad de tramitar reclamaciones o realizar investigaciones relativas a actividades desarrolladas fuera de sus fronteras. Sus esfuerzos por colaborar en el contexto transfronterizo también pueden verse obstaculizados por poderes preventivos o correctivos insuficientes, regímenes jurídicos incoherentes y obstáculos prácticos, como la escasez de recursos. Por consiguiente, es necesario fomentar una cooperación más estrecha entre las autoridades de control encargadas de la protección de datos para ayudarlas a intercambiar información y a llevar a cabo investigaciones con sus homólogos internacionales. A fin de desarrollar mecanismos de cooperación internacional que faciliten y proporcionen asistencia internacional mutua en la ejecución de legislación en materia de protección de datos personales, la Comisión y las autoridades de control deben intercambiar información y cooperar en actividades relativas al ejercicio de sus competencias con las autoridades competentes de terceros países, sobre la base de la reciprocidad y de conformidad con el presente Reglamento.

(117) El establecimiento en los Estados miembros de autoridades de control capacitadas para desempeñar sus funciones y ejercer sus competencias con plena independencia constituye un elemento esencial de la protección de las personas físicas con respecto al

tratamiento de datos de carácter personal. Los Estados miembros deben tener la posibilidad de establecer más de una autoridad de control, a fin de reflejar su estructura constitucional, organizativa y administrativa.

(118) La independencia de las autoridades de control no debe significar que dichas autoridades puedan quedar exentas de mecanismos de control o supervisión en relación con sus gastos financieros, o de control judicial.

(119) Si un Estado miembro establece varias autoridades de control, debe disponer por ley mecanismos que garanticen la participación efectiva de dichas autoridades de control en el mecanismo de coherencia. Tal Estado miembro debe, en particular, designar a la autoridad de control que actuará como punto de contacto único de cara a la participación efectiva de dichas autoridades en el citado mecanismo, garantizando así una cooperación rápida y fluida con otras autoridades de control, el Comité y la Comisión.

(120) Todas las autoridades de control deben estar dotadas de los recursos financieros y humanos, los locales y las infraestructuras que sean necesarios para la realización eficaz de sus funciones, en particular las relacionadas con la asistencia recíproca y la cooperación con otras autoridades de control de la Unión. Cada autoridad de control debe disponer de un presupuesto anual público propio, que podrá formar parte del presupuesto general del Estado o de otro ámbito nacional.

(121) Las condiciones generales aplicables al miembro o los miembros de la autoridad de control deben establecerse por ley en cada Estado miembro y disponer, en particular, que dichos miembros han de ser nombrados, por un procedimiento transparente, por el Parlamento, el Gobierno o el jefe de Estado del Estado miembro, a propuesta del Gobierno, de un miembro del Gobierno o del Parlamento o una de sus cámaras, o por un organismo independiente encargado del nombramiento en virtud del Derecho de los Estados miembros. A fin de garantizar la independencia de la autoridad de control, sus miembros deben actuar con integridad, abstenerse de cualquier acción que sea incompatible con sus funciones y no participar, mientras dure su mandato, en ninguna actividad profesional incompatible, sea o no remunerada. La autoridad de control debe tener su propio personal, seleccionado por esta o por un organismo independiente establecido por el Derecho de los Estados miembros, que esté subordinado exclusivamente al miembro o los miembros de la autoridad de control.

(122) Cada autoridad de control debe ser competente, en el territorio de su Estado miembro, para ejercer los poderes y desempeñar las funciones que se le confieran de conformidad con el presente Reglamento. Lo anterior debe abarcar, en particular, el tratamiento en el contexto de las actividades de un establecimiento del responsable o del encargado en el territorio de su Estado miembro, el tratamiento de datos personales realizado por autoridades públicas o por organismos privados que actúen en interés público, el tratamiento que afecte a interesados en su territorio, o el tratamiento realizado por un responsable o un encargado que no esté establecido en la Unión cuando sus destinatarios sean interesados residentes en su territorio. Debe incluirse el examen de reclamaciones presentadas por un interesado, la realización de investigaciones sobre la aplicación del presente Reglamento y el fomento de la sensibilización del público acerca de los riesgos, las normas, las garantías y los derechos en relación con el tratamiento de datos personales.

(123) A fin de proteger a las personas físicas con respecto al tratamiento de sus datos personales y de facilitar la libre circulación de los datos personales en el mercado interior, las autoridades de control deben supervisar la aplicación de las disposiciones adoptadas de conformidad con el presente Reglamento y contribuir a su aplicación coherente en toda la Unión. A tal efecto, las autoridades de control deben cooperar entre ellas y con la Comisión, sin necesidad de acuerdo alguno entre Estados miembros sobre la prestación de asistencia mutua ni sobre dicha cooperación.

(124) Si el tratamiento de datos personales se realiza en el contexto de las actividades de un establecimiento de un responsable o un encargado en la Unión y el responsable o el encargado está establecido en más de un Estado miembro, o si el tratamiento en el contexto de las actividades de un único establecimiento de un responsable o un encargado en la Unión afecta o es probable que afecte sustancialmente a interesados en más de un Estado miembro, la autoridad de control del establecimiento principal o del único establecimiento del responsable o del encargado debe actuar como autoridad principal. Dicha autoridad debe cooperar con las demás autoridades interesadas, ya sea porque el responsable o el encargado tenga un establecimiento en el territorio de su Estado miembro, porque afecte sustancialmente a interesados que residen en su territorio, o porque se haya presentado una reclamación ante ellas. Asimismo, cuando un interesado que no resida en ese Estado miembro haya presentado una reclamación, la autoridad de control ante la que se haya presentado esta también debe ser autoridad de control interesada. En el marco de sus funciones de formulación de directrices sobre cualquier cuestión relacionada con la aplicación del presente Reglamento, el Comité debe estar facultado para formular directrices, en particular sobre los criterios que han de tenerse en cuenta para determinar si el tratamiento en cuestión afecta sustancialmente a interesados de más de un Estado miembro y sobre lo que constituya una objeción pertinente y motivada.

(125) La autoridad principal debe ser competente para adoptar decisiones vinculantes relativas a las medidas de aplicación de los poderes conferidos con arreglo al presente Reglamento. En su calidad de autoridad principal, la autoridad de control debe implicar estrechamente y coordinar a las autoridades de control interesadas en el proceso de toma de decisiones. En los casos en los que la decisión consista en rechazar total o parcialmente la reclamación del interesado, esa decisión debe ser adoptada por la autoridad de control ante la que se haya presentado la reclamación.

(126) La decisión debe ser acordada conjuntamente por la autoridad de control principal y las autoridades de control interesadas y debe dirigirse al establecimiento principal o único del responsable o del encargado del tratamiento y ser vinculante para ambos. El responsable o el encargado deben tomar las medidas necesarias para garantizar el cumplimiento del presente Reglamento y la aplicación de la decisión notificada por la autoridad de control principal al establecimiento principal del responsable o del encargado en lo que se refiere a las actividades de tratamiento en la Unión.

(127) Cada autoridad de control que no actúa como autoridad principal debe ser competente para tratar asuntos locales en los que, si bien el responsable o el encargado del tratamiento está establecido en más de un Estado miembro, el objeto del tratamiento específico se refiere exclusivamente al tratamiento efectuado en un único Estado miembro y afecta exclusivamente a interesados de ese único Estado miembro, por ejemplo cuando el tratamiento tiene como objeto datos personales de empleados en el contexto específico de empleo de un Estado miembro. En tales casos, la autoridad de control debe informar sin dilación al respecto a la autoridad de control principal. Una vez informada, la autoridad de control principal debe decidir si tratará el asunto de acuerdo con la disposición aplicable a la cooperación entre la autoridad de control principal y otras autoridades de control interesadas («mecanismo de ventanilla única»), o si lo debe tratar localmente la autoridad de control que le haya informado. Al decidir si trata el asunto, la autoridad de control principal debe considerar si existe un establecimiento del responsable o del encargado en el Estado miembro de la autoridad de control que le haya informado, con el fin de garantizar la ejecución efectiva de la decisión respecto del responsable o encargado del tratamiento. Si la autoridad de control principal decide tratar el asunto, se debe ofrecer a la autoridad de control informante la posibilidad de presentar un proyecto de decisión, que la autoridad de control principal ha de tener en cuenta en la mayor medida posible al preparar su proyecto de decisión al amparo del mecanismo de ventanilla única.

(128) Las normas sobre la autoridad de control principal y el mecanismo de ventanilla única no deben aplicarse cuando el tratamiento sea realizado por autoridades públicas u organismos privados en interés público. En tales casos, la única autoridad de control competente para ejercer los poderes conferidos con arreglo al presente Reglamento debe ser la autoridad de control del Estado miembro en el que estén establecidos la autoridad pública o el organismo privado.

(129) Para garantizar la supervisión y ejecución coherentes del presente Reglamento en toda la Unión, las autoridades de control deben tener en todos los Estados miembros las mismas funciones y poderes efectivos, incluidos poderes de investigación, poderes correctivos y sancionadores, y poderes de autorización y consultivos, especialmente en casos de reclamaciones de personas físicas, y sin perjuicio de las competencias de las autoridades encargadas de la persecución de los delitos con arreglo al Derecho de los Estados miem-

bros para poner en conocimiento de las autoridades judiciales las infracciones del presente Reglamento y ejercitar acciones judiciales. Dichos poderes deben incluir también el poder de imponer una limitación temporal o definitiva al tratamiento, incluida su prohibición. Los Estados miembros pueden especificar otras funciones relacionadas con la protección de datos personales con arreglo al presente Reglamento. Los poderes de las autoridades de control deben ejercerse de conformidad con garantías procesales adecuadas establecidas en el Derecho de la Unión y los Estados miembros, de forma imparcial, equitativa y en un plazo razonable. En particular, toda medida debe ser adecuada, necesaria y proporcionada con vistas a garantizar el cumplimiento del presente Reglamento, teniendo en cuenta las circunstancias de cada caso concreto, respetar el derecho de todas las personas a ser oídas antes de que se adopte cualquier medida que las afecte negativamente y evitar costes superfluos y molestias excesivas para las personas afectadas. Los poderes de investigación en lo que se refiere al acceso a instalaciones deben ejercerse de conformidad con los requisitos específicos del Derecho procesal de los Estados miembros, como el de la autorización judicial previa. Toda medida jurídicamente vinculante de la autoridad de control debe constar por escrito, ser clara e inequívoca, indicar la autoridad de control que dictó la medida y la fecha en que se dictó, llevar la firma del director o de un miembro de la autoridad de control autorizado por este, especificar los motivos de la medida y mencionar el derecho a la tutela judicial efectiva. Esto no debe obstar a que se impongan requisitos adicionales con arreglo al Derecho procesal de los Estados miembros. La adopción de una decisión jurídicamente vinculante implica que puede ser objeto de control judicial en el Estado miembro de la autoridad de control que adoptó la decisión.

(130) Cuando la autoridad de control ante la cual se haya presentado la reclamación no sea la autoridad de control principal, esta última debe cooperar estrechamente con la primera con arreglo a las disposiciones sobre cooperación y coherencia establecidas en el presente Reglamento. En tales casos, la autoridad de control principal, al tomar medidas concebidas para producir efectos jurídicos, incluida la imposición de multas administrativas, debe tener en cuenta en la mayor medida posible la opinión de la autoridad de control ante la cual se haya presentado la reclamación y la cual debe seguir siendo competente para realizar cualquier investigación en el territorio de su propio Estado miembro en enlace con la autoridad de control competente.

(131) En casos en los que otra autoridad de control deba actuar como autoridad de control principal para las actividades de tratamiento del responsable o del encargado pero el objeto concreto de una reclamación o la posible infracción afecta únicamente a las actividades de tratamiento del responsable o del encargado en el Estado miembro en el que se haya presentado la reclamación o detectado la posible infracción y el asunto no afecta sustancialmente ni es probable que afecte sustancialmente a interesados de otros Estados miembros, la autoridad de control que reciba una reclamación o que detecte situaciones que conlleven posibles infracciones del presente Reglamento o reciba de otra manera información sobre estas debe tratar de llegar a un arreglo amistoso con el responsable del tratamiento y, si no prospera, ejercer todos sus poderes. En lo anterior se debe incluir el tratamiento específico realizado en el territorio del Estado miembro de la autoridad de control o con respecto a interesados en el territorio de dicho Estado miembro; el tratamiento efectuado en el contexto de una oferta de bienes o servicios destinada específicamente a interesados en el territorio del Estado miembro de la autoridad de control; o el tratamiento que deba evaluarse teniendo en cuenta las obligaciones legales pertinentes en virtud del Derecho de los Estados miembros.

(132) Entre las actividades de sensibilización del público por parte de las autoridades de control deben incluirse medidas específicas dirigidas a los responsables y los encargados del tratamiento, incluidas las microempresas y las pequeñas y medianas empresas, así como las personas físicas, en particular en el contexto educativo.

(133) Las autoridades de control se deben ayudar una a otra en el desempeño de sus funciones y prestar asistencia mutua, con el fin de garantizar la aplicación y ejecución coherentes del presente Reglamento en el mercado interior. Una autoridad de control que solicite asistencia mutua puede adoptar una medida provisional si no recibe respuesta a su solicitud de asistencia en el plazo de un mes a partir de su recepción por la otra autoridad de control.

(134) Cada autoridad de control debe participar, cuando proceda, en operaciones conjuntas con otras autoridades de control. La autoridad de control a la que se solicite ayuda debe tener la obligación de responder a la solicitud en un plazo de tiempo determinado.

(135) A fin de garantizar la aplicación coherente del presente Reglamento en toda la Unión, debe establecerse un mecanismo de coherencia para la cooperación entre las autoridades de control. Este mecanismo debe aplicarse en particular cuando una autoridad de control prevea adoptar una medida dirigida a producir efectos jurídicos en lo que se refiere a operaciones de tratamiento que afecten sustancialmente a un número significativo de interesados en varios Estados miembros. También debe aplicarse cuando cualquier autoridad de control interesada o la Comisión soliciten que dicho asunto se trate al amparo del mecanismo de coherencia. Dicho mecanismo debe entenderse sin perjuicio de cualesquiera medidas que la Comisión pueda adoptar en el ejercicio de sus poderes con arreglo a los Tratados.

(136) En aplicación del mecanismo de coherencia, el Comité debe, en un plazo determinado, emitir un dictamen, si así lo decide una mayoría de sus miembros o si así lo solicita cualquier autoridad de control interesada o la Comisión. El Comité también debe estar facultado para adoptar decisiones jurídicamente vinculantes en caso de diferencias entre autoridades de control. A tal efecto debe dictar, en principio por mayoría de dos tercios de sus miembros, decisiones jurídicamente vinculantes en casos claramente especificados en los que exista conflicto de opiniones entre las autoridades de control, en particular en el mecanismo de cooperación entre la autoridad de control principal y las autoridades de control interesadas sobre el fondo del asunto, especialmente en caso de infracción del presente Reglamento.

(137) La necesidad urgente de actuar puede obedecer a la necesidad de proteger los derechos y libertades de los interesados, en particular cuando exista el riesgo de que pueda verse considerablemente obstaculizado el reconocimiento de alguno de sus derechos. Por lo tanto, una autoridad de control debe poder adoptar en su territorio medidas provisionales, debidamente justificadas, con un plazo de validez determinado no superior a tres meses.

(138) La aplicación de tal mecanismo debe ser una condición para la licitud de una medida de una autoridad de control destinada a producir efectos jurídicos, en aquellos casos en los que su aplicación sea obligatoria. En otros casos de relevancia transfronteriza, la autoridad de control principal y las autoridades de control interesadas deben aplicar entre sí el mecanismo de cooperación, y las autoridades de control interesadas pueden prestarse asistencia mutua y realizar entre sí operaciones conjuntas, sobre una base bilateral o multilateral, sin tener que aplicarlo.

(139) A fin de fomentar la aplicación coherente del presente Reglamento, el Comité debe constituirse como organismo independiente de la Unión. Para cumplir sus objetivos, el Comité debe tener personalidad jurídica. Su presidente debe ostentar su representación. El Comité debe sustituir al Grupo de protección de las personas en lo que respecta al tratamiento de datos personales creado por la Directiva 95/46/CE. Debe estar compuesto por el director de una autoridad de control de cada Estado miembro y el Supervisor Europeo de Protección de Datos, o por sus respectivos representantes. La Comisión debe participar en las actividades del Comité sin derecho a voto y se deben reconocer derechos de voto específicos al Supervisor Europeo de Protección de Datos. El Comité debe contribuir a la aplicación coherente del presente Reglamento en toda la Unión, entre otras cosas asesorando a la Comisión, en particular sobre el nivel de protección en terceros países u organizaciones internacionales, y fomentando la cooperación de las autoridades de control en toda la Unión. El Comité debe actuar con independencia en el cumplimiento de sus funciones.

(140) El Comité debe contar con una secretaría, a cargo el Supervisor Europeo de Protección de Datos. El personal del Supervisor Europeo de Protección de Datos que participe en la realización de las funciones conferidas al Comité por el presente Reglamento debe desempeñar sus funciones siguiendo exclusivamente las instrucciones del presidente del Comité y responder ante él.

(141) Todo interesado debe tener derecho a presentar una reclamación ante una autoridad de control única, en particular en el Estado miembro de su residencia habitual, y derecho a la tutela judicial efectiva de conformidad con el artículo 47 de la Carta si considera que se vulneran sus derechos con arreglo al presente Reglamento o en caso de que la autoridad de control no responda a una reclamación, rechace o desestime total o parcialmente una reclamación o no actúe cuando sea necesario para proteger los derechos del interesado. La investigación a raíz de una reclamación debe llevarse a cabo, bajo control judicial, si procede en el caso concreto. La autoridad de control debe informar al interesado de la evolución y el resultado de la reclamación en un plazo razonable. Si el asunto requiere una mayor investigación o coordinación con otra autoridad de control, se debe facilitar información intermedia al interesado. Para facilitar la presentación de reclamaciones, cada autoridad de control debe adoptar medidas como el suministro de un formulario de reclamaciones, que pueda cumplimentarse también por medios electrónicos, sin excluir otros medios de comunicación.

(142) El interesado que considere vulnerados los derechos reconocidos por el presente Reglamento debe tener derecho a conferir mandato a una entidad, organización o asociación sin ánimo de lucro que esté constituida con arreglo al Derecho de un Estado miembro, tenga objetivos estatutarios que sean de interés público y actúe en el ámbito de la protección de los datos personales, para que presente en su nombre una reclamación ante la autoridad de control, ejerza el derecho a la tutela judicial en nombre de los interesados o, si así lo establece el Derecho del Estado miembro, ejerza el derecho a recibir una indemnización en nombre de estos. Un Estado miembro puede reconocer a tal entidad, organización o asociación el derecho a presentar en él una reclamación con independencia del mandato de un interesado y el derecho a la tutela judicial efectiva, cuando existan motivos para creer que se han vulnerado los derechos de un interesado como consecuencia de un tratamiento de datos personales que sea contrario al presente Reglamento. Esa entidad, organización o asociación no puede estar autorizada a reclamar una indemnización en nombre de un interesado al margen del mandato de este último.

(143) Toda persona física o jurídica tiene derecho a interponer ante el Tribunal de Justicia recurso de anulación de decisiones del Comité, en las condiciones establecidas en el artículo 263 del TFUE. Como destinatarias de dichas decisiones, las autoridades de control interesadas que quieran impugnarlas tienen que interponer recurso en el plazo de dos meses a partir del momento en que les fueron notificadas, de conformidad con el artículo 263 del TFUE. En caso de que las decisiones del Comité afecten directa e individualmente a un responsable, un encargado o al reclamante, estos pueden interponer recurso de anulación de dichas decisiones en el plazo de dos meses a partir de su publicación en el sitio web del Comité, de conformidad con el artículo 263 del TFUE. Sin perjuicio de lo dispuesto en el artículo 263 del TFUE, toda persona física o jurídica debe tener derecho a la tutela judicial efectiva ante el tribunal nacional competente contra las decisiones de una autoridad de control que produzcan efectos jurídicos que le afecten. Tales decisiones se refieren en particular al ejercicio de los poderes de investigación, corrección y autorización por parte de la autoridad de control o a la desestimación o rechazo de reclamaciones. No obstante, el derecho a la tutela judicial efectiva no incluye medidas adoptadas por las autoridades de control que no sean jurídicamente vinculantes, como los dictámenes publicados o el asesoramiento facilitado por ellas. Las acciones contra una autoridad de control deben ejercitarse ante los tribunales del Estado miembro en el que esté establecida y tramitarse con arreglo al Derecho procesal de dicho Estado miembro. Dichos tribunales deben tener plena jurisdicción, incluida la competencia para examinar todos los elementos de hecho y de Derecho relativos a la causa de la que conozcan.

Si una autoridad de control rechaza o desestima una reclamación, el reclamante puede ejercitar una acción ante los tribunales del mismo Estado miembro. En el contexto de las acciones judiciales relacionadas con la aplicación del presente Reglamento, los tribunales nacionales que estimen necesaria una decisión al respecto para poder emitir su fallo pueden, o en el caso establecido en el artículo 267 del TFUE, deben solicitar al Tribunal de Justicia que se pronuncie con carácter prejudicial sobre la interpretación del Derecho de la Unión, incluido el presente Reglamento. Además, si una decisión de una autoridad de control por la que se ejecuta una decisión del Comité se impugna ante un tribunal nacional y se cuestiona la validez de la decisión del Comité, dicho tribunal nacional no es competente para declarar inválida la decisión del Comité, sino que, si la considera inválida, tiene que remitir la cuestión de la validez al Tribunal de Justicia de conformidad con el artículo 267 del TFUE, según la interpretación de este. No obstante, un tribunal nacional puede no remitir la cuestión de la validez de la decisión del Comité a instancia de una persona física o jurídica

II

que, habiendo tenido la oportunidad de interponer recurso de anulación de dicha decisión, en particular si dicha decisión la afectaba directa e individualmente, no lo hizo en el plazo establecido en el artículo 263 del TFUE.

(144) Si un tribunal ante el cual se ejercitaron acciones contra una decisión de una autoridad de control tiene motivos para creer que se ejercitaron acciones ante un tribunal competente de otro Estado miembro relativas al mismo tratamiento, como tener el mismo asunto con respecto a un tratamiento por el mismo responsable o encargado, o la misma causa de la acción, debe ponerse en contacto con ese tribunal para confirmar la existencia de tales acciones conexas. Si dichas acciones conexas están pendientes ante un tribunal de otro Estado miembro, cualquier otro tribunal distinto de aquel ante el cual se ejercitó la acción en primer lugar puede suspender el procedimiento o, a instancia de una de las partes, inhibirse a favor del tribunal ante el cual se ejercitó la acción en primer lugar si este último es competente para su conocimiento y su acumulación es conforme a Derecho. Se consideran conexas las acciones vinculadas entre sí por una relación tan estrecha que procede tramitarlas y resolverlas conjuntamente a fin de evitar resoluciones que podrían ser incompatibles si se sustanciaran como causas separadas.

(145) Por lo que respecta a las acciones contra los responsables o encargados del tratamiento, el reclamante debe tener la opción de ejercitarlas ante los tribunales de los Estados miembros en los que el responsable o el encargado tenga un establecimiento o resida el interesado, a menos que el responsable sea una autoridad pública de un Estado miembro que actúe en el ejercicio de poderes públicos.

(146) El responsable o el encargado del tratamiento debe indemnizar cualesquiera daños y perjuicios que pueda sufrir una persona como consecuencia de un tratamiento en infracción del presente Reglamento. El responsable o el encargado deben quedar exentos de responsabilidad si se demuestra que en modo alguno son responsables de los daños y perjuicios. El concepto de daños y perjuicios debe interpretarse en sentido amplio a la luz de la jurisprudencia del Tribunal de Justicia, de tal modo que se respeten plenamente los objetivos del presente Reglamento. Lo anterior se entiende sin perjuicio de cualquier reclamación por daños y perjuicios derivada de la vulneración de otras normas del Derecho de la Unión o de los Estados miembros. Un tratamiento en infracción del presente Reglamento también incluye aquel tratamiento que infringe actos delegados y de ejecución adoptados de conformidad con el presente Reglamento y el Derecho de los Estados miembros que especifique las normas del presente Reglamento. Los interesados deben recibir una indemnización total y efectiva por los daños y perjuicios sufridos. Si los responsables o encargados participan en el mismo tratamiento, cada responsable o encargado debe ser considerado responsable de la totalidad de los daños y perjuicios. No obstante, si se acumulan en la misma causa de conformidad con el Derecho de los Estados miembros, la indemnización puede prorratearse en función de la responsabilidad de cada responsable o encargado por los daños y perjuicios causados por el tratamiento, siempre que se garantice la indemnización total y efectiva del interesado que sufrió los daños y perjuicios. Todo responsable o encargado que haya abonado la totalidad de la indemnización puede interponer recurso posteriormente contra otros responsables o encargados que hayan participado en el mismo tratamiento.

(147) En los casos en que el presente Reglamento contiene normas específicas sobre competencia judicial, en particular por lo que respecta a las acciones que tratan de obtener satisfacción por la vía judicial, incluida la indemnización, contra un responsable o encargado del tratamiento, las normas generales de competencia judicial como las establecidas en el Reglamento (UE) n.º 1215/2012 del Parlamento Europeo y del Consejo (13) deben entenderse sin perjuicio de la aplicación de dichas normas específicas.

(148) A fin de reforzar la aplicación de las normas del presente Reglamento, cualquier infracción de este debe ser castigada con sanciones, incluidas multas administrativas, con carácter adicional a medidas adecuadas impuestas por la autoridad de control en virtud del presente Reglamento, o en sustitución de estas. En caso de infracción leve, o si la multa que probablemente se impusiera constituyese una carga desproporcionada para una persona física, en lugar de sanción mediante multa puede imponerse un apercibimiento. Debe no obstante prestarse especial atención a la naturaleza, gravedad y duración de la infracción, a su carácter intencional, a las medidas tomadas para paliar los daños y perjuicios sufridos, al grado de responsabilidad o a cualquier infracción anterior pertinente, a la forma en que

la autoridad de control haya tenido conocimiento de la infracción, al cumplimiento de medidas ordenadas contra el responsable o encargado, a la adhesión a códigos de conducta y a cualquier otra circunstancia agravante o atenuante. La imposición de sanciones, incluidas las multas administrativas, debe estar sujeta a garantías procesales suficientes conforme a los principios generales del Derecho de la Unión y de la Carta, entre ellas el derecho a la tutela judicial efectiva y a un proceso con todas las garantías.

(149) Los Estados miembros deben tener la posibilidad de establecer normas en materia de sanciones penales por infracciones del presente Reglamento, incluidas las infracciones de normas nacionales adoptadas con arreglo a él y dentro de sus límites. Dichas sanciones penales pueden asimismo autorizar la privación de los beneficios obtenidos en infracción del presente Reglamento. No obstante, la imposición de sanciones penales por infracciones de dichas normas nacionales y de sanciones administrativas no debe entrañar la vulneración del principio *ne bis in idem*, según la interpretación del Tribunal de Justicia.

(150) A fin de reforzar y armonizar las sanciones administrativas por infracción del presente Reglamento, cada autoridad de control debe estar facultada para imponer multas administrativas. El presente Reglamento debe indicar las infracciones así como el límite máximo y los criterios para fijar las correspondientes multas administrativas, que la autoridad de control competente debe determinar en cada caso individual teniendo en cuenta todas las circunstancias concurrentes en él, atendiendo en particular a la naturaleza, gravedad y duración de la infracción y sus consecuencias y a las medidas tomadas para garantizar el cumplimiento de las obligaciones impuestas por el presente Reglamento e impedir o mitigar las consecuencias de la infracción. Si las multas administrativas se imponen a una empresa, por tal debe entenderse una empresa con arreglo a los artículos 101 y 102 del TFUE. Si las multas administrativas se imponen a personas que no son una empresa, la autoridad de control debe tener en cuenta al valorar la cuantía apropiada de la multa el nivel general de ingresos prevaleciente en el Estado miembro así como la situación económica de la persona. El mecanismo de coherencia también puede emplearse para fomentar una aplicación coherente de las multas administrativas. Debe corresponder a los Estados miembros determinar si y en qué medida se debe imponer multas administrativas a las autoridades públicas. La imposición de una multa administrativa o de una advertencia no afecta al ejercicio de otras competencias de las autoridades de control ni a la aplicación de otras sanciones al amparo del presente Reglamento.

(151) Los ordenamientos jurídicos de Dinamarca y Estonia no permiten las multas administrativas según lo dispuesto en el presente Reglamento. Las normas sobre multas administrativas pueden ser aplicadas en Dinamarca de tal manera que la multa sea impuesta por los tribunales nacionales competentes en cuanto sanción penal, y en Estonia de tal manera que la multa sea impuesta por la autoridad de control en el marco de un juicio de faltas, siempre que tal aplicación de las normas en dichos Estados miembros tenga un efecto equivalente a las multas administrativas impuestas por las autoridades de control. Por lo tanto los tribunales nacionales competentes deben tener en cuenta la recomendación de la autoridad de control que incoe la multa. En todo caso, las multas impuestas deben ser efectivas, proporcionadas y disuasorias.

(152) En los casos en que el presente Reglamento no armoniza las sanciones administrativas, o en otros casos en que se requiera, por ejemplo en casos de infracciones graves del presente Reglamento, los Estados miembros deben aplicar un sistema que establezca sanciones efectivas, proporcionadas y disuasorias. La naturaleza de dichas sanciones, ya sea penal o administrativa, debe ser determinada por el Derecho de los Estados miembros.

(153) El Derecho de los Estados miembros debe conciliar las normas que rigen la libertad de expresión e información, incluida la expresión periodística, académica, artística o literaria, con el derecho a la protección de los datos personales con arreglo al presente Reglamento. El tratamiento de datos personales con fines exclusivamente periodísticos o con fines de expresión académica, artística o literaria debe estar sujeto a excepciones o exenciones de determinadas disposiciones del presente Reglamento si así se requiere para conciliar el derecho a la protección de los datos personales con el derecho a la libertad de expresión y de información consagrado en el artículo 11 de la Carta. Esto debe aplicarse en particular al tratamiento de datos personales en el ámbito audiovisual y en los archivos de noticias y hemerotecas. Por tanto, los Estados miembros deben adoptar medidas legislati-

vas que establezcan las exenciones y excepciones necesarias para equilibrar estos derechos fundamentales. Los Estados miembros deben adoptar tales exenciones y excepciones con relación a los principios generales, los derechos del interesado, el responsable y el encargado del tratamiento, la transferencia de datos personales a terceros países u organizaciones internacionales, las autoridades de control independientes, la cooperación y la coherencia, y las situaciones específicas de tratamiento de datos. Si dichas exenciones o excepciones difieren de un Estado miembro a otro debe regir el Derecho del Estado miembro que sea aplicable al responsable del tratamiento. A fin de tener presente la importancia del derecho a la libertad de expresión en toda sociedad democrática, es necesario que nociones relativas a dicha libertad, como el periodismo, se interpreten en sentido amplio.

(154) El presente Reglamento permite que, al aplicarlo, se tenga en cuenta el principio de acceso del público a los documentos oficiales. El acceso del público a documentos oficiales puede considerarse de interés público. Los datos personales de documentos que se encuentren en poder de una autoridad pública o un organismo público deben poder ser comunicados públicamente por dicha autoridad u organismo si así lo establece el Derecho de la Unión o los Estados miembros aplicable a dicha autoridad u organismo. Ambos Derechos deben conciliar el acceso del público a documentos oficiales y la reutilización de la información del sector público con el derecho a la protección de los datos personales y, por tanto, pueden establecer la necesaria conciliación con el derecho a la protección de los datos personales de conformidad con el presente Reglamento. La referencia a autoridades y organismos públicos debe incluir, en este contexto, a todas las autoridades u otros organismos a los que se aplica el Derecho de los Estados miembros sobre el acceso del público a documentos. La Directiva 2003/98/CE del Parlamento Europeo y del Consejo (14) no altera ni afecta en modo alguno al nivel de protección de las personas físicas con respecto al tratamiento de datos personales con arreglo a las disposiciones del Derecho de la Unión y los Estados miembros y, en particular, no altera las obligaciones ni los derechos establecidos en el presente Reglamento. En concreto, dicha Directiva no debe aplicarse a los documentos a los que no pueda accederse o cuyo acceso esté limitado en virtud de regímenes de acceso por motivos de protección de datos personales, ni a partes de documentos accesibles en virtud de dichos regímenes que contengan datos personales cuya reutilización haya quedado establecida por ley como incompatible con el Derecho relativo a la protección de las personas físicas con respecto al tratamiento de los datos personales.

(155) El Derecho de los Estados miembros o los convenios colectivos, incluidos los «convenios de empresa», pueden establecer normas específicas relativas al tratamiento de datos personales de los trabajadores en el ámbito laboral, en particular en relación con las condiciones en las que los datos personales en el contexto laboral pueden ser objeto de tratamiento sobre la base del consentimiento del trabajador, los fines de la contratación, la ejecución del contrato laboral, incluido el cumplimiento de las obligaciones establecidas por la ley o por convenio colectivo, la gestión, planificación y organización del trabajo, la igualdad y seguridad en el lugar de trabajo, la salud y seguridad en el trabajo, así como a los fines del ejercicio y disfrute, sea individual o colectivo, de derechos y prestaciones relacionados con el empleo y a efectos de la rescisión de la relación laboral.

(156) El tratamiento de datos personales con fines de archivo en interés público, fines de investigación científica o histórica o fines estadísticos debe estar supeditado a unas garantías adecuadas para los derechos y libertades del interesado de conformidad con el presente Reglamento. Esas garantías deben asegurar que se aplican medidas técnicas y organizativas para que se observe, en particular, el principio de minimización de los datos. El tratamiento ulterior de datos personales con fines de archivo en interés público, fines de investigación científica o histórica o fines estadísticos ha de efectuarse cuando el responsable del tratamiento haya evaluado la viabilidad de cumplir esos fines mediante un tratamiento de datos que no permita identificar a los interesados, o que ya no lo permita, siempre que existan las garantías adecuadas (como, por ejemplo, la seudonimización de datos). Los Estados miembros deben establecer garantías adecuadas para el tratamiento de datos personales con fines de archivo en interés público, fines de investigación científica o histórica o fines estadísticos. Debe autorizarse que los Estados miembros establezcan, bajo condiciones específicas y a reserva de garantías adecuadas para los interesados, especificaciones y excepciones con respecto a los requisitos de información y los derechos de rectificación, de supresión, al olvido, de limitación del tratamiento, a la portabilidad de los datos y de oposición, cuando se traten datos personales con fines de archivo en interés público, fines de investigación científica e histórica o fines estadísticos. Las condiciones y garantías en cuestión pueden conllevar procedimientos específicos para que los interesados ejerzan dichos derechos si resulta adecuado a la luz de los fines perseguidos por el tratamiento específico, junto con las medidas técnicas y organizativas destinadas a minimizar el tratamiento de datos personales atendiendo a los principios de proporcionalidad y necesidad. El tratamiento de datos personales con fines científicos también debe observar otras normas pertinentes, como las relativas a los ensayos clínicos.

(157) Combinando información procedente de registros, los investigadores pueden obtener nuevos conocimientos de gran valor sobre condiciones médicas extendidas, como las enfermedades cardiovasculares, el cáncer y la depresión. Partiendo de registros, los resultados de las investigaciones pueden ser más sólidos, ya que se basan en una población mayor. Dentro de las ciencias sociales, la investigación basada en registros permite que los investigadores obtengan conocimientos esenciales acerca de la correlación a largo plazo, con otras condiciones de vida, de diversas condiciones sociales, como el desempleo y la educación. Los resultados de investigaciones obtenidos de registros proporcionan conocimientos sólidos y de alta calidad que pueden servir de base para la concepción y ejecución de políticas basada en el conocimiento, mejorar la calidad de vida de numerosas personas y mejorar la eficiencia de los servicios sociales. Para facilitar la investigación científica, los datos personales pueden tratarse con fines científicos, a reserva de condiciones y garantías adecuadas establecidas en el Derecho de la Unión o de los Estados miembros.

(158) El presente Reglamento también debe aplicarse al tratamiento de datos personales realizado con fines de archivo, teniendo presente que no debe se de aplicación a personas fallecidas. Las autoridades públicas o los organismos públicos o privados que llevan registros de interés público deben ser servicios que están obligados, con arreglo al Derecho de la Unión o de los Estados miembros, a adquirir, mantener, evaluar, organizar, describir, comunicar, promover y difundir registros de valor perdurable para el interés público general y facilitar acceso a ellos. Los Estados miembros también deben estar autorizados a establecer el tratamiento ulterior de datos personales con fines de archivo, por ejemplo a fin de ofrecer información específica relacionada con el comportamiento político bajo antiguos regímenes de Estados totalitarios, el genocidio, los crímenes contra la humanidad, en particular el Holocausto, o los crímenes de guerra.

(159) El presente Reglamento también debe aplicarse al tratamiento datos personales que se realice con fines de investigación científica. El tratamiento de datos personales con fines de investigación científica debe interpretarse, a efectos del presente Reglamento, de manera amplia, que incluya, por ejemplo, el desarrollo tecnológico y la demostración, la investigación fundamental, la investigación aplicada y la investigación financiada por el sector privado. Además, debe tener en cuenta el objetivo de la Unión establecido en el artículo 179, apartado 1, del TFUE de realizar un espacio europeo de investigación. Entre los fines de investigación científica también se deben incluir los estudios realizados en interés público en el ámbito de la salud pública. Para cumplir las especificidades del tratamiento de datos personales con fines de investigación científica deben aplicarse condiciones específicas, en particular en lo que se refiere a la publicación o la comunicación de otro modo de datos personales en el contexto de fines de investigación científica. Si el resultado de la investigación científica, en particular en el ámbito de la salud, justifica otras medidas en beneficio del interesado, las normas generales del presente Reglamento deben aplicarse teniendo en cuenta tales medidas.

(160) El presente Reglamento debe aplicarse asimismo al tratamiento datos personales que se realiza con fines de investigación histórica. Esto incluye asimismo la investigación histórica y la investigación para fines genealógicos, teniendo en cuenta que el presente Reglamento no es de aplicación a personas fallecidas.

(161) Al objeto de otorgar el consentimiento para la participación en actividades de investigación científica en ensayos clínicos, deben aplicarse las disposiciones pertinentes del Reglamento (UE) n.º 536/2014 del Parlamento Europeo y del Consejo (15).

(162) El presente Reglamento debe aplicarse al tratamiento de datos personales con fines estadísticos. El contenido estadístico, el control de accesos, las especificaciones para el tratamiento de datos personales con fines estadísticos y las medidas adecuadas para salvaguardar los derechos y las libertades de los interesados y garantizar la confidencialidad estadística deben ser establecidos, dentro de los límites del presente Reglamento, por el Derecho de la Unión o de los Estados miembros. Por fines estadísticos se entiende cualquier operación de recogida y tratamiento de datos personales necesarios para encuestas estadísticas o para la producción de resultados estadísticos. Estos resultados estadísticos pueden además utilizarse con diferentes fines, incluidos fines de investigación científica. El fin estadístico implica que el resultado del tratamiento con fines estadísticos no sean datos personales, sino datos agregados, y que este resultado o los datos personales no se utilicen para respaldar medidas o decisiones relativas a personas físicas concretas.

(163) Debe protegerse la información confidencial que las autoridades estadísticas de la Unión y nacionales recojan para la elaboración de las estadísticas oficiales europeas y nacionales. Las estadísticas europeas deben desarrollarse, elaborarse y difundirse con arreglo a los principios estadísticos fijados en el artículo 338, apartado 2, del TFUE, mientras que las estadísticas nacionales deben cumplir asimismo el Derecho de los Estados miembros. El Reglamento (CE) n.º 223/2009 del Parlamento Europeo y del Consejo (16) facilita especificaciones adicionales sobre la confidencialidad estadística aplicada a las estadísticas europeas.

(164) Por lo que respecta a los poderes de las autoridades de control para obtener del responsable o del encargado del tratamiento acceso a los datos personales y a sus locales, los Estados miembros pueden adoptar por ley, dentro de los límites fijados por el presente Reglamento, normas específicas con vistas a salvaguardar el deber de secreto profesional u obligaciones equivalentes, en la medida necesaria para conciliar el derecho a la protección de los datos personales con el deber de secreto profesional. Lo anterior se entiende sin perjuicio de las obligaciones existentes para los Estados miembros de adoptar normas sobre el secreto profesional cuando así lo exija el Derecho de la Unión.

(165) El presente Reglamento respeta y no prejuzga el estatuto reconocido en los Estados miembros, en virtud del Derecho constitucional, a las iglesias y las asociaciones o comunidades religiosas, tal como se reconoce en el artículo 17 del TFUE.

(166) A fin de cumplir los objetivos del presente Reglamento, a saber, proteger los derechos y las libertades fundamentales de las personas físicas y, en particular, su derecho a la protección de los datos personales, y garantizar la libre circulación de los datos personales en la Unión, debe delegarse en la Comisión el poder de adoptar actos de conformidad con el artículo 290 del TFUE. En particular, deben adoptarse actos delegados en relación con los criterios y requisitos para los mecanismos de certificación, la información que debe presentarse mediante iconos normalizados y los procedimientos para proporcionar dichos iconos. Reviste especial importancia que la Comisión lleve a cabo las consultas oportunas durante la fase preparatoria, en particular con expertos. Al preparar y redactar los actos delegados, la Comisión debe garantizar la transmisión simultánea, oportuna y apropiada de los documentos pertinentes al Parlamento Europeo y al Consejo.

(167) A fin de garantizar condiciones uniformes de ejecución del presente Reglamento, deben conferirse a la Comisión competencias de ejecución cuando así lo establezca el presente Reglamento. Dichas competencias deben ejercerse de conformidad con el Reglamento (UE) n.º 182/2011 del Parlamento Europeo y del Consejo. En este contexto, la Comisión debe considerar la adopción de medidas específicas para las microempresas y las pequeñas y medianas empresas.

(168) El procedimiento de examen debe seguirse para la adopción de actos de ejecución sobre cláusulas contractuales tipo entre responsables y encargados del tratamiento y entre responsables del tratamiento; códigos de conducta; normas técnicas y mecanismos de certificación; el nivel adecuado de protección ofrecido por un tercer país, un territorio o un sector específico en ese tercer país, o una organización internacional; cláusulas tipo de protección; formatos y procedimientos para el intercambio de información entre responsables, encargados y autoridades de control respecto de normas corporativas vinculantes; asistencia mutua; y modalidades de intercambio de información por medios electrónicos entre las autoridades de control, y entre las autoridades de control y el Comité.

(169) La Comisión debe adoptar actos de ejecución inmediatamente aplicables cuando las pruebas disponibles muestren que un tercer país, un territorio o un sector específico en ese tercer país, o una organización internacional no garantizan un nivel de protección adecuado y así lo requieran razones imperiosas de urgencia.

(170) Dado que el objetivo del presente Reglamento, a saber, garantizar un nivel equivalente de protección de las personas físicas y la libre circulación de datos personales en la Unión Europea, no puede ser alcanzado de manera suficiente por los Estados miembros, sino que, debido a las dimensiones o los efectos de la acción, puede lograrse mejor a escala de la Unión, esta puede adoptar medidas, de acuerdo con el principio de subsidiariedad establecido en el artículo 5 del Tratado de la Unión Europea (TUE). De conformidad con el principio de proporcionalidad establecido en el mismo artículo, el presente Reglamento no excede de lo necesario para alcanzar dicho objetivo.

(171) La Directiva 95/46/CE debe ser derogada por el presente Reglamento. Todo tratamiento ya iniciado en la fecha de aplicación del presente Reglamento debe ajustarse al presente Reglamento en el plazo de dos años a partir de la fecha de su entrada en vigor. Cuando el tratamiento se base en el consentimiento de conformidad con la Directiva 95/46/CE, no es necesario que el interesado dé su consentimiento de nuevo si la forma en que se dio el consentimiento se ajusta a las condiciones del presente Reglamento, a fin de que el responsable pueda continuar dicho tratamiento tras la fecha de aplicación del presente Reglamento. Las decisiones de la Comisión y las autorizaciones de las autoridades de control basadas en la Directiva 95/46/CE permanecen en vigor hasta que sean modificadas, sustituidas o derogadas.

(172) De conformidad con el artículo 28, apartado 2, del Reglamento (CE) n.º 45/2001, se consultó al Supervisor Europeo de Protección de Datos, y éste emitió su dictamen el 7 de marzo de 2012 (17).

(173) El presente Reglamento debe aplicarse a todas las cuestiones relativas a la protección de los derechos y las libertades fundamentales en relación con el tratamiento de datos personales que no están sujetas a obligaciones específicas con el mismo objetivo establecidas en la Directiva 2002/58/CE del Parlamento Europeo y del Consejo (18), incluidas las obligaciones del responsable del tratamiento y los derechos de las personas físicas. Para aclarar la relación entre el presente Reglamento y la Directiva 2002/58/CE, esta última debe ser modificada en consecuencia. Una vez que se adopte el presente Reglamento, debe revisarse la Directiva 2002/58/CE, en particular con objeto de garantizar la coherencia con el presente Reglamento.

Considerandos (27), (158) y (160): Ver art. 3 LOPDGDD.

HAN ADOPTADO EL PRESENTE REGLAMENTO:

CAPÍTULO I
Disposiciones generales

ART. 1. Objeto

1. El presente Reglamento establece las normas relativas a la protección de las personas físicas en lo que respecta al tratamiento de los datos personales y las normas relativas a la libre circulación de tales datos.

2. El presente Reglamento protege los derechos y libertades fundamentales de las personas físicas y, en particular, su derecho a la protección de los datos personales.

3. La libre circulación de los datos personales en la Unión no podrá ser restringida ni prohibida por motivos relacionados con la protección de las personas físicas en lo que respecta al tratamiento de datos personales.

Ver art. 1 LOPDGDD.

ART. 2. Ámbito de aplicación material

1. El presente Reglamento se aplica al tratamiento total o parcialmente automatizado de datos personales, así como al tratamiento no automatizado de datos personales contenidos o destinados a ser incluidos en un fichero.

2. El presente Reglamento no se aplica al tratamiento de datos personales:

a) en el ejercicio de una actividad no comprendida en el ámbito de aplicación del Derecho de la Unión;

b) por parte de los Estados miembros cuando lleven a cabo actividades comprendidas en el ámbito de aplicación del capítulo 2 del título V del TUE;

c) efectuado por una persona física en el ejercicio de actividades exclusivamente personales o domésticas;

d) por parte de las autoridades competentes con fines de prevención, investigación, detección o enjuiciamiento de infracciones penales, o de ejecución de sanciones penales, incluida la de protección frente a amenazas a la seguridad pública y su prevención.

3. El Reglamento (CE) n.º 45/2001 es de aplicación al tratamiento de datos de carácter personal por parte de las instituciones, órganos y organismos de la Unión. El Reglamento (CE) n.º 45/2001 y otros actos jurídicos de la Unión aplicables a dicho tratamiento de datos de carácter personal se adaptarán a los principios y normas del presente Reglamento de conformidad con su artículo 98.

4. El presente Reglamento se entenderá sin perjuicio de la aplicación de la Directiva 2000/31/CE, en particular sus normas relativas a la responsabilidad de los prestadores de servicios intermediarios establecidas en sus artículos 12 a 15.

Ver art. 2 LOPDGDD.

Apdo. 2: Ver art. 10 (Tratamiento de datos personales relativos a condenas e infracciones penales) RGPD; 22.5 LOPDGDD.

ART. 3. Ámbito territorial

1. El presente Reglamento se aplica al tratamiento de datos personales en el contexto de las actividades de un establecimiento del responsable o del encargado en la Unión, independientemente de que el tratamiento tenga lugar en la Unión o no.

2. El presente Reglamento se aplica al tratamiento de datos personales de interesados que se encuentren en la Unión por parte de un responsable o encargado no establecido en la Unión, cuando las actividades de tratamiento estén relacionadas con:

a) la oferta de bienes o servicios a dichos interesados en la Unión, independientemente de si a estos se les requiere su pago, o

b) el control de su comportamiento, en la medida en que este tenga lugar en la Unión.

3. El presente Reglamento se aplica al tratamiento de datos personales por parte de un responsable que no esté establecido en la Unión sino en un lugar en que el Derecho de los Estados miembros sea de aplicación en virtud del Derecho internacional público.

Apdo. 2: Ver arts. 27.1 y 40.3 RGPD; 30.1 LOPDGDD.

ART. 4. Definiciones

A efectos del presente Reglamento se entenderá por:

1) «datos personales»: toda información sobre una persona física identificada o identificable («el interesado»); se considerará persona física identificable toda persona cuya identidad pueda determinarse, directa o indirectamente, en particular mediante un identificador, como por ejemplo un nombre, un número de identificación, datos de localización, un identificador en línea o uno o varios elementos propios de la identidad física, fisiológica, genética, psíquica, económica, cultural o social de dicha persona;

2) «tratamiento»: cualquier operación o conjunto de operaciones realizadas sobre datos personales o conjuntos de datos personales, ya sea por procedimientos automatizados o no, como la recogida, registro, organización, estructuración, conservación, adaptación o modificación, extracción, consulta, utilización, comunicación por transmisión, difusión o cualquier otra forma de habilitación de acceso, cotejo o interconexión, limitación, supresión o destrucción;

3) «limitación del tratamiento»: el marcado de los datos de carácter personal conservados con el fin de limitar su tratamiento en el futuro;

4) «elaboración de perfiles»: toda forma de tratamiento automatizado de datos personales consistente en utilizar datos personales para evaluar determinados aspectos personales de una persona física, en particular para analizar o predecir aspectos relativos al rendimiento profesional, situación económica, salud, preferencias personales, intereses, fiabilidad, comportamiento, ubicación o movimientos de dicha persona física;

5) «seudonimización»: el tratamiento de datos personales de manera tal que ya no puedan atribuirse a un interesado sin utilizar información adicional, siempre que dicha información adicional figure por separado y esté sujeta a medidas técnicas y organizativas destinadas a garantizar que los datos personales no se atribuyan a una persona física identificada o identificable;

6) «fichero»: todo conjunto estructurado de datos personales, accesibles con arreglo a criterios determinados, ya sea centralizado, descentralizado o repartido de forma funcional o geográfica;

7) «responsable del tratamiento» o «responsable»: la persona física o jurídica, autoridad pública, servicio u otro organismo que, solo o junto con otros, determine los fines y medios del tratamiento; si el Derecho de la Unión o de los Estados miembros determina los fines y medios del tratamiento, el responsable del tratamiento o los criterios específicos para su nombramiento podrá establecerlos el Derecho de la Unión o de los Estados miembros;

8) «encargado del tratamiento» o «encargado»: la persona física o jurídica, autoridad pública, servicio u otro organismo que trate datos personales por cuenta del responsable del tratamiento;

9) «destinatario»: la persona física o jurídica, autoridad pública, servicio u otro organismo al que se comuniquen datos personales, se trate o no de un tercero. No obstante, no se considerarán destinatarios las autoridades públicas que puedan recibir datos personales en el marco de una investigación concreta de conformidad con el Derecho de la Unión o de los Estados miembros; el tratamiento de tales datos por dichas autoridades públicas será conforme con las normas en materia de protección de datos aplicables a los fines del tratamiento;

10) «tercero»: persona física o jurídica, autoridad pública, servicio u organismo distinto del interesado, del responsable del tratamiento, del encargado del tratamiento y de las personas autorizadas para tratar los datos personales bajo la autoridad directa del responsable o del encargado;

11) «consentimiento del interesado»: toda manifestación de voluntad libre, específica, informada e inequívoca por la que el interesado acepta, ya sea mediante una declaración o una clara acción afirmativa, el tratamiento de datos personales que le conciernen;

12) «violación de la seguridad de los datos personales»: toda violación de la seguridad que ocasione la destrucción, pérdida o alteración accidental o ilícita de datos personales transmitidos, conservados o tratados de otra forma, o la comunicación o acceso no autorizados a dichos datos;

13) «datos genéticos»: datos personales relativos a las características genéticas heredadas o adquiridas de una persona física que proporcionen una información única sobre la fisiología o la salud de esa persona, obtenidos en particular del análisis de una muestra biológica de tal persona;

14) «datos biométricos»: datos personales obtenidos a partir de un tratamiento técnico específico, relativos a las características físicas, fisiológicas o conductuales de una persona física que permitan o confirmen la identificación única de dicha persona, como imágenes faciales o datos dactiloscópicos;

15) «datos relativos a la salud»: datos personales relativos a la salud física o mental de una persona física, incluida la prestación de servicios de atención sanitaria, que revelen información sobre su estado de salud;

16) «establecimiento principal»:

a) en lo que se refiere a un responsable del tratamiento con establecimientos en más de un Estado miembro, el lugar de su administración central en la Unión, salvo que las decisiones sobre los fines y los medios del tratamiento se tomen en otro establecimiento del responsable en la Unión y este último establecimiento tenga el poder de hacer aplicar tales decisiones, en cuyo caso el establecimiento que haya adoptado tales decisiones se considerará establecimiento principal;

b) en lo que se refiere a un encargado del tratamiento con establecimientos en más de un Estado miembro, el lugar de su administración central en la Unión o, si careciera de esta, el establecimiento del encargado en la Unión en el que se realicen las principales actividades de tratamiento en el contexto de las actividades de un establecimiento del encargado en la medida en que el encargado esté sujeto a obligaciones específicas con arreglo al presente Reglamento;

17) «representante»: persona física o jurídica establecida en la Unión que, habiendo sido designada por escrito por el responsable o el encargado del tratamiento con arreglo al artículo 27, represente al responsable o al encargado en lo que respecta a sus respectivas obligaciones en virtud del presente Reglamento;

18) «empresa»: persona física o jurídica dedicada a una actividad económica, independientemente de su forma jurídica, incluidas las sociedades o asociaciones que desempeñen regularmente una actividad económica;

19) «grupo empresarial»: grupo constituido por una empresa que ejerce el control y sus empresas controladas;

20) «normas corporativas vinculantes»: las políticas de protección de datos personales asumidas por un responsable o encargado del tratamiento establecido en el territorio de un Estado miembro para transferencias o un conjunto de transferencias de datos personales a un responsable o encargado en uno o más países terceros, dentro de un grupo empresarial o una unión de empresas dedicadas a una actividad económica conjunta;

21) «autoridad de control»: la autoridad pública independiente establecida por un Estado miembro con arreglo a lo dispuesto en el artículo 51;

22) «autoridad de control interesada»: la autoridad de control a la que afecta el tratamiento de datos personales debido a que:

a) el responsable o el encargado del tratamiento está establecido en el territorio del Estado miembro de esa autoridad de control;

b) los interesados que residen en el Estado miembro de esa autoridad de control se ven sustancialmente afectados o es probable que se vean sustancialmente afectados por el tratamiento, o

c) se ha presentado una reclamación ante esa autoridad de control;

23) «tratamiento transfronterizo»:

a) el tratamiento de datos personales realizado en el contexto de las actividades de establecimientos en más de un Estado miembro de un responsable o un encargado del tratamiento en la Unión, si el responsable o el encargado está establecido en más de un Estado miembro, o

b) el tratamiento de datos personales realizado en el contexto de las actividades de un único establecimiento de un responsable o un encargado del tratamiento en la Unión, pero que afecta sustancialmente o es probable que afecte sustancialmente a interesados en más de un Estado miembro;

24) «objeción pertinente y motivada»: la objeción a una propuesta de decisión sobre la existencia o no de infracción del presente Reglamento, o sobre la conformidad con el presente Reglamento de acciones previstas en relación con el responsable o el encargado del tratamiento, que demuestre claramente la importancia de los riesgos que entraña el proyecto de decisión para los derechos y libertades fundamentales de los interesados y, en su caso, para la libre circulación de datos personales dentro de la Unión;

25) «servicio de la sociedad de la información»: todo servicio conforme a la definición del artículo 1, apartado 1, letra b), de la Directiva (UE) 2015/1535 del Parlamento Europeo y del Consejo (19);

26) «organización internacional»: una organización internacional y sus entes subordinados de Derecho internacional público o cualquier otro organismo creado mediante un acuerdo entre dos o más países o en virtud de tal acuerdo.

Apdo. 11: Ver art. 6 LOPDGDD.

CAPÍTULO II
Principios

ART. 5. Principios relativos al tratamiento

1. Los datos personales serán:

a) tratados de manera lícita, leal y transparente en relación con el interesado («licitud, lealtad y transparencia»);

b) recogidos con fines determinados, explícitos y legítimos, y no serán tratados ulteriormente de manera incompatible con dichos fines; de acuerdo con el artículo 89, apartado 1, el tratamiento ulterior de los datos personales con fines de archivo en interés público, fines de investigación científica e histórica o fines estadísticos no se considerará incompatible con los fines iniciales («limitación de la finalidad»);

c) adecuados, pertinentes y limitados a lo necesario en relación con los fines para los que son tratados («minimización de datos»);

d) exactos y, si fuera necesario, actualizados; se adoptarán todas las medidas razonables para que se supriman o rectifiquen sin dilación los datos personales que sean inexactos con respecto a los fines para los que se tratan («exactitud»);

e) mantenidos de forma que se permita la identificación de los interesados durante no más tiempo del necesario para los fines del tratamiento de los datos personales; los datos personales podrán conservarse durante períodos más largos siempre que se traten exclusivamente con fines de archivo en interés público, fines de investigación científica o histórica o fines estadísticos, de conformidad con el artículo 89, apartado 1, sin perjuicio de la aplicación de las medidas técnicas y organizativas apropiadas que impone el presente Reglamento a fin de proteger los derechos y libertades del interesado («limitación del plazo de conservación»);

f) tratados de tal manera que se garantice una seguridad adecuada de los datos personales, incluida la protección contra el tratamiento no autorizado o ilícito y contra su pérdida, destrucción o daño accidental, mediante la aplicación de medidas técnicas u organizativas apropiadas («integridad y confidencialidad»).

2. El responsable del tratamiento será responsable del cumplimiento de lo dispuesto en el apartado 1 y capaz de demostrarlo («responsabilidad proactiva»).

Ver arts. 4.2) (Concepto del tratamiento de datos), 23 (Limitaciones) y 83.5 RGPD.

Ver art. 72.1.a) LOPDGDD.

Apdo. 1.d): Ver art. 4 LOPDGDD.

Apdo. 1.f): Ver art. 5 LOPDGDD.

ART. 6. Licitud del tratamiento

1. El tratamiento solo será lícito si se cumple al menos una de las siguientes condiciones:

a) el interesado dio su consentimiento para el tratamiento de sus datos personales para uno o varios fines específicos;

b) el tratamiento es necesario para la ejecución de un contrato en el que el interesado es parte o para la aplicación a petición de este de medidas precontractuales;

c) el tratamiento es necesario para el cumplimiento de una obligación legal aplicable al responsable del tratamiento;

d) el tratamiento es necesario para proteger intereses vitales del interesado o de otra persona física;

e) el tratamiento es necesario para el cumplimiento de una misión realizada en interés público o en el ejercicio de poderes públicos conferidos al responsable del tratamiento;

f) el tratamiento es necesario para la satisfacción de intereses legítimos perseguidos por el responsable del tratamiento o por un tercero, siempre que sobre dichos intereses no prevalezcan los intereses o los derechos y libertades fundamentales del interesado que requieran la protección de datos personales, en particular cuando el interesado sea un niño.

Lo dispuesto en la letra f) del párrafo primero no será de aplicación al tratamiento realizado por las autoridades públicas en el ejercicio de sus funciones.

2. Los Estados miembros podrán mantener o introducir disposiciones más específicas a fin de adaptar la aplicación de las normas del presente Reglamento con respecto al tratamiento en cumplimiento del apartado 1, letras c) y e), fijando de manera más precisa requisitos específicos de tratamiento y otras medidas que garanticen un tratamiento lícito y equitativo, con inclusión de otras situaciones específicas de tratamiento a tenor del capítulo IX.

3. La base del tratamiento indicado en el apartado 1, letras c) y e), deberá ser establecida por:

a) el Derecho de la Unión, o

b) el Derecho de los Estados miembros que se aplique al responsable del tratamiento.

La finalidad del tratamiento deberá quedar determinada en dicha base jurídica o, en lo relativo al tratamiento a que se refiere el apartado 1, letra e), será necesaria para el cumplimiento de una misión realizada en interés público o en el ejercicio de poderes públicos conferidos al responsable del tratamiento. Dicha base jurídica podrá contener disposiciones específicas para adaptar la aplicación de normas del presente Reglamento, entre otras: las condiciones generales que rigen la licitud del tratamiento por parte del responsable; los tipos de datos objeto de tratamiento; los interesados afectados; las entidades a las que se pueden comunicar datos personales y los fines de tal comunicación; la limitación de la finalidad; los plazos de conservación de los datos, así como las operaciones y los procedimientos del tratamiento, incluidas las medidas para garantizar un tratamiento lícito y equitativo, como las relativas a otras situaciones específicas de tratamiento a tenor del capítulo IX. El Derecho de la Unión o de los Estados miembros cumplirá un objetivo de interés público y será proporcional al fin legítimo perseguido.

4. Cuando el tratamiento para otro fin distinto de aquel para el que se recogieron los datos personales no esté basado en el consentimiento del interesado o en el Derecho de la Unión o de los Estados miembros que constituya una medida necesaria y proporcional en una sociedad democrática para salvaguardar los objetivos indicados en el artículo 23, apartado 1, el responsable del tratamiento, con objeto de determinar si el tratamiento con otro fin es compatible con el fin para el cual se recogieron inicialmente los datos personales, tendrá en cuenta, entre otras cosas:

a) cualquier relación entre los fines para los cuales se hayan recogido los datos personales y los fines del tratamiento ulterior previsto;

b) el contexto en que se hayan recogido los datos personales, en particular por lo que respecta a la relación entre los interesados y el responsable del tratamiento;

c) la naturaleza de los datos personales, en concreto cuando se traten categorías especiales de datos personales, de conformidad con el artículo 9, o datos personales relativos a condenas e infracciones penales, de conformidad con el artículo 10;

d) las posibles consecuencias para los interesados del tratamiento ulterior previsto;

e) la existencia de garantías adecuadas, que podrán incluir el cifrado o la seudonimización.

Ver arts. 4.2) (Concepto del tratamiento de datos) y 83.5 RGPD.

Ver art. 72.1.b) LOPDGDD.

Apdo. 1.a): Ver arts. 13.2.c), 14.2.d), 17.1.b) y 20.1.a) RGPD.

Apdo. 1.b): Ver art. 20.1.a) RGPD.

Apdo. 1.c): Ver art. 35.10 RGPD; 8.1, 52.1 LOPDGDD.

Apdo. 1.e): Ver art. 35.10 RGPD; 8.2, 25.2, D.A. 12.ª LOPDGDD.

Apdo. 1.e) y f): Ver art. 21.1 RGPD.

Apdo. 1.f): Ver arts. 13.1.d), 14.1.f), 19.1 RGPD; D.A. 10.ª LOPDGDD.

ART. 7. Condiciones para el consentimiento

1. Cuando el tratamiento se base en el consentimiento del interesado, el responsable deberá ser capaz de demostrar que aquel consintió el tratamiento de sus datos personales.

2. Si el consentimiento del interesado se da en el contexto de una declaración escrita que también se refiera a otros asuntos, la solicitud de consentimiento se presentará de tal forma que se distinga claramente de los demás asuntos, de forma inteligible y de fácil acceso y utilizando un lenguaje claro y sencillo. No será vinculante ninguna parte de la declaración que constituya infracción del presente Reglamento.

3. El interesado tendrá derecho a retirar su consentimiento en cualquier momento. La retirada del consentimiento no afectará a la licitud del tratamiento basada en el consentimiento previo a su retirada. Antes de dar su consentimiento, el interesado será informado de ello. Será tan fácil retirar el consentimiento como darlo.

4. Al evaluar si el consentimiento se ha dado libremente, se tendrá en cuenta en la mayor medida posible el hecho de si, entre otras cosas, la ejecución de un contrato, incluida la prestación de un servicio, se supedita al consentimiento al tratamiento de datos personales que no son necesarios para la ejecución de dicho contrato.

Ver arts. 4.11) (Concepto de consentimiento del interesado) y 83.5 RGPD.

Ver art. 72.1.c) LOPDGDD.

ART. 8. Condiciones aplicables al consentimiento del niño en relación con los servicios de la sociedad de la información

1. Cuando se aplique el artículo 6, apartado 1, letra a), en relación con la oferta directa a niños de servicios de la sociedad de la información, el tratamiento de los datos personales de un niño se considerará lícito cuando tenga como mínimo 16 años. Si el niño es menor

de 16 años, tal tratamiento únicamente se considerará lícito si el consentimiento lo dio o autorizó el titular de la patria potestad o tutela sobre el niño, y solo en la medida en que se dio o autorizó.

Los Estados miembros podrán establecer por ley una edad inferior a tales fines, siempre que esta no sea inferior a 13 años.

2. El responsable del tratamiento hará esfuerzos razonables para verificar en tales casos que el consentimiento fue dado o autorizado por el titular de la patria potestad o tutela sobre el niño, teniendo en cuenta la tecnología disponible.

3. El apartado 1 no afectará a las disposiciones generales del Derecho contractual de los Estados miembros, como las normas relativas a la validez, formación o efectos de los contratos en relación con un niño.

Ver arts. 4.11) (Concepto de consentimiento del interesado), 4.25) (Concepto de servicio de la sociedad de información) y 83.4 RGPD.

Ver art. 73.a) LOPDGDD.

Apdo. 1: Ver art. 17.1.f) RGPD.

Apdo. 2: Ver art. 73.b) LOPDGDD.

ART. 9. Tratamiento de categorías especiales de datos personales

1. Quedan prohibidos el tratamiento de datos personales que revelen el origen étnico o racial, las opiniones políticas, las convicciones religiosas o filosóficas, o la afiliación sindical, y el tratamiento de datos genéticos, datos biométricos dirigidos a identificar de manera unívoca a una persona física, datos relativos a la salud o datos relativos a la vida sexual o la orientación sexual de una persona física.

2. El apartado 1 no será de aplicación cuando concurra una de las circunstancias siguientes:

a) el interesado dio su consentimiento explícito para el tratamiento de dichos datos personales con uno o más de los fines especificados, excepto cuando el Derecho de la Unión o de los Estados miembros establezca que la prohibición mencionada en el apartado 1 no puede ser levantada por el interesado;

b) el tratamiento es necesario para el cumplimiento de obligaciones y el ejercicio de derechos específicos del responsable del tratamiento o del interesado en el ámbito del Derecho laboral y de la seguridad y protección social, en la medida en que así lo autorice el Derecho de la Unión o de los Estados miembros o un convenio colectivo con arreglo al Derecho de los Estados miembros que establezca garantías adecuadas del respeto de los derechos fundamentales y de los intereses del interesado;

c) el tratamiento es necesario para proteger intereses vitales del interesado o de otra persona física, en el supuesto de que el interesado no esté capacitado, física o jurídicamente, para dar su consentimiento;

d) el tratamiento es efectuado, en el ámbito de sus actividades legítimas y con las debidas garantías, por una fundación, una asociación o cualquier otro organismo sin ánimo de lucro, cuya finalidad sea política, filosófica, religiosa o sindical, siempre que el tratamiento se refiera exclusivamente a los miembros actuales o antiguos de tales organismos o a personas que mantengan contactos regulares con ellos en relación con sus fines y siempre que los datos personales no se comuniquen fuera de ellos sin el consentimiento de los interesados;

e) el tratamiento se refiere a datos personales que el interesado ha hecho manifiestamente públicos;

f) el tratamiento es necesario para la formulación, el ejercicio o la defensa de reclamaciones o cuando los tribunales actúen en ejercicio de su función judicial;

g) el tratamiento es necesario por razones de un interés público esencial, sobre la base del Derecho de la Unión o de los Estados miembros, que debe ser proporcional al objetivo perseguido, respetar en lo esencial el derecho a la protección de datos y establecer medidas adecuadas y específicas para proteger los intereses y derechos fundamentales del interesado;

h) el tratamiento es necesario para fines de medicina preventiva o laboral, evaluación de la capacidad laboral del trabajador, diagnóstico médico, prestación de asistencia o tratamiento de tipo sanitario o social, o gestión de los sistemas y servicios de asistencia sanitaria y social, sobre la base del Derecho de la Unión o de los Estados miembros o en virtud de un contrato con un profesional sanitario y sin perjuicio de las condiciones y garantías contempladas en el apartado 3;

i) el tratamiento es necesario por razones de interés público en el ámbito de la salud pública, como la protección frente a amenazas transfronterizas graves para la salud, o para garantizar elevados niveles de calidad y de seguridad de la asistencia sanitaria y de los medicamentos o productos sanitarios, sobre la base del Derecho de la Unión o de los Estados miembros que establezca medidas adecuadas y específicas para proteger los derechos y libertades del interesado, en particular el secreto profesional,

j) el tratamiento es necesario con fines de archivo en interés público, fines de investigación científica o histórica o fines estadísticos, de conformidad con el artículo 89, apartado 1, sobre la base del Derecho de la Unión o de los Estados miembros, que debe ser proporcional al objetivo perseguido, respetar en lo esencial el derecho a la protección de datos y establecer medidas adecuadas y específicas para proteger los intereses y derechos fundamentales del interesado.

3. Los datos personales a que se refiere el apartado 1 podrán tratarse a los fines citados en el apartado 2, letra h), cuando su tratamiento sea realizado por un profesional sujeto a la obligación de secreto profesional, o bajo su responsabilidad, de acuerdo con el Derecho de la Unión o de los Estados miembros o con las normas establecidas por los organismos nacionales competentes, o por cualquier otra persona sujeta también a la obligación de secreto de acuerdo con el Derecho de la Unión o de los Estados miembros o de las normas establecidas por los organismos nacionales competentes.

4. Los Estados miembros podrán mantener o introducir condiciones adicionales, inclusive limitaciones, con respecto al tratamiento de datos genéticos, datos biométricos o datos relativos a la salud.

Ver arts. 4.14) (Concepto de datos biométricos), 4.13) (Concepto de datos genéticos), 4.15) (Concepto de datos relativos a la salud), 6.4 (licitud del tratamiento), 37.1.c) y 83.5 RGPD.

Ver arts. 25.2, 28.2.c), 72.1.e) LOPDGDD.

Apdo. 1: Ver arts. 22.4, 27.2.a), 30.5 y 35.3.b) RGPD.

Apdo. 2.a): Ver arts. 13.2.c), 14.2.d), 17.1.b), 20.1.a) y 22.4 RGPD; 9.1 LOPDGDD.

Apdo. 2.g): Ver art. 22.4 RGPD; 9.1, D.A.17.ª LOPDGDD.

Apdo. 2.h) e i): Ver art. 17.3.c) RGPD; 9.1, D.A.17.ª LOPDGDD.

Apdo. 2.j): Ver D.A.17.ª LOPDGDD.

ART. 10. Tratamiento de datos personales relativos a condenas e infracciones penales

El tratamiento de datos personales relativos a condenas e infracciones penales o medidas de seguridad conexas sobre la base del artículo 6, apartado 1, sólo podrá llevarse a cabo bajo la supervisión de las autoridades públicas o cuando lo autorice el Derecho de la Unión o de los Estados miembros que establezca garantías adecuadas para los derechos y libertades de los interesados. Solo podrá llevarse un registro completo de condenas penales bajo el control de las autoridades públicas.

Ver arts. 2.2 (Concepto de datos biométricos), 4.13) (Concepto de datos genéticos), 4.15) (Concepto de datos relativos a la salud), 6.4 (licitud del tratamiento), 27.2.a), 30.5, 35.3.b) y 37.1.c) RGPD.

Ver arts. 10, 25.2, 28.2.c), 72.1.f) LOPDGDD.

ART. 11. Tratamiento que no requiere identificación

1. Si los fines para los cuales un responsable trata datos personales no requieren o ya no requieren la identificación de un interesado por el responsable, este no estará obligado a mantener, obtener o tratar información adicional con vistas a identificar al interesado con la única finalidad de cumplir el presente Reglamento.

2. Cuando, en los casos a que se refiere el apartado 1 del presente artículo, el responsable sea capaz de demostrar que no está en condiciones de identificar al interesado, le informará en consecuencia, de ser posible. En tales casos no se aplicarán los artículos 15 a 20, excepto cuando el interesado, a efectos del ejercicio de sus derechos en virtud de dichos artículos, facilite información adicional que permita su identificación.

Ver arts. 12.6 (Transparencia de la información, comunicación y modalidades de ejercicio de los derechos del interesado) y 83.4 RGPD.

CAPÍTULO III
Derechos del interesado

Sección 1. Transparencia y modalidades

ART. 12. Transparencia de la información, comunicación y modalidades de ejercicio de los derechos del interesado

1. El responsable del tratamiento tomará las medidas oportunas para facilitar al interesado toda información indicada en los artículos 13 y 14, así como cualquier comunicación con arreglo a los artículos 15 a 22 y 34 relativa al tratamiento, en forma concisa, transparente, inteligible y de fácil acceso, con un lenguaje claro y sencillo, en particular cualquier información dirigida específicamente a un niño. La información será facilitada por escrito o por otros medios, inclusive, si procede, por medios electrónicos. Cuando lo solicite el interesado, la información podrá facilitarse verbalmente siempre que se demuestre la identidad del interesado por otros medios.

2. El responsable del tratamiento facilitará al interesado el ejercicio de sus derechos en virtud de los artículos 15 a 22. En los casos a que se refiere el artículo 11, apartado 2, el responsable no se negará a actuar a petición del interesado con el fin de ejercer sus derechos en virtud de los artículos 15 a 22, salvo que pueda demostrar que no está en condiciones de identificar al interesado.

3. El responsable del tratamiento facilitará al interesado información relativa a sus actuaciones sobre la base de una solicitud con arreglo a los artículos 15 a 22, sin dilación indebida y, en cualquier caso, en el plazo de un mes a partir de la recepción de la solicitud. Dicho plazo podrá prorrogarse otros dos meses en caso necesario, teniendo en cuenta la complejidad y el número de solicitudes. El responsable informará al interesado de cualquiera de dichas prórrogas en el plazo de un mes a partir de la recepción de la solicitud, indicando los motivos de la dilación. Cuando el interesado presente la solicitud por medios electrónicos, la información se facilitará por medios electrónicos cuando sea posible, a menos que el interesado solicite que se facilite de otro modo.

4. Si el responsable del tratamiento no da curso a la solicitud del interesado, le informará sin dilación, y a más tardar transcurrido un mes de la recepción de la solicitud, de las razones de su no actuación y de la posibilidad de presentar una reclamación ante una autoridad de control y de ejercitar acciones judiciales.

5. La información facilitada en virtud de los artículos 13 y 14 así como toda comunicación y cualquier actuación realizada en virtud de los artículos 15 a 22 y 34 serán a título gratuito. Cuando las solicitudes sean manifiestamente infundadas o excesivas, especialmente debido a su carácter repetitivo, el responsable del tratamiento podrá:

a) cobrar un canon razonable en función de los costes administrativos afrontados para facilitar la información o la comunicación o realizar la actuación solicitada, o

b) negarse a actuar respecto de la solicitud.

El responsable del tratamiento soportará la carga de demostrar el carácter manifiestamente infundado o excesivo de la solicitud.

6. Sin perjuicio de lo dispuesto en el artículo 11, cuando el responsable del tratamiento tenga dudas razonables en relación con la identidad de la persona física que cursa la solicitud a que se refieren los artículos 15 a 21, podrá solicitar que se facilite la información adicional necesaria para confirmar la identidad del interesado.

7. La información que deberá facilitarse a los interesados en virtud de los artículos 13 y 14 podrá transmitirse en combinación con iconos normalizados que permitan proporcionar de forma fácilmente visible, inteligible y claramente legible una adecuada visión de conjunto del tratamiento previsto. Los iconos que se presenten en formato electrónico serán legibles mecánicamente.

8. La Comisión estará facultada para adoptar actos delegados de conformidad con el artículo 92 a fin de especificar la información que se ha de presentar a través de iconos y los procedimientos para proporcionar iconos normalizados.

Ver art. 23 (Limitaciones) RGPD.

Ver arts. 22.4, 72.1.j), 72.1.k), D.A. 17.ª2.c) LOPGDD.

Apdo. 5: Ver arts. 12.7, 13.3, 74.b) LOPDGDD.

Apdo. 7: Ver art. 70.1.r) RGPD.

Apdo. 8: Ver art. 92 RGPD.

Sección 2. Información y acceso a los datos personales

ART. 13. Información que deberá facilitarse cuando los datos personales se obtengan del interesado

1. Cuando se obtengan de un interesado datos personales relativos a él, el responsable del tratamiento, en el momento en que estos se obtengan, le facilitará toda la información indicada a continuación:

a) la identidad y los datos de contacto del responsable y, en su caso, de su representante;

b) los datos de contacto del delegado de protección de datos, en su caso;

c) los fines del tratamiento a que se destinan los datos personales y la base jurídica del tratamiento;

d) cuando el tratamiento se base en el artículo 6, apartado 1, letra f), los intereses legítimos del responsable o de un tercero;

e) los destinatarios o las categorías de destinatarios de los datos personales, en su caso;

f) en su caso, la intención del responsable de transferir datos personales a un tercer país u organización internacional y la existencia o ausencia de una decisión de adecuación de la Comisión, o, en el caso de las transferencias indicadas en los artículos 46 o 47 o el artículo 49, apartado 1, párrafo segundo, referencia a las garantías adecuadas o apropiadas y a los medios para obtener una copia de estas o al lugar en que se hayan puesto a disposición.

2. Además de la información mencionada en el apartado 1, el responsable del tratamiento facilitará al interesado, en el momento en que se obtengan los datos personales, la siguiente información necesaria para garantizar un tratamiento de datos leal y transparente:

a) el plazo durante el cual se conservarán los datos personales o, cuando no sea posible, los criterios utilizados para determinar este plazo;

b) la existencia del derecho a solicitar al responsable del tratamiento el acceso a los datos personales relativos al interesado, y su rectificación o supresión, o la limitación de su tratamiento, o a oponerse al tratamiento, así como el derecho a la portabilidad de los datos;

c) cuando el tratamiento esté basado en el artículo 6, apartado 1, letra a), o el artículo 9, apartado 2, letra a), la existencia del derecho a retirar el consentimiento en cualquier momento, sin que ello afecte a la licitud del tratamiento basado en el consentimiento previo a su retirada;

d) el derecho a presentar una reclamación ante una autoridad de control;

e) si la comunicación de datos personales es un requisito legal o contractual, o un requisito necesario para suscribir un contrato, y si el interesado está obligado a facilitar los datos personales y está informado de las posibles consecuencias de no facilitar tales datos;

f) la existencia de decisiones automatizadas, incluida la elaboración de perfiles, a que se refiere el artículo 22, apartados 1 y 4, y, al menos en tales casos, información significativa sobre la lógica aplicada, así como la importancia y las consecuencias previstas de dicho tratamiento para el interesado.

3. Cuando el responsable del tratamiento proyecte el tratamiento ulterior de datos personales para un fin que no sea aquel para el que se recogieron, proporcionará al interesado, con anterioridad a dicho tratamiento ulterior, información sobre ese otro fin y cualquier información adicional pertinente a tenor del apartado 2.

4. Las disposiciones de los apartados 1, 2 y 3 no serán aplicables cuando y en la medida en que el interesado ya disponga de la información.

Ver art. 12 (Transparencia de la información, comunicación y modalidades de ejercicio de los derechos del interesado), 23 (Limitaciones), 26.1 (Corresponsables del tratamiento), 47.2.g) y 49 RGPD.

Ver arts. 11, 72.1.h), 72.1.j), 72.1.k), 74.a), 74.b) LOPDGDD.

ART. 14. Información que deberá facilitarse cuando los datos personales no se hayan obtenido del interesado

1. Cuando los datos personales no se hayan obtenidos del interesado, el responsable del tratamiento le facilitará la siguiente información:

a) la identidad y los datos de contacto del responsable y, en su caso, de su representante;

b) los datos de contacto del delegado de protección de datos, en su caso;

c) los fines del tratamiento a que se destinan los datos personales, así como la base jurídica del tratamiento;

d) las categorías de datos personales de que se trate;

e) los destinatarios o las categorías de destinatarios de los datos personales, en su caso;

f) en su caso, la intención del responsable de transferir datos personales a un destinatario en un tercer país u organización internacional y la existencia o ausencia de una decisión de adecuación de la Comisión, o, en el caso de las transferencias indicadas en los artículos 46 o 47 o el artículo 49, apartado 1, párrafo segundo, referencia a las garantías adecuadas o apropiadas y a los medios para obtener una copia de estas o al lugar en que se hayan puesto a disposición.

2. Además de la información mencionada en el apartado 1, el responsable del tratamiento facilitará al interesado la siguiente información necesaria para garantizar un tratamiento de datos leal y transparente respecto del interesado:

a) el plazo durante el cual se conservarán los datos personales o, cuando eso no sea posible, los criterios utilizados para determinar este plazo;

b) cuando el tratamiento se base en el artículo 6, apartado 1, letra f), los intereses legítimos del responsable del tratamiento o de un tercero;

c) la existencia del derecho a solicitar al responsable del tratamiento el acceso a los datos personales relativos al interesado, y su rectificación o supresión, o la limitación de su tratamiento, y a oponerse al tratamiento, así como el derecho a la portabilidad de los datos;

d) cuando el tratamiento esté basado en el artículo 6, apartado 1, letra a), o el artículo 9, apartado 2, letra a), la existencia del derecho a retirar el consentimiento en cualquier momento, sin que ello afecte a la licitud del tratamiento basada en el consentimiento antes de su retirada;

e) el derecho a presentar una reclamación ante una autoridad de control;

f) la fuente de la que proceden los datos personales y, en su caso, si proceden de fuentes de acceso público;

g) la existencia de decisiones automatizadas, incluida la elaboración de perfiles, a que se refiere el artículo 22, apartados 1 y 4, y, al menos en tales casos, información significativa sobre la lógica aplicada, así como la importancia y las consecuencias previstas de dicho tratamiento para el interesado.

3. El responsable del tratamiento facilitará la información indicada en los apartados 1 y 2:

a) dentro de un plazo razonable, una vez obtenidos los datos personales, y a más tardar dentro de un mes, habida cuenta de las circunstancias específicas en las que se traten dichos datos;

b) si los datos personales han de utilizarse para comunicación con el interesado, a más tardar en el momento de la primera comunicación a dicho interesado, o

c) si está previsto comunicarlos a otro destinatario, a más tardar en el momento en que los datos personales sean comunicados por primera vez.

4. Cuando el responsable del tratamiento proyecte el tratamiento ulterior de los datos personales para un fin que no sea aquel para el que se obtuvieron, proporcionará al interesado, antes de dicho tratamiento ulterior, información sobre ese otro fin y cualquier otra información pertinente indicada en el apartado 2.

5. Las disposiciones de los apartados 1 a 4 no serán aplicables cuando y en la medida en que:

a) el interesado ya disponga de la información;

b) la comunicación de dicha información resulte imposible o suponga un esfuerzo desproporcionado, en particular para el tratamiento con fines de archivo en interés público, fines de investigación científica o histórica o fines estadísticos, a reserva de las condiciones y garantías indicadas en el artículo 89, apartado 1, o en la medida en que la obligación mencionada en el apartado 1 del presente artículo pueda imposibilitar u obstaculizar gravemente el logro de los objetivos de tal tratamiento. En tales casos, el responsable adoptará medidas adecuadas para proteger los derechos, libertades e intereses legítimos del interesado, inclusive haciendo pública la información;

c) la obtención o la comunicación esté expresamente establecida por el Derecho de la Unión o de los Estados miembros que se aplique al responsable del tratamiento y que establezca medidas adecuadas para proteger los intereses legítimos del interesado, o

d) cuando los datos personales deban seguir teniendo carácter confidencial sobre la base de una obligación de secreto profesional regulada por el Derecho de la Unión o de los Estados miembros, incluida una obligación de secreto de naturaleza legal.

Ver arts. 12 (Transparencia de la información, comunicación y modalidades de ejercicio de los derechos del interesado), 23 (Limitaciones), 26.1 (Corresponsables del tratamiento), 47.2.g) y 49 RGPD.

Ver arts. 11.3, 72.1.h), 72.1.j), 72.1.k), 74.a), 74.b) LOPDGDD.

ART. 15. Derecho de acceso del interesado

1. El interesado tendrá derecho a obtener del responsable del tratamiento confirmación de si se están tratando o no datos personales que le conciernen y, en tal caso, derecho de acceso a los datos personales y a la siguiente información:

a) los fines del tratamiento;

b) las categorías de datos personales de que se trate;

c) los destinatarios o las categorías de destinatarios a los que se comunicaron o serán comunicados los datos personales, en particular destinatarios en terceros países u organizaciones internacionales;

d) de ser posible, el plazo previsto de conservación de los datos personales o, de no ser posible, los criterios utilizados para determinar este plazo;

e) la existencia del derecho a solicitar del responsable la rectificación o supresión de datos personales o la limitación del tratamiento de datos personales relativos al interesado, o a oponerse a dicho tratamiento;

f) el derecho a presentar una reclamación ante una autoridad de control;

g) cuando los datos personales no se hayan obtenido del interesado, cualquier información disponible sobre su origen;

h) la existencia de decisiones automatizadas, incluida la elaboración de perfiles, a que se refiere el artículo 22, apartados 1 y 4, y, al menos en tales casos, información significativa sobre la lógica aplicada, así como la importancia y las consecuencias previstas de dicho tratamiento para el interesado.

2. Cuando se transfieran datos personales a un tercer país o a una organización internacional, el interesado tendrá derecho a ser informado de las garantías adecuadas en virtud del artículo 46 relativas a la transferencia.

3. El responsable del tratamiento facilitará una copia de los datos personales objeto de tratamiento. El responsable podrá percibir por cualquier otra copia solicitada por el interesado un canon razonable basado en los costes administrativos. Cuando el interesado presente la solicitud por medios electrónicos, y a menos que este solicite que se facilite de otro modo, la información se facilitará en un formato electrónico de uso común.

4. El derecho a obtener copia mencionado en el apartado 3 no afectará negativamente a los derechos y libertades de otros.

Ver arts. 11.2 (Tratamiento que no requiere identificación), 12 (Transparencia de la información, comunicación y modalidades de ejercicio de los derechos del interesado), 23 (Limitaciones), 58.2.g) y 89 RGPD.

Ver arts. 11, 12.1, 13, 20.1.c), 22.4, 25.3, 50, 63, 64, 69.3, 72.1.j), 72.1.k), 74.b), 74.c) LOPDGDD.

Apdo. 3: Ver art. 12.7 LOPDGDD.

Sección 3. Rectificación y supresión

ART. 16. Derecho de rectificación

El interesado tendrá derecho a obtener sin dilación indebida del responsable del tratamiento la rectificación de los datos personales inexactos que le conciernan. Teniendo en cuenta los fines del tratamiento, el interesado tendrá derecho a que se completen los datos personales que sean incompletos, inclusive mediante una declaración adicional.

Ver arts. 11.2 (Tratamiento que no requiere identificación), 12 (Transparencia de la información, comunicación y modalidades de ejercicio de los derechos del interesado), 19 (Obligación de notificación relativa a la rectificación o supresión de datos personales o la limitación del tratamiento), 23 (Limitaciones), 58.2.g) y 89 RGPD.

Ver arts. 11, 12.1, 14, 20.1.c), 22.4, 25.3, 50, 63, 64, 69.3, 72.1.j), 72.1.k), 74.b), 74.c) LOPDGDD.

ART. 17. Derecho de supresión («el derecho al olvido»)

1. El interesado tendrá derecho a obtener sin dilación indebida del responsable del tratamiento la supresión de los datos personales que le conciernan, el cual estará obligado a suprimir sin dilación indebida los datos personales cuando concurra alguna de las circunstancias siguientes:

a) los datos personales ya no sean necesarios en relación con los fines para los que fueron recogidos o tratados de otro modo;

b) el interesado retire el consentimiento en que se basa el tratamiento de conformidad con el artículo 6, apartado 1, letra a), o el artículo 9, apartado 2, letra a), y este no se base en otro fundamento jurídico;

c) el interesado se oponga al tratamiento con arreglo al artículo 21, apartado 1, y no prevalezcan otros motivos legítimos para el tratamiento, o el interesado se oponga al tratamiento con arreglo al artículo 21, apartado 2;

d) los datos personales hayan sido tratados ilícitamente;

e) los datos personales deban suprimirse para el cumplimiento de una obligación legal establecida en el Derecho de la Unión o de los Estados miembros que se aplique al responsable del tratamiento;

f) los datos personales se hayan obtenido en relación con la oferta de servicios de la sociedad de la información mencionados en el artículo 8, apartado 1.

2. Cuando haya hecho públicos los datos personales y esté obligado, en virtud de lo dispuesto en el apartado 1, a suprimir dichos datos, el responsable del tratamiento, teniendo en cuenta la tecnología disponible y el coste de su aplicación, adoptará medidas razonables, incluidas medidas técnicas, con miras a informar a los responsables que estén tratando los datos personales de la solicitud del interesado de supresión de cualquier enlace a esos datos personales, o cualquier copia o réplica de los mismos.

3. Los apartados 1 y 2 no se aplicarán cuando el tratamiento sea necesario:

a) para ejercer el derecho a la libertad de expresión e información;

b) para el cumplimiento de una obligación legal que requiera el tratamiento de datos impuesta por el Derecho de la Unión o de los Estados miembros que se aplique al responsable del tratamiento, o para el cumplimiento de una misión realizada en interés público o en el ejercicio de poderes públicos conferidos al responsable;

c) por razones de interés público en el ámbito de la salud pública de conformidad con el artículo 9, apartado 2, letras h) e i), y apartado 3;

d) con fines de archivo en interés público, fines de investigación científica o histórica o fines estadísticos, de conformidad con el artículo 89, apartado 1, en la medida en que el derecho indicado en el apartado 1 pudiera hacer imposible u obstaculizar gravemente el logro de los objetivos de dicho tratamiento, o

e) para la formulación, el ejercicio o la defensa de reclamaciones.

Ver arts. 11.2 (Tratamiento que no requiere identificación), 12 (Transparencia de la información, comunicación y modalidades de ejercicio de los derechos del interesado), 20.3 (Derecho a la portabilidad de los datos), 23 (Limitaciones) y 58.2.g) RGPD.

Ver arts. 11, 12.1, 15.1, 20.1.c), 22.4, 25.3, 50, 63, 64, 69.3, 72.1.j), 72.1.k), 74.b), 74.c) LOPDGDD.

Apdo. 1: Ver art. 19 (Obligación de notificación relativa a la rectificación o supresión de datos personales o la limitación del tratamiento) RGPD.

Apdo. 2: Ver art. 70.1 RGPD.

ART. 18. Derecho a la limitación del tratamiento

1. El interesado tendrá derecho a obtener del responsable del tratamiento la limitación del tratamiento de los datos cuando se cumpla alguna de las condiciones siguientes:

a) el interesado impugne la exactitud de los datos personales en un plazo que permita al responsable verificar la exactitud de los mismos;

b) el tratamiento sea ilícito y el interesado se oponga a la supresión de los datos personales y solicite en su lugar la limitación de su uso;

c) el responsable ya no necesite los datos personales para los fines del tratamiento, pero el interesado los necesite para la formulación, el ejercicio o la defensa de reclamaciones;

d) el interesado se haya opuesto al tratamiento en virtud del artículo 21, apartado 1, mientras se verifica si los motivos legítimos del responsable prevalecen sobre los del interesado.

2. Cuando el tratamiento de datos personales se haya limitado en virtud del apartado 1, dichos datos solo podrán ser objeto de tratamiento, con excepción de su conservación, con el consentimiento del interesado o para la formulación, el ejercicio o la defensa de reclamaciones, o con miras a la protección de los derechos de otra persona física o jurídica o por razones de interés público importante de la Unión o de un determinado Estado miembro.

3. Todo interesado que haya obtenido la limitación del tratamiento con arreglo al apartado 1 será informado por el responsable antes del levantamiento de dicha limitación.

Ver arts. 11.2 (Tratamiento que no requiere identificación), 12 (Transparencia de la información, comunicación y modalidades de ejercicio de los derechos del interesado), 19 (Obligación de notificación relativa a la rectificación o supresión de datos personales o la limitación del tratamiento), 23 (Limitaciones), 58.2.g) y 89 RGPD.

Ver arts. 11, 12.1, 16.1, 20.1.c), 22.4, 25.3, 50, 63, 64, 69.3, 72.1.j), 72.1.k) , 74.b), D.A. 12.ª3 LOPDGDD.

Apdo. 1.a): Ver art. 20.1.e) LOPDGDD.

ART. 19. Obligación de notificación relativa a la rectificación o supresión de datos personales o la limitación del tratamiento

El responsable del tratamiento comunicará cualquier rectificación o supresión de datos personales o limitación del tratamiento efectuada con arreglo al artículo 16, al artículo 17, apartado 1, y al artículo 18 a cada uno de los destinatarios a los que se hayan comunicado los datos personales, salvo que sea imposible o exija un esfuerzo desproporcionado. El responsable informará al interesado acerca de dichos destinatarios, si este así lo solicita.

Ver arts. 11.2 (Tratamiento que no requiere identificación), 12 (Transparencia de la información, comunicación y modalidades de ejercicio de los derechos del interesado), 23 (Limitaciones), 58.2.g) y 89 RGPD.

Ver arts. 11, 12.1, 20.1.c), 22.4, 25.3, 50, 63, 64, 69.3, 72.1.j), 72.1.k) , 74.b), 74.c), 74.e) LOPDGDD.

ART. 20. Derecho a la portabilidad de los datos

1. El interesado tendrá derecho a recibir los datos personales que le incumban, que haya facilitado a un responsable del tratamiento, en un formato estructurado, de uso común y lectura mecánica, y a transmitirlos a otro responsable del tratamiento sin que lo impida el responsable al que se los hubiera facilitado, cuando:

a) el tratamiento esté basado en el consentimiento con arreglo al artículo 6, apartado 1, letra a), o el artículo 9, apartado 2, letra a), o en un contrato con arreglo al artículo 6, apartado 1, letra b), y

b) el tratamiento se efectúe por medios automatizados.

2. Al ejercer su derecho a la portabilidad de los datos de acuerdo con el apartado 1, el interesado tendrá derecho a que los datos personales se transmitan directamente de responsable a responsable cuando sea técnicamente posible.

3. El ejercicio del derecho mencionado en el apartado 1 del presente artículo se entenderá sin perjuicio del artículo 17. Tal derecho no se aplicará al tratamiento que sea necesario para el cumplimiento de una misión realizada en interés público o en el ejercicio de poderes públicos conferidos al responsable del tratamiento.

4. El derecho mencionado en el apartado 1 no afectará negativamente a los derechos y libertades de otros.

Ver arts. 11.2 (Tratamiento que no requiere identificación), 12 (Transparencia de la información, comunicación y modalidades de ejercicio de los derechos del interesado), 23 (Limitaciones) y 89 RGPD.

Ver arts. 4.2.c), 11, 12.1, 17, 20.1.c), 22.4, 25.3, 50, 63, 64, 69.3, 72.1.j), 72.1.k) , 74.b), 74.c) LOPDGDD.

Sección 4. Derecho de oposición y decisiones individuales automatizadas

ART. 21. Derecho de oposición

1. El interesado tendrá derecho a oponerse en cualquier momento, por motivos relacionados con su situación particular, a que datos personales que le conciernan sean objeto de un tratamiento basado en lo dispuesto en el artículo 6, apartado 1, letras e) o f), incluida la elaboración de perfiles sobre la base de dichas disposiciones. El responsable del tratamiento dejará de tratar los datos personales, salvo que acredite motivos legítimos imperiosos para el tratamiento que prevalezcan sobre los intereses, los derechos y las libertades del interesado, o para la formulación, el ejercicio o la defensa de reclamaciones.

2. Cuando el tratamiento de datos personales tenga por objeto la mercadotecnia directa, el interesado tendrá derecho a oponerse en todo momento al tratamiento de los datos personales que le conciernan, incluida la elaboración de perfiles en la medida en que esté relacionada con la citada mercadotecnia.

3. Cuando el interesado se oponga al tratamiento con fines de mercadotecnia directa, los datos personales dejarán de ser tratados para dichos fines.

4. A más tardar en el momento de la primera comunicación con el interesado, el derecho indicado en los apartados 1 y 2 será mencionado explícitamente al interesado y será presentado claramente y al margen de cualquier otra información.

5. En el contexto de la utilización de servicios de la sociedad de la información, y no obstante lo dispuesto en la Directiva 2002/58/CE, el interesado podrá ejercer su derecho a oponerse por medios automatizados que apliquen especificaciones técnicas.

6. Cuando los datos personales se traten con fines de investigación científica o histórica o fines estadísticos de conformidad con el artículo 89, apartado 1, el interesado tendrá derecho, por motivos relacionados con su situación particular, a oponerse al tratamiento de datos personales que le conciernan, salvo que sea necesario para el cumplimiento de una misión realizada por razones de interés público.

Ver arts. 12 (Transparencia de la información, comunicación y modalidades de ejercicio de los derechos del interesado), 23 (Limitaciones) y 89 RGPD.

Ver arts. 11, 12.1, 18, 20.1.c), 22.4, 25.3, 50, 63, 64, 69.3, 72.1.j), 72.1.k) , 74.b), 74.c) LOPDGDD.

Apdo. 1: Ver art. 18.1.d), 17.1.c) RGPD.

Apdo. 2: Ver art. 15.2 LOPDGDD; 17.1.c) RGPD.

ART. 22. Decisiones individuales automatizadas, incluida la elaboración de perfiles

1. Todo interesado tendrá derecho a no ser objeto de una decisión basada únicamente en el tratamiento automatizado, incluida la elaboración de perfiles, que produzca efectos jurídicos en él o le afecte significativamente de modo similar.

2. El apartado 1 no se aplicará si la decisión:

a) es necesaria para la celebración o la ejecución de un contrato entre el interesado y un responsable del tratamiento;

b) está autorizada por el Derecho de la Unión o de los Estados miembros que se aplique al responsable del tratamiento y que establezca asimismo medidas adecuadas para salvaguardar los derechos y libertades y los intereses legítimos del interesado, o

c) se basa en el consentimiento explícito del interesado.

3. En los casos a que se refiere el apartado 2, letras a) y c), el responsable del tratamiento adoptará las medidas adecuadas para salvaguardar los derechos y libertades y los intereses legítimos del interesado, como mínimo el derecho a obtener intervención humana por parte del responsable, a expresar su punto de vista y a impugnar la decisión.

4. Las decisiones a que se refiere el apartado 2 no se basarán en las categorías especiales de datos personales contempladas en el artículo 9, apartado 1, salvo que se aplique el artículo 9, apartado 2, letra a) o g), y se hayan tomado medidas adecuadas para salvaguardar los derechos y libertades y los intereses legítimos del interesado.

Ver arts. 4.4) (Concepto de elaboración de perfiles), 12 (Transparencia de la información, comunicación y modalidades de ejercicio de los derechos del interesado) y 47.2.e) RGPD.

Ver arts. 11, 18, 20.1.c), 22.4, 25.3, 50, 63, 64, 69.3, 72.1.j), 72.1.k) , 74.b), 74.c) LOPDGDD.

Apdos. 1 y 4: Ver art. 13.2.f), 14.2.g) y 15.1.h) RGPD.

Apdo. 2: Ver art. 70.1.f) RGPD.

Sección 5. Limitaciones

ART. 23. Limitaciones

1. El Derecho de la Unión o de los Estados miembros que se aplique al responsable o el encargado del tratamiento podrá limitar, a través de medidas legislativas, el alcance de las obligaciones y de los derechos establecidos en los artículos 12 a 22 y el artículo 34, así como en el artículo 5 en la medida en que sus disposiciones se correspondan con los derechos y obligaciones contemplados en los artículos 12 a 22, cuando tal limitación respete en lo esencial los derechos y libertades fundamentales y sea una medida necesaria y proporcionada en una sociedad democrática para salvaguardar:

a) la seguridad del Estado;

b) la defensa;

c) la seguridad pública;

d) la prevención, investigación, detección o enjuiciamiento de infracciones penales o la ejecución de sanciones penales, incluida la protección frente a amenazas a la seguridad pública y su prevención;

e) otros objetivos importantes de interés público general de la Unión o de un Estado miembro, en particular un interés económico o financiero importante de la Unión o de un Estado miembro, inclusive en los ámbitos fiscal, presupuestario y monetario, la sanidad pública y la seguridad social;

f) la protección de la independencia judicial y de los procedimientos judiciales;

g) la prevención, la investigación, la detección y el enjuiciamiento de infracciones de normas deontológicas en las profesiones reguladas;

h) una función de supervisión, inspección o reglamentación vinculada, incluso ocasionalmente, con el ejercicio de la autoridad pública en los casos contemplados en las letras a) a e) y g);

i) la protección del interesado o de los derechos y libertades de otros;

j) la ejecución de demandas civiles.

2. En particular, cualquier medida legislativa indicada en el apartado 1 contendrá como mínimo, en su caso, disposiciones específicas relativas a:

a) la finalidad del tratamiento o de las categorías de tratamiento;

b) las categorías de datos personales de que se trate;

c) el alcance de las limitaciones establecidas;

d) las garantías para evitar accesos o transferencias ilícitos o abusivos;

e) la determinación del responsable o de categorías de responsables;

f) los plazos de conservación y las garantías aplicables habida cuenta de la naturaleza, alcance y objetivos del tratamiento o las categorías de tratamiento;

g) los riesgos para los derechos y libertades de los interesados, y

h) el derecho de los interesados a ser informados sobre la limitación, salvo si puede ser perjudicial a los fines de esta.

Apdo. 1: Ver art. 6.4. RGPD.

CAPÍTULO IV
Responsable del tratamiento y encargado del tratamiento

Ver art. 73.j) LOPDGDD.

Sección 1. Obligaciones generales

ART. 24. Responsabilidad del responsable del tratamiento

1. Teniendo en cuenta la naturaleza, el ámbito, el contexto y los fines del tratamiento así como los riesgos de diversa probabilidad y gravedad para los derechos y libertades de las personas físicas, el responsable del tratamiento aplicará medidas técnicas y organizativas apropiadas a fin de garantizar y poder demostrar que el tratamiento es conforme con el presente Reglamento. Dichas medidas se revisarán y actualizarán cuando sea necesario.

2. Cuando sean proporcionadas en relación con las actividades de tratamiento, entre las medidas mencionadas en el apartado 1 se incluirá la aplicación, por parte del responsable del tratamiento, de las oportunas políticas de protección de datos.

3. La adhesión a códigos de conducta aprobados a tenor del artículo 40 o a un mecanismo de certificación aprobado a tenor del artículo 42 podrán ser utilizados como elementos para demostrar el cumplimiento de las obligaciones por parte del responsable del tratamiento.

Ver arts. 4.7) (Concepto de responsable del tratamiento) y 40.2.h) RGPD.

Ver art. 28 LOPDGDD.

ART. 25. Protección de datos desde el diseño y por defecto

1. Teniendo en cuenta el estado de la técnica, el coste de la aplicación y la naturaleza, ámbito, contexto y fines del tratamiento, así como los riesgos de diversa probabilidad y

gravedad que entraña el tratamiento para los derechos y libertades de las personas físicas, el responsable del tratamiento aplicará, tanto en el momento de determinar los medios de tratamiento como en el momento del propio tratamiento, medidas técnicas y organizativas apropiadas, como la seudonimización, concebidas para aplicar de forma efectiva los principios de protección de datos, como la minimización de datos, e integrar las garantías necesarias en el tratamiento, a fin de cumplir los requisitos del presente Reglamento y proteger los derechos de los interesados.

2. El responsable del tratamiento aplicará las medidas técnicas y organizativas apropiadas con miras a garantizar que, por defecto, solo sean objeto de tratamiento los datos personales que sean necesarios para cada uno de los fines específicos del tratamiento. Esta obligación se aplicará a la cantidad de datos personales recogidos, a la extensión de su tratamiento, a su plazo de conservación y a su accesibilidad. Tales medidas garantizarán en particular que, por defecto, los datos personales no sean accesibles, sin la intervención de la persona, a un número indeterminado de personas físicas.

3. Podrá utilizarse un mecanismo de certificación aprobado con arreglo al artículo 42 como elemento que acredite el cumplimiento de las obligaciones establecidas en los apartados 1 y 2 del presente artículo.

Ver arts. 40.2.h) y 83 RGPD.

Ver arts. 28, 73.d) LOPDGDD.

Apdo. 2: Ver art. 73.e) LOPDGDD.

ART. 26. Corresponsables del tratamiento

1. Cuando dos o más responsables determinen conjuntamente los objetivos y los medios del tratamiento serán considerados corresponsables del tratamiento. Los corresponsables determinarán de modo transparente y de mutuo acuerdo sus responsabilidades respectivas en el cumplimiento de las obligaciones impuestas por el presente Reglamento, en particular en cuanto al ejercicio de los derechos del interesado y a sus respectivas obligaciones de suministro de información a que se refieren los artículos 13 y 14, salvo, y en la medida en que, sus responsabilidades respectivas se rijan por el Derecho de la Unión o de los Estados miembros que se les aplique a ellos. Dicho acuerdo podrá designar un punto de contacto para los interesados.

2. El acuerdo indicado en el apartado 1 reflejará debidamente las funciones y relaciones respectivas de los corresponsables en relación con los interesados. Se pondrán a disposición del interesado los aspectos esenciales del acuerdo.

3. Independientemente de los términos del acuerdo a que se refiere el apartado 1, los interesados podrán ejercer los derechos que les reconoce el presente Reglamento frente a, y en contra de, cada uno de los responsables.

Ver arts. 83.4 RGPD.

Ver arts. 20.2, 29, 74.i) LOPDGDD.

ART. 27. Representantes de responsables o encargados del tratamiento no establecidos en la Unión

1. Cuando sea de aplicación el artículo 3, apartado 2, el responsable o el encargado del tratamiento designará por escrito un representante en la Unión.

2. La obligación establecida en el apartado 1 del presente artículo no será aplicable:

a) al tratamiento que sea ocasional, que no incluyan el manejo a gran escala de categorías especiales de datos indicadas en el artículo 9, apartado 1, o de datos personales relativos a condenas e infracciones penales a que se refiere el artículo 10, y que sea improbable que entrañe un riesgo para los derechos y libertades de las personas físicas, teniendo en cuenta la naturaleza, contexto, alcance y objetivos del tratamiento, o

b) a las autoridades u organismos públicos.

3. El representante estará establecido en uno de los Estados miembros en que estén los interesados cuyos datos personales se traten en el contexto de una oferta de bienes o servicios, o cuyo comportamiento esté siendo controlado.

4. El responsable o el encargado del tratamiento encomendará al representante que atienda, junto al responsable o al encargado, o en su lugar, a las consultas, en particular,

de las autoridades de control y de los interesados, sobre todos los asuntos relativos al tratamiento, a fin de garantizar el cumplimiento de lo dispuesto en el presente Reglamento.

5. La designación de un representante por el responsable o el encargado del tratamiento se entenderá sin perjuicio de las acciones que pudieran emprenderse contra el propio responsable o encargado.

Ver art. 83.4 RGPD.

Ver art. 73.h), 74.h) LOPDGDD.

Apdo. 1: Ver D.A. 17.ª2.f) LOPDGDD.

ART. 28. Encargado del tratamiento

1. Cuando se vaya a realizar un tratamiento por cuenta de un responsable del tratamiento, este elegirá únicamente un encargado que ofrezca garantías suficientes para aplicar medidas técnicas y organizativas apropiadas, de manera que el tratamiento sea conforme con los requisitos del presente Reglamento y garantice la protección de los derechos del interesado.

2. El encargado del tratamiento no recurrirá a otro encargado sin la autorización previa por escrito, específica o general, del responsable. En este último caso, el encargado informará al responsable de cualquier cambio previsto en la incorporación o sustitución de otros encargados, dando así al responsable la oportunidad de oponerse a dichos cambios.

3. El tratamiento por el encargado se regirá por un contrato u otro acto jurídico con arreglo al Derecho de la Unión o de los Estados miembros, que vincule al encargado respecto del responsable y establezca el objeto, la duración, la naturaleza y la finalidad del tratamiento, el tipo de datos personales y categorías de interesados, y las obligaciones y derechos del responsable. Dicho contrato o acto jurídico estipulará, en particular, que el encargado:

a) tratará los datos personales únicamente siguiendo instrucciones documentadas del responsable, inclusive con respecto a las transferencias de datos personales a un tercer país o una organización internacional, salvo que esté obligado a ello en virtud del Derecho de la Unión o de los Estados miembros que se aplique al encargado; en tal caso, el encargado informará al responsable de esa exigencia legal previa al tratamiento, salvo que tal Derecho lo prohíba por razones importantes de interés público;

b) garantizará que las personas autorizadas para tratar datos personales se hayan comprometido a respetar la confidencialidad o estén sujetas a una obligación de confidencialidad de naturaleza legal;

c) tomará todas las medidas necesarias de conformidad con el artículo 32;

d) respetará las condiciones indicadas en los apartados 2 y 4 para recurrir a otro encargado del tratamiento;

e) asistirá al responsable, teniendo en cuenta la naturaleza del tratamiento, a través de medidas técnicas y organizativas apropiadas, siempre que sea posible, para que este pueda cumplir con su obligación de responder a las solicitudes que tengan por objeto el ejercicio de los derechos de los interesados establecidos en el capítulo III;

f) ayudará al responsable a garantizar el cumplimiento de las obligaciones establecidas en los artículos 32 a 36, teniendo en cuenta la naturaleza del tratamiento y la información a disposición del encargado;

g) a elección del responsable, suprimirá o devolverá todos los datos personales una vez finalice la prestación de los servicios de tratamiento, y suprimirá las copias existentes a menos que se requiera la conservación de los datos personales en virtud del Derecho de la Unión o de los Estados miembros;

h) pondrá a disposición del responsable toda la información necesaria para demostrar el cumplimiento de las obligaciones establecidas en el presente artículo, así como para permitir y contribuir a la realización de auditorías, incluidas inspecciones, por parte del responsable o de otro auditor autorizado por dicho responsable.

En relación con lo dispuesto en la letra h) del párrafo primero, el encargado informará inmediatamente al responsable si, en su opinión, una instrucción infringe el presente Reglamento u otras disposiciones en materia de protección de datos de la Unión o de los Estados miembros.

4. Cuando un encargado del tratamiento recurra a otro encargado para llevar a cabo determinadas actividades de tratamiento por cuenta del responsable, se impondrán a este

otro encargado, mediante contrato u otro acto jurídico establecido con arreglo al Derecho de la Unión o de los Estados miembros, las mismas obligaciones de protección de datos que las estipuladas en el contrato u otro acto jurídico entre el responsable y el encargado a que se refiere el apartado 3, en particular la prestación de garantías suficientes de aplicación de medidas técnicas y organizativas apropiadas de manera que el tratamiento sea conforme con las disposiciones del presente Reglamento. Si ese otro encargado incumple sus obligaciones de protección de datos, el encargado inicial seguirá siendo plenamente responsable ante el responsable del tratamiento por lo que respecta al cumplimiento de las obligaciones del otro encargado.

5. La adhesión del encargado del tratamiento a un código de conducta aprobado a tenor del artículo 40 o a un mecanismo de certificación aprobado a tenor del artículo 42 podrá utilizarse como elemento para demostrar la existencia de las garantías suficientes a que se refieren los apartados 1 y 4 del presente artículo.

6. Sin perjuicio de que el responsable y el encargado del tratamiento celebren un contrato individual, el contrato u otro acto jurídico a que se refieren los apartados 3 y 4 del presente artículo podrá basarse, total o parcialmente, en las cláusulas contractuales tipo a que se refieren los apartados 7 y 8 del presente artículo, inclusive cuando formen parte de una certificación concedida al responsable o encargado de conformidad con los artículos 42 y 43.

7. La Comisión podrá fijar cláusulas contractuales tipo para los asuntos a que se refieren los apartados 3 y 4 del presente artículo, de acuerdo con el procedimiento de examen a que se refiere el artículo 93, apartado 2.

8. Una autoridad de control podrá adoptar cláusulas contractuales tipo para los asuntos a que se refieren los apartados 3 y 4 del presente artículo, de acuerdo con el mecanismo de coherencia a que se refiere el artículo 63.

9. El contrato u otro acto jurídico a que se refieren los apartados 3 y 4 constará por escrito, inclusive en formato electrónico.

10. Sin perjuicio de lo dispuesto en los artículos 82, 83 y 84, si un encargado del tratamiento infringe el presente Reglamento al determinar los fines y medios del tratamiento, será considerado responsable del tratamiento con respecto a dicho tratamiento.

Ver arts. 4.8) (Concepto de encargado del tratamiento), 58.3 y 83.4 RGPD.

Ver D.T. 5.ª LOPDGDD.

Apdo. 3: Ver arts. 33.5, 73.k), 74.j) LOPDGDD.

Apdo. 8: Ver art. 57.1.j), 64.1 RGPD.

Apdo. 10: Ver art. 73.m) LOPDGDD.

ART. 29. Tratamiento bajo la autoridad del responsable o del encargado del tratamiento

El encargado del tratamiento y cualquier persona que actúe bajo la autoridad del responsable o del encargado y tenga acceso a datos personales solo podrán tratar dichos datos siguiendo instrucciones del responsable, a no ser que estén obligados a ello en virtud del Derecho de la Unión o de los Estados miembros.

Ver art. 83.4 RGPD.

ART. 30. Registro de las actividades de tratamiento

1. Cada responsable y, en su caso, su representante llevarán un registro de las actividades de tratamiento efectuadas bajo su responsabilidad. Dicho registro deberá contener toda la información indicada a continuación:

a) el nombre y los datos de contacto del responsable y, en su caso, del corresponsable, del representante del responsable, y del delegado de protección de datos;

b) los fines del tratamiento;

c) una descripción de las categorías de interesados y de las categorías de datos personales;

d) las categorías de destinatarios a quienes se comunicaron o comunicarán los datos personales, incluidos los destinatarios en terceros países u organizaciones internacionales;

e) en su caso, las transferencias de datos personales a un tercer país o una organización internacional, incluida la identificación de dicho tercer país u organización internacional y, en el caso de las transferencias indicadas en el artículo 49, apartado 1, párrafo segundo, la documentación de garantías adecuadas;

f) cuando sea posible, los plazos previstos para la supresión de las diferentes categorías de datos;

g) cuando sea posible, una descripción general de las medidas técnicas y organizativas de seguridad a que se refiere el artículo 32, apartado 1.

2. Cada encargado y, en su caso, el representante del encargado, llevará un registro de todas las categorías de actividades de tratamiento efectuadas por cuenta de un responsable que contenga:

a) el nombre y los datos de contacto del encargado o encargados y de cada responsable por cuenta del cual actúe el encargado, y, en su caso, del representante del responsable o del encargado, y del delegado de protección de datos;

b) las categorías de tratamientos efectuados por cuenta de cada responsable;

c) en su caso, las transferencias de datos personales a un tercer país u organización internacional, incluida la identificación de dicho tercer país u organización internacional y, en el caso de las transferencias indicadas en el artículo 49, apartado 1, párrafo segundo, la documentación de garantías adecuadas;

d) cuando sea posible, una descripción general de las medidas técnicas y organizativas de seguridad a que se refiere el artículo 30, apartado 1.

3. Los registros a que se refieren los apartados 1 y 2 constarán por escrito, inclusive en formato electrónico.

4. El responsable o el encargado del tratamiento y, en su caso, el representante del responsable o del encargado pondrán el registro a disposición de la autoridad de control que lo solicite.

5. Las obligaciones indicadas en los apartados 1 y 2 no se aplicarán a ninguna empresa ni organización que emplee a menos de 250 personas, a menos que el tratamiento que realice pueda entrañar un riesgo para los derechos y libertades de los interesados, no sea ocasional, o incluya categorías especiales de datos personales indicadas en el artículo 9, apartado 1, o datos personales relativos a condenas e infracciones penales a que se refiere el artículo 10.

Ver arts. 49.6 y 83.4 RGPD:

Ver arts. 31, 73.n), 74.l) LOPDGDD.

Apdo. 4: Ver art. 73.ñ) LOPDGDD

ART. 31. Cooperación con la autoridad de control

El responsable y el encargado del tratamiento y, en su caso, sus representantes cooperarán con la autoridad de control que lo solicite en el desempeño de sus funciones.

Ver art. 83.4 RGPD.

Sección 2. Seguridad de los datos personales

ART. 32. Seguridad del tratamiento

1. Teniendo en cuenta el estado de la técnica, los costes de aplicación, y la naturaleza, el alcance, el contexto y los fines del tratamiento, así como riesgos de probabilidad y gravedad variables para los derechos y libertades de las personas físicas, el responsable y el encargado del tratamiento aplicarán medidas técnicas y organizativas apropiadas para garantizar un nivel de seguridad adecuado al riesgo, que en su caso incluya, entre otros:

a) la seudonimización y el cifrado de datos personales;

b) la capacidad de garantizar la confidencialidad, integridad, disponibilidad y resiliencia permanentes de los sistemas y servicios de tratamiento;

c) la capacidad de restaurar la disponibilidad y el acceso a los datos personales de forma rápida en caso de incidente físico o técnico;

d) un proceso de verificación, evaluación y valoración regulares de la eficacia de las medidas técnicas y organizativas para garantizar la seguridad del tratamiento.

2. Al evaluar la adecuación del nivel de seguridad se tendrán particularmente en cuenta los riesgos que presente el tratamiento de datos, en particular como consecuencia de la destrucción, pérdida o alteración accidental o ilícita de datos personales transmitidos, conservados o tratados de otra forma, o la comunicación o acceso no autorizados a dichos datos.

3. La adhesión a un código de conducta aprobado a tenor del artículo 40 o a un mecanismo de certificación aprobado a tenor del artículo 42 podrá servir de elemento para demostrar el cumplimiento de los requisitos establecidos en el apartado 1 del presente artículo.

4. El responsable y el encargado del tratamiento tomarán medidas para garantizar que cualquier persona que actúe bajo la autoridad del responsable o del encargado y tenga acceso a datos personales solo pueda tratar dichos datos siguiendo instrucciones del responsable, salvo que esté obligada a ello en virtud del Derecho de la Unión o de los Estados miembros.

Ver arts. 28.3.c) y f), 40.2.h) y 83 RGPD.

Ver D.A. 1.ª LOPDGDD.

Apdo. 1: Ver art. 30.1.g) RGPD; 73.f), 73.g) LOPDGDD.

ART. 33. Notificación de una violación de la seguridad de los datos personales a la autoridad de control

1. En caso de violación de la seguridad de los datos personales, el responsable del tratamiento la notificará a la autoridad de control competente de conformidad con el artículo 55 sin dilación indebida y, de ser posible, a más tardar 72 horas después de que haya tenido constancia de ella, a menos que sea improbable que dicha violación de la seguridad constituya un riesgo para los derechos y las libertades de las personas físicas. Si la notificación a la autoridad de control no tiene lugar en el plazo de 72 horas, deberá ir acompañada de indicación de los motivos de la dilación.

2. El encargado del tratamiento notificará sin dilación indebida al responsable del tratamiento las violaciones de la seguridad de los datos personales de las que tenga conocimiento.

3. La notificación contemplada en el apartado 1 deberá, como mínimo:

a) describir la naturaleza de la violación de la seguridad de los datos personales, inclusive, cuando sea posible, las categorías y el número aproximado de interesados afectados, y las categorías y el número aproximado de registros de datos personales afectados;

b) comunicar el nombre y los datos de contacto del delegado de protección de datos o de otro punto de contacto en el que pueda obtenerse más información;

c) describir las posibles consecuencias de la violación de la seguridad de los datos personales;

d) describir las medidas adoptadas o propuestas por el responsable del tratamiento para poner remedio a la violación de la seguridad de los datos personales, incluyendo, si procede, las medidas adoptadas para mitigar los posibles efectos negativos.

4. Si no fuera posible facilitar la información simultáneamente, y en la medida en que no lo sea, la información se facilitará de manera gradual sin dilación indebida.

5. El responsable del tratamiento documentará cualquier violación de la seguridad de los datos personales, incluidos los hechos relacionados con ella, sus efectos y las medidas correctivas adoptadas. Dicha documentación permitirá a la autoridad de control verificar el cumplimiento de lo dispuesto en el presente artículo.

Ver arts. 4.12) (Concepto de violación de la seguridad de los datos), 28.3.f), 70.1.g) y 83.4 RGPD.

Ver art. 73.r), 74.m) LOPDGDD.

Apdo. 3: Ver art. 34.2 RGPD.

Apdo. 5: Ver art. 74.n) LOPDGDD.

ART. 34. Comunicación de una violación de la seguridad de los datos personales al interesado

1. Cuando sea probable que la violación de la seguridad de los datos personales entrañe un alto riesgo para los derechos y libertades de las personas físicas, el responsable del tratamiento la comunicará al interesado sin dilación indebida.

2. La comunicación al interesado contemplada en el apartado 1 del presente artículo describirá en un lenguaje claro y sencillo la naturaleza de la violación de la seguridad de los datos personales y contendrá como mínimo la información y las medidas a que se refiere el artículo 33, apartado 3, letras b), c) y d).

3. La comunicación al interesado a que se refiere el apartado 1 no será necesaria si se cumple alguna de las condiciones siguientes:

a) el responsable del tratamiento ha adoptado medidas de protección técnicas y organizativas apropiadas y estas medidas se han aplicado a los datos personales afectados por la violación de la seguridad de los datos personales, en particular aquellas que hagan ininteligibles los datos personales para cualquier persona que no esté autorizada a acceder a ellos, como el cifrado;

b) el responsable del tratamiento ha tomado medidas ulteriores que garanticen que ya no exista la probabilidad de que se concretice el alto riesgo para los derechos y libertades del interesado a que se refiere el apartado 1;

c) suponga un esfuerzo desproporcionado. En este caso, se optará en su lugar por una comunicación pública o una medida semejante por la que se informe de manera igualmente efectiva a los interesados.

4. Cuando el responsable todavía no haya comunicado al interesado la violación de la seguridad de los datos personales, la autoridad de control, una vez considerada la probabilidad de que tal violación entrañe un alto riesgo, podrá exigirle que lo haga o podrá decidir que se cumple alguna de las condiciones mencionadas en el apartado 3.

Ver arts. 4.12) (Concepto de violación de la seguridad de los datos); 12 (Transparencia de la información, comunicación y modalidades de ejercicio de los derechos del interesado), 23 (Limitaciones), 28.3.f), 70.1.h) y 83.4 RGPD.

Ver art. 73.s), 74.ñ) LOPDGDD.

Sección 3. Evaluación de impacto relativa a la protección de datos y consulta previa

ART. 35. Evaluación de impacto relativa a la protección de datos

1. Cuando sea probable que un tipo de tratamiento, en particular si utiliza nuevas tecnologías, por su naturaleza, alcance, contexto o fines, entrañe un alto riesgo para los derechos y libertades de las personas físicas, el responsable del tratamiento realizará, antes del tratamiento, una evaluación del impacto de las operaciones de tratamiento en la protección de datos personales. Una única evaluación podrá abordar una serie de operaciones de tratamiento similares que entrañen altos riesgos similares.

2. El responsable del tratamiento recabará el asesoramiento del delegado de protección de datos, si ha sido nombrado, al realizar la evaluación de impacto relativa a la protección de datos.

3. La evaluación de impacto relativa a la protección de los datos a que se refiere el apartado 1 se requerirá en particular en caso de:

a) evaluación sistemática y exhaustiva de aspectos personales de personas físicas que se base en un tratamiento automatizado, como la elaboración de perfiles, y sobre cuya base se tomen decisiones que produzcan efectos jurídicos para las personas físicas o que les afecten significativamente de modo similar;

b) tratamiento a gran escala de las categorías especiales de datos a que se refiere el artículo 9, apartado 1, o de los datos personales relativos a condenas e infracciones penales a que se refiere el artículo 10, o

c) observación sistemática a gran escala de una zona de acceso público.

4. La autoridad de control establecerá y publicará una lista de los tipos de operaciones de tratamiento que requieran una evaluación de impacto relativa a la protección de datos de conformidad con el apartado 1. La autoridad de control comunicará esas listas al Comité a que se refiere el artículo 68.

5. La autoridad de control podrá asimismo establecer y publicar la lista de los tipos de tratamiento que no requieren evaluaciones de impacto relativas a la protección de datos. La autoridad de control comunicará esas listas al Comité.

6. Antes de adoptar las listas a que se refieren los apartados 4 y 5, la autoridad de control competente aplicará el mecanismo de coherencia contemplado en el artículo 63 si esas listas incluyen actividades de tratamiento que guarden relación con la oferta de bienes o servicios a interesados o con la observación del comportamiento de estos en varios Estados miembros, o actividades de tratamiento que puedan afectar sustancialmente a la libre circulación de datos personales en la Unión.

7. La evaluación deberá incluir como mínimo:

a) una descripción sistemática de las operaciones de tratamiento previstas y de los fines del tratamiento, inclusive, cuando proceda, el interés legítimo perseguido por el responsable del tratamiento;

b) una evaluación de la necesidad y la proporcionalidad de las operaciones de tratamiento con respecto a su finalidad;

c) una evaluación de los riesgos para los derechos y libertades de los interesados a que se refiere el apartado 1, y

d) las medidas previstas para afrontar los riesgos, incluidas garantías, medidas de seguridad y mecanismos que garanticen la protección de datos personales, y a demostrar la conformidad con el presente Reglamento, teniendo en cuenta los derechos e intereses legítimos de los interesados y de otras personas afectadas.

8. El cumplimiento de los códigos de conducta aprobados a que se refiere el artículo 40 por los responsables o encargados correspondientes se tendrá debidamente en cuenta al evaluar las repercusiones de las operaciones de tratamiento realizadas por dichos responsables o encargados, en particular a efectos de la evaluación de impacto relativa a la protección de datos.

9. Cuando proceda, el responsable recabará la opinión de los interesados o de sus representantes en relación con el tratamiento previsto, sin perjuicio de la protección de intereses públicos o comerciales o de la seguridad de las operaciones de tratamiento.

10. Cuando el tratamiento de conformidad con el artículo 6, apartado 1, letras c) o e), tenga su base jurídica en el Derecho de la Unión o en el Derecho del Estado miembro que se aplique al responsable del tratamiento, tal Derecho regule la operación específica de tratamiento o conjunto de operaciones en cuestión, y ya se haya realizado una evaluación de impacto relativa a la protección de datos como parte de una evaluación de impacto general en el contexto de la adopción de dicha base jurídica, los apartados 1 a 7 no serán de aplicación excepto si los Estados miembros consideran necesario proceder a dicha evaluación previa a las actividades de tratamiento.

11. En caso necesario, el responsable examinará si el tratamiento es conforme con la evaluación de impacto relativa a la protección de datos, al menos cuando exista un cambio del riesgo que representen las operaciones de tratamiento.

Ver arts. 28.3.f) y 39.1.c) RGPD

Apdo. 4: Ver arts. 57.1.k) y 64.1 RGPD.

ART. 36. Consulta previa

1. El responsable consultará a la autoridad de control antes de proceder al tratamiento cuando una evaluación de impacto relativa a la protección de los datos en virtud del artículo 35 muestre que el tratamiento entrañaría un alto riesgo si el responsable no toma medidas para mitigarlo.

2. Cuando la autoridad de control considere que el tratamiento previsto a que se refiere el apartado 1 podría infringir el presente Reglamento, en particular cuando el responsable no haya identificado o mitigado suficientemente el riesgo, la autoridad de control deberá, en un plazo de ocho semanas desde la solicitud de la consulta, asesorar por escrito al responsable, y en su caso al encargado, y podrá utilizar cualquiera de sus poderes mencionados en el artículo 58. Dicho plazo podrá prorrogarse seis semanas, en función de la complejidad del tratamiento previsto. La autoridad de control informará al responsable y, en su caso, al encargado de tal prórroga en el plazo de un mes a partir de la recepción de la solicitud de consulta, indicando los motivos de la dilación. Estos plazos podrán suspenderse hasta que la autoridad de control haya obtenido la información solicitada a los fines de la consulta.

3. Cuando consulte a la autoridad de control con arreglo al apartado 1, el responsable del tratamiento le facilitará la información siguiente:

a) en su caso, las responsabilidades respectivas del responsable, los corresponsables y los encargados implicados en el tratamiento, en particular en caso de tratamiento dentro de un grupo empresarial;

b) los fines y medios del tratamiento previsto;

c) las medidas y garantías establecidas para proteger los derechos y libertades de los interesados de conformidad con el presente Reglamento;

d) en su caso, los datos de contacto del delegado de protección de datos;

e) la evaluación de impacto relativa a la protección de datos establecida en el artículo 35, y

f) cualquier otra información que solicite la autoridad de control.

4. Los Estados miembros garantizarán que se consulte a la autoridad de control durante la elaboración de toda propuesta de medida legislativa que haya de adoptar un Parlamento nacional, o de una medida reglamentaria basada en dicha medida legislativa, que se refiera al tratamiento.

5. No obstante lo dispuesto en el apartado 1, el Derecho de los Estados miembros podrá obligar a los responsables del tratamiento a consultar a la autoridad de control y a recabar su autorización previa en relación con el tratamiento por un responsable en el ejercicio de una misión realizada en interés público, en particular el tratamiento en relación con la protección social y la salud pública.

Ver arts. 28.3.f), 39.1.e) y 58.3 RGPD

Ver art. 73.u), 74.o) LOPDGDD.

Apdo.2: Ver art. 57.1.l) RGPD.

Sección 4. Delegado de protección de datos

ART. 37. Designación del delegado de protección de datos

1. El responsable y el encargado del tratamiento designarán un delegado de protección de datos siempre que:

a) el tratamiento lo lleve a cabo una autoridad u organismo público, excepto los tribunales que actúen en ejercicio de su función judicial;

b) las actividades principales del responsable o del encargado consistan en operaciones de tratamiento que, en razón de su naturaleza, alcance y/o fines, requieran una observación habitual y sistemática de interesados a gran escala, o

c) las actividades principales del responsable o del encargado consistan en el tratamiento a gran escala de categorías especiales de datos con arreglo al artículo 9 o de datos personales relativos a condenas e infracciones penales a que se refiere el artículo 10.

2. Un grupo empresarial podrá nombrar un único delegado de protección de datos siempre que sea fácilmente accesible desde cada establecimiento.

3. Cuando el responsable o el encargado del tratamiento sea una autoridad u organismo público, se podrá designar un único delegado de protección de datos para varias de estas autoridades u organismos, teniendo en cuenta su estructura organizativa y tamaño.

4. En casos distintos de los contemplados en el apartado 1, el responsable o el encargado del tratamiento o las asociaciones y otros organismos que representen a categorías de responsables o encargados podrán designar un delegado de protección de datos o deberán designarlo si así lo exige el Derecho de la Unión o de los Estados miembros. El delegado de protección de datos podrá actuar por cuenta de estas asociaciones y otros organismos que representen a responsables o encargados.

5. El delegado de protección de datos será designado atendiendo a sus cualidades profesionales y, en particular, a sus conocimientos especializados del Derecho y la práctica en materia de protección de datos y a su capacidad para desempeñar las funciones indicadas en el artículo 39.

6. El delegado de protección de datos podrá formar parte de la plantilla del responsable o del encargado del tratamiento o desempeñar sus funciones en el marco de un contrato de servicios.

7. El responsable o el encargado del tratamiento publicarán los datos de contacto del delegado de protección de datos y los comunicarán a la autoridad de control.

Ver art. 47.2.h) RGPD.

Ver arts. 34, 38.2, 73.v), 74.p) LOPDGDD.

Apdo. 5: Ver art. 35, D.A. 17.ª2.g) LOPDGDD.

ART. 38. Posición del delegado de protección de datos

1. El responsable y el encargado del tratamiento garantizarán que el delegado de protección de datos participe de forma adecuada y en tiempo oportuno en todas las cuestiones relativas a la protección de datos personales.

2. El responsable y el encargado del tratamiento respaldarán al delegado de protección de datos en el desempeño de las funciones mencionadas en el artículo 39, facilitando los recursos necesarios para el desempeño de dichas funciones y el acceso a los datos personales y a las operaciones de tratamiento, y para el mantenimiento de sus conocimientos especializados.

3. El responsable y el encargado del tratamiento garantizarán que el delegado de protección de datos no reciba ninguna instrucción en lo que respecta al desempeño de dichas funciones. No será destituido ni sancionado por el responsable o el encargado por desempeñar sus funciones. El delegado de protección de datos rendirá cuentas directamente al más alto nivel jerárquico del responsable o encargado.

4. Los interesados podrán ponerse en contacto con el delegado de protección de datos por lo que respecta a todas las cuestiones relativas al tratamiento de sus datos personales y al ejercicio de sus derechos al amparo del presente Reglamento.

5. El delegado de protección de datos estará obligado a mantener el secreto o la confidencialidad en lo que respecta al desempeño de sus funciones, de conformidad con el Derecho de la Unión o de los Estados miembros.

6. El delegado de protección de datos podrá desempeñar otras funciones y cometidos. El responsable o encargado del tratamiento garantizará que dichas funciones y cometidos no den lugar a conflicto de intereses.

Ver art. 36 LOPDGDD.

ART. 39. Funciones del delegado de protección de datos

1. El delegado de protección de datos tendrá como mínimo las siguientes funciones:

a) informar y asesorar al responsable o al encargado del tratamiento y a los empleados que se ocupen del tratamiento de las obligaciones que les incumben en virtud del presente Reglamento y de otras disposiciones de protección de datos de la Unión o de los Estados miembros;

b) supervisar el cumplimiento de lo dispuesto en el presente Reglamento, de otras disposiciones de protección de datos de la Unión o de los Estados miembros y de las políticas del responsable o del encargado del tratamiento en materia de protección de datos personales, incluida la asignación de responsabilidades, la concienciación y formación del personal que participa en las operaciones de tratamiento, y las auditorías correspondientes;

c) ofrecer el asesoramiento que se le solicite acerca de la evaluación de impacto relativa a la protección de datos y supervisar su aplicación de conformidad con el artículo 35;

d) cooperar con la autoridad de control;

e) actuar como punto de contacto de la autoridad de control para cuestiones relativas al tratamiento, incluida la consulta previa a que se refiere el artículo 36, y realizar consultas, en su caso, sobre cualquier otro asunto.

2. El delegado de protección de datos desempeñará sus funciones prestando la debida atención a los riesgos asociados a las operaciones de tratamiento, teniendo en cuenta la naturaleza, el alcance, el contexto y fines del tratamiento.

Ver art. 37.5 RGPD.

Sección 5. Códigos de conducta y certificación

ART. 40. Códigos de conducta

1. Los Estados miembros, las autoridades de control, el Comité y la Comisión promoverán la elaboración de códigos de conducta destinados a contribuir a la correcta aplicación del presente Reglamento, teniendo en cuenta las características específicas de los distintos sectores de tratamiento y las necesidades específicas de las microempresas y las pequeñas y medianas empresas.

2. Las asociaciones y otros organismos representativos de categorías de responsables o encargados del tratamiento podrán elaborar códigos de conducta o modificar o ampliar dichos códigos con objeto de especificar la aplicación del presente Reglamento, como en lo que respecta a:

a) el tratamiento leal y transparente;

b) los intereses legítimos perseguidos por los responsables del tratamiento en contextos específicos;

c) la recogida de datos personales;

d) la seudonimización de datos personales;

e) la información proporcionada al público y a los interesados;

f) el ejercicio de los derechos de los interesados;

g) la información proporcionada a los niños y la protección de estos, así como la manera de obtener el consentimiento de los titulares de la patria potestad o tutela sobre el niño;

h) las medidas y procedimientos a que se refieren los artículos 24 y 25 y las medidas para garantizar la seguridad del tratamiento a que se refiere el artículo 32;

i) la notificación de violaciones de la seguridad de los datos personales a las autoridades de control y la comunicación de dichas violaciones a los interesados;

j) la transferencia de datos personales a terceros países u organizaciones internacionales, o

k) los procedimientos extrajudiciales y otros procedimientos de resolución de conflictos que permitan resolver las controversias entre los responsables del tratamiento y los interesados relativas al tratamiento, sin perjuicio de los derechos de los interesados en virtud de los artículos 77 y 79.

3. Además de la adhesión de los responsables o encargados del tratamiento a los que se aplica el presente Reglamento, los responsables o encargados a los que no se aplica el presente Reglamento en virtud del artículo 3 podrán adherirse también a códigos de conducta aprobados de conformidad con el apartado 5 del presente artículo y que tengan validez general en virtud del apartado 9 del presente artículo, a fin de ofrecer garantías adecuadas en el marco de las transferencias de datos personales a terceros países u organizaciones internacionales a tenor del artículo 46, apartado 2, letra e). Dichos responsables o encargados deberán asumir compromisos vinculantes y exigibles, por vía contractual o mediante otros instrumentos jurídicamente vinculantes, para aplicar dichas garantías adecuadas, incluidas las relativas a los derechos de los interesados.

4. El código de conducta a que se refiere el apartado 2 del presente artículo contendrá mecanismos que permitan al organismo mencionado en el artículo 41, apartado 1, efectuar el control obligatorio del cumplimiento de sus disposiciones por los responsables o encargados de tratamiento que se comprometan a aplicarlo, sin perjuicio de las funciones y los poderes de las autoridades de control que sean competentes con arreglo al artículo 51 o 56.

5. Las asociaciones y otros organismos mencionados en el apartado 2 del presente artículo que proyecten elaborar un código de conducta o modificar o ampliar un código existente presentarán el proyecto de código o la modificación o ampliación a la autoridad de control que sea competente con arreglo al artículo 55. La autoridad de control dictaminará si el proyecto de código o la modificación o ampliación es conforme con el presente Reglamento y aprobará dicho proyecto de código, modificación o ampliación si considera suficientes las garantías adecuadas ofrecidas.

6. Si el proyecto de código o la modificación o ampliación es aprobado de conformidad con el apartado 5 y el código de conducta de que se trate no se refiere a actividades de tratamiento en varios Estados miembros, la autoridad de control registrará y publicará el código.

7. Si un proyecto de código de conducta guarda relación con actividades de tratamiento en varios Estados miembros, la autoridad de control que sea competente en virtud del artículo 55 lo presentará por el procedimiento mencionado en el artículo 63, antes de su aprobación o de la modificación o ampliación, al Comité, el cual dictaminará si dicho proyecto, modificación o ampliación es conforme con el presente Reglamento o, en la situación indicada en el apartado 3 del presente artículo, ofrece garantías adecuadas.

8. Si el dictamen a que se refiere el apartado 7 confirma que el proyecto de código o la modificación o ampliación cumple lo dispuesto en el presente Reglamento o, en la situación indicada en el apartado 3, ofrece garantías adecuadas, el Comité presentará su dictamen a la Comisión.

9. La Comisión podrá, mediante actos de ejecución, decidir que el código de conducta o la modificación o ampliación aprobados y presentados con arreglo al apartado 8 del presente artículo tengan validez general dentro de la Unión. Dichos actos de ejecución se adoptarán con arreglo al procedimiento de examen a que se refiere el artículo 93, apartado 2.

10. La Comisión dará publicidad adecuada a los códigos aprobados cuya validez general haya sido decidida de conformidad con el apartado 9.

11. El Comité archivará en un registro todos los códigos de conducta, modificaciones y ampliaciones que se aprueben, y los pondrá a disposición pública por cualquier medio apropiado.

Ver arts. 24.3, 28.5, 46.2.e), 70.1.n) y 83.1 RGPD.

Ver art. 38, D.T. 2.ª LOPDGDD.

Apdo. 1: Ver art. 57.1 RGPD.

Apdo. 2: Ver art. 38.2 LOPDGDD.

Apdo. 5: Ver art. 58.3 RGPD.

Apdo. 7: Ver art. 64.1 RGPD.

Apdo. 9: Ver art. 70.1 RGPD.

Apdo. 11: Ver art. 38.5 LOPDGDD

ART. 41. Supervisión de códigos de conducta aprobados

1. Sin perjuicio de las funciones y los poderes de la autoridad de control competente en virtud de los artículos 57 y 58, podrá supervisar el cumplimiento de un código de conducta en virtud del artículo 40 un organismo que tenga el nivel adecuado de pericia en relación con el objeto del código y que haya sido acreditado para tal fin por la autoridad de control competente.

2. El organismo a que se refiere el apartado 1 podrá ser acreditado para supervisar el cumplimiento de un código de conducta si:

a) ha demostrado, a satisfacción de la autoridad de control competente, su independencia y pericia en relación con el objeto del código;

b) ha establecido procedimientos que le permitan evaluar la idoneidad de los responsables y encargados correspondientes para aplicar el código, supervisar el cumplimiento de sus disposiciones y examinar periódicamente su aplicación;

c) ha establecido procedimientos y estructuras para tratar las reclamaciones relativas a infracciones del código o a la manera en que el código haya sido o esté siendo aplicado por un responsable o encargado del tratamiento, y para hacer dichos procedimientos y estructuras transparentes para los interesados y el público, y

d) ha demostrado, a satisfacción de la autoridad de control competente, que sus funciones y cometidos no dan lugar a conflicto de intereses.

3. La autoridad de control competente someterá al Comité, con arreglo al mecanismo de coherencia a que se refiere el artículo 63, el proyecto que fije los requisitos de acreditación de un organismo a que se refiere el apartado 1 del presente artículo.

4. Sin perjuicio de las funciones y los poderes de la autoridad de control competente y de lo dispuesto en el capítulo VIII, un organismo a tenor del apartado 1 del presente artículo deberá, con sujeción a garantías adecuadas, tomar las medidas oportunas en caso de infracción del código por un responsable o encargado del tratamiento, incluida la suspensión o exclusión de este. Informará de dichas medidas y de las razones de las mismas a la autoridad de control competente.

5. La autoridad de control competente revocará la acreditación de un organismo a tenor del apartado 1 si los requisitos de acreditación no se cumplen o han dejado de cumplirse, o si la actuación de dicho organismo infringe el presente Reglamento.

6. El presente artículo no se aplicará al tratamiento realizado por autoridades y organismos públicos.

Ver art. 57.1.p) RGPD.

Ver arts. 38.2, 73.ab) LOPDGDD.

Apdo. 1: Ver art. 40.4 RGPD.

Apdo. 2: Ver art. 38.2 LOPDGDD.

Apdo. 3: Ver art. 64.1 RGPD.

Apdo. 4: Ver art. 83.4 RGPD; 73.ac), 74.r) LOPDGDD.

ART. 42. Certificación

1. Los Estados miembros, las autoridades de control, el Comité y la Comisión promoverán, en particular a nivel de la Unión, la creación de mecanismos de certificación en materia de protección de datos y de sellos y marcas de protección de datos a fin de demostrar el cumplimiento de lo dispuesto en el presente Reglamento en las operaciones de tratamiento de los responsables y los encargados. Se tendrán en cuenta las necesidades específicas de las microempresas y las pequeñas y medianas empresas.

2. Además de la adhesión de los responsables o encargados del tratamiento sujetos al presente Reglamento, podrán establecerse mecanismos de certificación, sellos o marcas de protección de datos aprobados de conformidad con el apartado 5, con objeto de demostrar la existencia de garantías adecuadas ofrecidas por los responsables o encargados no sujetos al presente Reglamento con arreglo al artículo 3 en el marco de transferencias de datos personales a terceros países u organizaciones internacionales a tenor del artículo 46, apartado 2, letra f). Dichos responsables o encargados deberán asumir compromisos vinculantes y exigibles, por vía contractual o mediante otros instrumentos jurídicamente vinculantes, para aplicar dichas garantías adecuadas, incluidas las relativas a los derechos de los interesados.

3. La certificación será voluntaria y estará disponible a través de un proceso transparente.

4. La certificación a que se refiere el presente artículo no limitará la responsabilidad del responsable o encargado del tratamiento en cuanto al cumplimiento del presente Reglamento y se entenderá sin perjuicio de las funciones y los poderes de las autoridades de control que sean competentes en virtud del artículo 55 o 56.

5. La certificación en virtud del presente artículo será expedida por los organismos de certificación a que se refiere el artículo 43 o por la autoridad de control competente, sobre la base de los criterios aprobados por dicha autoridad de conformidad con el artículo 58, apartado 3, o por el Comité de conformidad con el artículo 63. Cuando los criterios sean aprobados por el Comité, esto podrá dar lugar a una certificación común: el Sello Europeo de Protección de Datos.

6. Los responsables o encargados que sometan su tratamiento al mecanismo de certificación dará al organismo de certificación mencionado en el artículo 43, o en su caso a la autoridad de control competente, toda la información y acceso a sus actividades de tratamiento que necesite para llevar a cabo el procedimiento de certificación.

7. La certificación se expedirá a un responsable o encargado de tratamiento por un período máximo de tres años y podrá ser renovada en las mismas condiciones, siempre y cuando se sigan cumpliendo los criterios pertinentes. La certificación será retirada, cuando proceda, por los organismos de certificación a que se refiere el artículo 43, o en su caso por la autoridad de control competente, cuando no se cumplan o se hayan dejado de cumplir los criterios para la certificación.

8. El Comité archivará en un registro todos los mecanismos de certificación y sellos y marcas de protección de datos y los pondrá a disposición pública por cualquier medio apropiado.

Ver arts. 24.3, 25.3, 28.5, 28.6, 32.3, 43, 46.2.f), 57.1, 58, 70.1 y 83.1 RGPD.

Ver art. 73.aa) LOPDGDD.

Apdo. 7: Ver art. 58.1 RGPD.

ART. 43. Organismo de certificación

1. Sin perjuicio de las funciones y poderes de la autoridad de control competente en virtud de los artículos 57 y 58, los organismos de certificación que tengan un nivel adecuado de pericia en materia de protección de datos expedirán y renovarán las certificaciones una vez informada la autoridad de control, a fin de esta que pueda ejercer, si así se requiere, sus poderes en virtud del artículo 58, apartado 2, letra h). Los Estados miembros garantizarán que dichos organismos de certificación sean acreditados por la autoridad o el organismo indicado a continuación, o por ambos:

a) la autoridad de control que sea competente en virtud del artículo 55 o 56;

b) el organismo nacional de acreditación designado de conformidad con el Reglamento (CE) n.° 765/2008 del Parlamento Europeo y del Consejo (20) con arreglo a la norma EN ISO/

IEC 17065/2012 y a los requisitos adicionales establecidos por la autoridad de control que sea competente en virtud del artículo 55 o 56.

2. Los organismos de certificación mencionados en el apartado 1 únicamente serán acreditados de conformidad con dicho apartado si:

a) han demostrado, a satisfacción de la autoridad de control competente, su independencia y su pericia en relación con el objeto de la certificación;

b) se han comprometido a respetar los criterios mencionados en el artículo 42, apartado 5, y aprobados por la autoridad de control que sea competente en virtud del artículo 55 o 56, o por el Comité de conformidad con el artículo 63;

c) han establecido procedimientos para la expedición, la revisión periódica y la retirada de certificaciones, sellos y marcas de protección de datos;

d) han establecido procedimientos y estructuras para tratar las reclamaciones relativas a infracciones de la certificación o a la manera en que la certificación haya sido o esté siendo aplicada por un responsable o encargado del tratamiento, y para hacer dichos procedimientos y estructuras transparentes para los interesados y el público, y

e) han demostrado, a satisfacción de la autoridad de control competente, que sus funciones y cometidos no dan lugar a conflicto de intereses.

3. La acreditación de los organismos de certificación a que se refieren los apartados 1 y 2 del presente artículo se realizará sobre la base de los requisitos aprobados por la autoridad de control que sea competente en virtud del artículo 55 o 56 o por el Comité en virtud del artículo 63. En caso de acreditación de conformidad con el apartado 1, letra b), del presente artículo, estos requisitos complementarán los contemplados en el Reglamento (CE) n.° 765/2008 y las normas técnicas que describen los métodos y procedimientos de los organismos de certificación.

4. Los organismos de certificación a que se refiere el apartado 1 serán responsable de la correcta evaluación a efectos de certificación o retirada de la certificación, sin perjuicio de la responsabilidad del responsable o del encargado del tratamiento en cuanto al cumplimiento del presente Reglamento. La acreditación se expedirá por un período máximo de cinco años y podrá ser renovada en las mismas condiciones, siempre y cuando el organismo de certificación cumpla los requisitos establecidos en el presente artículo.

5. Los organismos de certificación a que se refiere el apartado 1 comunicarán a las autoridades de control competentes las razones de la expedición de la certificación solicitada o de su retirada.

6. La autoridad de control hará públicos los requisitos a que se refiere el apartado 3 del presente artículo y los criterios a que se a refiere el artículo 42, apartado 5, en una forma fácilmente accesible. Las autoridades de control comunicarán también dichos requisitos y criterios al Comité.

7. No obstante lo dispuesto en el capítulo VIII, la autoridad de control competente o el organismo nacional de acreditación revocará la acreditación a un organismo de certificación a tenor del apartado 1 del presente artículo si las condiciones de la acreditación no se cumplen o han dejado de cumplirse, o si la actuación de dicho organismo de certificación infringe el presente Reglamento.

8. La Comisión estará facultada para adoptar actos delegados, de conformidad con el artículo 92, a fin de especificar las condiciones que deberán tenerse en cuenta para los mecanismos de certificación en materia de protección de datos a que se refiere el artículo 42, apartado 1.

9. La Comisión podrá adoptar actos de ejecución que establezcan normas técnicas para los mecanismos de certificación y los sellos y marcas de protección de datos, y mecanismos para promover y reconocer dichos mecanismos de certificación, sellos y marcas. Dichos actos de ejecución se adoptarán con arreglo al procedimiento de examen a que se refiere el artículo 93, apartado 2.

Ver arts. 28.6, 42.5, 42.6, 42.7, 57.1, 58, 70.1, 74.q) RGPD.

Ver art. 73.y) y 73.aa) LOPDGDD.

Apdo. 3: Ver art. 64.1 RGPD.

Apdo. 8: Ver art. 92 RGPD.

CAPÍTULO V
Transferencias de datos personales a terceros países u organizaciones internacionales

Ver art. 97.2 RGPD.

ART. 44. Principio general de las transferencias

Solo se realizarán transferencias de datos personales que sean objeto de tratamiento o vayan a serlo tras su transferencia a un tercer país u organización internacional si, a reserva de las demás disposiciones del presente Reglamento, el responsable y el encargado del tratamiento cumplen las condiciones establecidas en el presente capítulo, incluidas las relativas a las transferencias ulteriores de datos personales desde el tercer país u organización internacional a otro tercer país u otra organización internacional. Todas las disposiciones del presente capítulo se aplicarán a fin de asegurar que el nivel de protección de las personas físicas garantizado por el presente Reglamento no se vea menoscabado.

Ver art. 83.5 RGPD.
Ver art. 72.1.l) LOPDGDD.

ART. 45. Transferencias basadas en una decisión de adecuación

1. Podrá realizarse una transferencia de datos personales a un tercer país u organización internacional cuando la Comisión haya decidido que el tercer país, un territorio o uno o varios sectores específicos de ese tercer país, o la organización internacional de que se trate garantizan un nivel de protección adecuado. Dicha transferencia no requerirá ninguna autorización específica.

2. Al evaluar la adecuación del nivel de protección, la Comisión tendrá en cuenta, en particular, los siguientes elementos:

a) el Estado de Derecho, el respeto de los derechos humanos y las libertades fundamentales, la legislación pertinente, tanto general como sectorial, incluida la relativa a la seguridad pública, la defensa, la seguridad nacional y la legislación penal, y el acceso de las autoridades públicas a los datos personales, así como la aplicación de dicha legislación, las normas de protección de datos, las normas profesionales y las medidas de seguridad, incluidas las normas sobre transferencias ulteriores de datos personales a otro tercer país u organización internacional observadas en ese país u organización internacional, la jurisprudencia, así como el reconocimiento a los interesados cuyos datos personales estén siendo transferidos de derechos efectivos y exigibles y de recursos administrativos y acciones judiciales que sean efectivos;

b) la existencia y el funcionamiento efectivo de una o varias autoridades de control independientes en el tercer país o a las cuales esté sujeta una organización internacional, con la responsabilidad de garantizar y hacer cumplir las normas en materia de protección de datos, incluidos poderes de ejecución adecuados, de asistir y asesorar a los interesados en el ejercicio de sus derechos, y de cooperar con las autoridades de control de la Unión y de los Estados miembros, y

c) los compromisos internacionales asumidos por el tercer país u organización internacional de que se trate, u otras obligaciones derivadas de acuerdos o instrumentos jurídicamente vinculantes, así como de su participación en sistemas multilaterales o regionales, en particular en relación con la protección de los datos personales.

3. La Comisión, tras haber evaluado la adecuación del nivel de protección, podrá decidir, mediante un acto de ejecución, que un tercer país, un territorio o uno o varios sectores específicos de un tercer país, o una organización internacional garantizan un nivel de protección adecuado a tenor de lo dispuesto en el apartado 2 del presente artículo. El acto de ejecución establecerá un mecanismo de revisión periódica, al menos cada cuatro años, que tenga en cuenta todos los acontecimientos relevantes en el tercer país o en la organización internacional. El acto de ejecución especificará su ámbito de aplicación territorial y sectorial, y, en su caso, determinará la autoridad o autoridades de control a que se refiere el apartado 2, letra b), del presente artículo. El acto de ejecución se adoptará con arreglo al procedimiento de examen a que se refiere el artículo 93, apartado 2.

4. La Comisión supervisará de manera continuada los acontecimientos en países terceros y organizaciones internacionales que puedan afectar a la efectiva aplicación de las

decisiones adoptadas con arreglo al apartado 3 del presente artículo y de las decisiones adoptadas sobre la base del artículo 25, apartado 6, de la Directiva 95/46/CE.

5. Cuando la información disponible, en particular tras la revisión a que se refiere el apartado 3 del presente artículo, muestre que un tercer país, un territorio o un sector específico de ese tercer país, o una organización internacional ya no garantiza un nivel de protección adecuado a tenor del apartado 2 del presente artículo, la Comisión, mediante actos de ejecución, derogará, modificará o suspenderá, en la medida necesaria y sin efecto retroactivo, la decisión a que se refiere el apartado 3 del presente artículo. Dichos actos de ejecución se adoptarán de acuerdo con el procedimiento de examen a que se refiere el artículo 93, apartado 2.

Por razones imperiosas de urgencia debidamente justificadas, la Comisión adoptará actos de ejecución inmediatamente aplicables de conformidad con el procedimiento a que se refiere el artículo 93, apartado 3.

6 La Comisión entablará consultas con el tercer país u organización internacional con vistas a poner remedio a la situación que dé lugar a la decisión adoptada de conformidad con el apartado 5.

7. Toda decisión de conformidad con el apartado 5 del presente artículo se entenderá sin perjuicio de las transferencias de datos personales al tercer país, a un territorio o uno o varios sectores específicos de ese tercer país, o a la organización internacional de que se trate en virtud de los artículos 46 a 49.

8. La Comisión publicará en el Diario Oficial de la Unión Europea y en su página web una lista de terceros países, territorios y sectores específicos en un tercer país, y organizaciones internacionales respecto de los cuales haya decidido que se garantiza, o ya no, un nivel de protección adecuado.

9. Las decisiones adoptadas por la Comisión en virtud del artículo 25, apartado 6, de la Directiva 95/46/CE permanecerán en vigor hasta que sean modificadas, sustituidas o derogadas por una decisión de la Comisión adoptada de conformidad con los apartados 3 o 5 del presente artículo.

Ver art. 72.1.l), D.A. 5.ª LOPDGDD.

Apdo. 3: Ver art. 46, 49 y 83.5 RGPD.

ART. 46. Transferencias mediante garantías adecuadas

1. A falta de decisión con arreglo al artículo 45, apartado 3, el responsable o el encargado del tratamiento solo podrá transmitir datos personales a un tercer país u organización internacional si hubiera ofrecido garantías adecuadas y a condición de que los interesados cuenten con derechos exigibles y acciones legales efectivas.

2. Las garantías adecuadas con arreglo al apartado 1 podrán ser aportadas, sin que se requiera ninguna autorización expresa de una autoridad de control, por:

a) un instrumento jurídicamente vinculante y exigible entre las autoridades u organismos públicos;

b) normas corporativas vinculantes de conformidad con el artículo 47;

c) cláusulas tipo de protección de datos adoptadas por la Comisión de conformidad con el procedimiento de examen a que se refiere el artículo 93, apartado 2;

d) cláusulas tipo de protección de datos adoptadas por una autoridad de control y aprobadas por la Comisión con arreglo al procedimiento de examen a que se refiere en el artículo 93, apartado 2;

e) un código de conducta aprobado con arreglo al artículo 40, junto con compromisos vinculantes y exigibles del responsable o el encargado del tratamiento en el tercer país de aplicar garantías adecuadas, incluidas la relativas a los derechos de los interesados, o

f) un mecanismo de certificación aprobado con arreglo al artículo 42, junto con compromisos vinculantes y exigibles del responsable o el encargado del tratamiento en el tercer país de aplicar garantías adecuadas, incluidas la relativas a los derechos de los interesados.

3. Siempre que exista autorización de la autoridad de control competente, las garantías adecuadas contempladas en el apartado 1 podrán igualmente ser aportadas, en particular, mediante:

a) cláusulas contractuales entre el responsable o el encargado y el responsable, encargado o destinatario de los datos personales en el tercer país u organización internacional, o

b) disposiciones que se incorporen en acuerdos administrativos entre las autoridades u organismos públicos que incluyan derechos efectivos y exigibles para los interesados.

4. La autoridad de control aplicará el mecanismo de coherencia a que se refiere el artículo 63 en los casos indicados en el apartado 3 del presente artículo.

5. Las autorizaciones otorgadas por un Estado miembro o una autoridad de control de conformidad con el artículo 26, apartado 2, de la Directiva 95/46/CE seguirán siendo válidas hasta que hayan sido modificadas, sustituidas o derogadas, en caso necesario, por dicha autoridad de control. Las decisiones adoptadas por la Comisión en virtud del artículo 26, apartado 4, de la Directiva 95/46/CE permanecerán en vigor hasta que sean modificadas, sustituidas o derogadas, en caso necesario, por una decisión de la Comisión adoptada de conformidad con el apartado 2 del presente artículo.

Ver arts. 13.1.f) y 14.1.f), 45.7, 49, 58.3, 64.1 y 83.5 RGPD.

Ver arts. 42, 72.1.l) LOPDGDD

Apdo. 2.c): Ver art. 41.1 LOPDGDD.

Apdo. 2.d): Ver art. 57.1.j) RGPD

Apdo. 2.e): Ver art. 40.3 RGPD.

Apdo. 2.f): Ver art. 42.2 RGPD.

Apdo. 3: Ver art. 57.1.r) RGPD.

ART. 47. Normas corporativas vinculantes

1. La autoridad de control competente aprobará normas corporativas vinculantes de conformidad con el mecanismo de coherencia establecido en el artículo 63, siempre que estas:

a) sean jurídicamente vinculantes y se apliquen y sean cumplidas por todos los miembros correspondientes del grupo empresarial o de la unión de empresas dedicadas a una actividad económica conjunta, incluidos sus empleados;

b) confieran expresamente a los interesados derechos exigibles en relación con el tratamiento de sus datos personales, y

c) cumplan los requisitos establecidos en el apartado 2.

2. Las normas corporativas vinculantes mencionadas en el apartado 1 especificarán, como mínimo, los siguientes elementos:

a) la estructura y los datos de contacto del grupo empresarial o de la unión de empresas dedicadas a una actividad económica conjunta y de cada uno de sus miembros;

b) las transferencias o conjuntos de transferencias de datos, incluidas las categorías de datos personales, el tipo de tratamientos y sus fines, el tipo de interesados afectados y el nombre del tercer o los terceros países en cuestión;

c) su carácter jurídicamente vinculante, tanto a nivel interno como externo;

d) la aplicación de los principios generales en materia de protección de datos, en particular la limitación de la finalidad, la minimización de los datos, los periodos de conservación limitados, la calidad de los datos, la protección de los datos desde el diseño y por defecto, la base del tratamiento, el tratamiento de categorías especiales de datos personales, las medidas encaminadas a garantizar la seguridad de los datos y los requisitos con respecto a las transferencias ulteriores a organismos no vinculados por las normas corporativas vinculantes;

e) los derechos de los interesados en relación con el tratamiento y los medios para ejercerlos, en particular el derecho a no ser objeto de decisiones basadas exclusivamente en un tratamiento automatizado, incluida la elaboración de perfiles de conformidad con lo dispuesto en el artículo 22, el derecho a presentar una reclamación ante la autoridad de control competente y ante los tribunales competentes de los Estados miembros de conformidad con el artículo 79, y el derecho a obtener una reparación, y, cuando proceda, una indemnización por violación de las normas corporativas vinculantes;

f) la aceptación por parte del responsable o del encargado del tratamiento establecidos en el territorio de un Estado miembro de la responsabilidad por cualquier violación de las normas corporativas vinculantes por parte de cualquier miembro de que se trate no establecido en la Unión; el responsable o el encargado solo será exonerado, total o parcialmente, de dicha responsabilidad si demuestra que el acto que originó los daños y perjuicios no es imputable a dicho miembro;

g) la forma en que se facilita a los interesados la información sobre las normas corporativas vinculantes, en particular en lo que respecta a las disposiciones contempladas en las letras d), e) y f) del presente apartado, además de los artículos 13 y 14;

h) las funciones de todo delegado de protección de datos designado de conformidad con el artículo 37, o de cualquier otra persona o entidad encargada de la supervisión del cumplimiento de las normas corporativas vinculantes dentro del grupo empresarial o de la unión de empresas dedicadas a una actividad económica conjunta, así como de la supervisión de la formación y de la tramitación de las reclamaciones;

i) los procedimientos de reclamación;

j) los mecanismos establecidos dentro del grupo empresarial o de la unión de empresas dedicadas a una actividad económica conjunta para garantizar la verificación del cumplimiento de las normas corporativas vinculantes. Dichos mecanismos incluirán auditorías de protección de datos y métodos para garantizar acciones correctivas para proteger los derechos del interesado. Los resultados de dicha verificación deberían comunicarse a la persona o entidad a que se refiere la letra h) y al consejo de administración de la empresa que controla un grupo empresarial, o de la unión de empresas dedicadas a una actividad económica conjunta, y ponerse a disposición de la autoridad de control competente que lo solicite;

k) los mecanismos establecidos para comunicar y registrar las modificaciones introducidas en las normas y para notificar esas modificaciones a la autoridad de control;

l) el mecanismo de cooperación con la autoridad de control para garantizar el cumplimiento por parte de cualquier miembro del grupo empresarial o de la unión de empresas dedicadas a una actividad económica conjunta, en particular poniendo a disposición de la autoridad de control los resultados de las verificaciones de las medidas contempladas en la letra j);

m) los mecanismos para informar a la autoridad de control competente de cualquier requisito jurídico de aplicación en un país tercero a un miembro del grupo empresarial o de la unión de empresas dedicadas a una actividad económica conjunta, que probablemente tengan un efecto adverso sobre las garantías establecidas en las normas corporativas vinculantes, y

n) la formación en protección de datos pertinente para el personal que tenga acceso permanente o habitual a datos personales.

3. La Comisión podrá especificar el formato y los procedimientos para el intercambio de información entre los responsables, los encargados y las autoridades de control en relación con las normas corporativas vinculantes a tenor de lo dispuesto en el presente artículo. Dichos actos de ejecución se adoptarán con arreglo al procedimiento de examen a que se refiere el artículo 93, apartado 2.

Ver arts. 13.1.f) y 14.1.f), 45.7, 46.2, 57.1.r), 58.3, 64.1, 70.1.i) y 83.5 RGPD.

Ver arts. 41.2, 72.1.l) LOPDGDD.

ART. 48. Transferencias o comunicaciones no autorizadas por el Derecho de la Unión

Cualquier sentencia de un órgano jurisdiccional o decisión de una autoridad administrativa de un tercer país que exijan que un responsable o encargado del tratamiento transfiera o comunique datos personales únicamente será reconocida o ejecutable en cualquier modo si se basa en un acuerdo internacional, como un tratado de asistencia jurídica mutua, vigente entre el país tercero requirente y la Unión o un Estado miembro, sin perjuicio de otros motivos para la transferencia al amparo del presente capítulo.

Ver art. 45.7 y 83.5 RGPD.

Ver art. 72.1.l) LOPDGDD.

ART. 49. Excepciones para situaciones específicas

1. En ausencia de una decisión de adecuación de conformidad con el artículo 45, apartado 3, o de garantías adecuadas de conformidad con el artículo 46, incluidas las normas corporativas vinculantes, una transferencia o un conjunto de transferencias de datos personales a un tercer país u organización internacional únicamente se realizará si se cumple alguna de las condiciones siguientes:

a) el interesado haya dado explícitamente su consentimiento a la transferencia propuesta, tras haber sido informado de los posibles riesgos para él de dichas transferencias debido a la ausencia de una decisión de adecuación y de garantías adecuadas;

b) la transferencia sea necesaria para la ejecución de un contrato entre el interesado y el responsable del tratamiento o para la ejecución de medidas precontractuales adoptadas a solicitud del interesado;

c) la transferencia sea necesaria para la celebración o ejecución de un contrato, en interés del interesado, entre el responsable del tratamiento y otra persona física o jurídica;

d) la transferencia sea necesaria por razones importantes de interés público;

e) la transferencia sea necesaria para la formulación, el ejercicio o la defensa de reclamaciones;

f) la transferencia sea necesaria para proteger los intereses vitales del interesado o de otras personas, cuando el interesado esté física o jurídicamente incapacitado para dar su consentimiento;

g) la transferencia se realice desde un registro público que, con arreglo al Derecho de la Unión o de los Estados miembros, tenga por objeto facilitar información al público y esté abierto a la consulta del público en general o de cualquier persona que pueda acreditar un interés legítimo, pero sólo en la medida en que se cumplan, en cada caso particular, las condiciones que establece el Derecho de la Unión o de los Estados miembros para la consulta.

Cuando una transferencia no pueda basarse en disposiciones de los artículos 45 o 46, incluidas las disposiciones sobre normas corporativas vinculantes, y no sea aplicable ninguna de las excepciones para situaciones específicas a que se refiere el párrafo primero del presente apartado, solo se podrá llevar a cabo si no es repetitiva, afecta solo a un número limitado de interesados, es necesaria a los fines de intereses legítimos imperiosos perseguidos por el responsable del tratamiento sobre los que no prevalezcan los intereses o derechos y libertades del interesado, y el responsable del tratamiento evaluó todas las circunstancias concurrentes en la transferencia de datos y, basándose en esta evaluación, ofreció garantías apropiadas con respecto a la protección de datos personales. El responsable del tratamiento informará a la autoridad de control de la transferencia. Además de la información a que hacen referencia los artículos 13 y 14, el responsable del tratamiento informará al interesado de la transferencia y de los intereses legítimos imperiosos perseguidos.

2. Una transferencia efectuada de conformidad con el apartado 1, párrafo primero, letra g), no abarcará la totalidad de los datos personales ni categorías enteras de datos personales contenidos en el registro. Si la finalidad del registro es la consulta por parte de personas que tengan un interés legítimo, la transferencia solo se efectuará a solicitud de dichas personas o si estas han de ser las destinatarias.

3. En el apartado 1, el párrafo primero, letras a), b) y c), y el párrafo segundo no serán aplicables a las actividades llevadas a cabo por las autoridades públicas en el ejercicio de sus poderes públicos.

4. El interés público contemplado en el apartado 1, párrafo primero, letra d), será reconocido por el Derecho de la Unión o de los Estados miembros que se aplique al responsable del tratamiento.

5. En ausencia de una decisión por la que se constate la adecuación de la protección de los datos, el Derecho de la Unión o de los Estados miembros podrá, por razones importantes de interés público, establecer expresamente límites a la transferencia de categorías específicas de datos a un tercer país u organización internacional. Los Estados miembros notificarán a la Comisión dichas disposiciones.

6. El responsable o el encargado del tratamiento documentarán en los registros indicados en el artículo 30 la evaluación y las garantías apropiadas a que se refiere el apartado 1, párrafo segundo, del presente artículo.

Ver arts. 43, 72.1.l) LOPDGDD.

Apdo. 1: Ver arts. 13.1.f), 14.1.f), 30.2.c), 45.7, 70.1.j) y 83.5 RGPD.

ART. 50. Cooperación internacional en el ámbito de la protección de datos personales

En relación con los terceros países y las organizaciones internacionales, la Comisión y las autoridades de control tomarán medidas apropiadas para:

a) crear mecanismos de cooperación internacional que faciliten la aplicación eficaz de la legislación relativa a la protección de datos personales;

b) prestarse mutuamente asistencia a escala internacional en la aplicación de la legislación relativa a la protección de datos personales, en particular mediante la notificación, la remisión de reclamaciones, la asistencia en las investigaciones y el intercambio de información, a reserva de las garantías adecuadas para la protección de los datos personales y otros derechos y libertades fundamentales;

c) asociar a partes interesadas en la materia a los debates y actividades destinados a reforzar la cooperación internacional en la aplicación de la legislación relativa a la protección de datos personales;

d) promover el intercambio y la documentación de la legislación y las prácticas en materia de protección de datos personales, inclusive en materia de conflictos de jurisdicción con terceros países.

CAPÍTULO VI
Autoridades de control independientes

Sección 1. Independencia

ART. 51. Autoridad de control

1. Cada Estado miembro establecerá que sea responsabilidad de una o varias autoridades públicas independientes (en adelante «autoridad de control») supervisar la aplicación del presente Reglamento, con el fin de proteger los derechos y las libertades fundamentales de las personas físicas en lo que respecta al tratamiento y de facilitar la libre circulación de datos personales en la Unión.

2. Cada autoridad de control contribuirá a la aplicación coherente del presente Reglamento en toda la Unión. A tal fin, las autoridades de control cooperarán entre sí y con la Comisión con arreglo a lo dispuesto en el capítulo VII.

3. Cuando haya varias autoridades de control en un Estado miembro, este designará la autoridad de control que representará a dichas autoridades en el Comité, y establecerá el mecanismo que garantice el cumplimiento por las demás autoridades de las normas relativas al mecanismo de coherencia a que se refiere el artículo 63.

4. Cada Estado miembro notificará a la Comisión las disposiciones legales que adopte de conformidad con el presente capítulo a más tardar el 25 de mayo de 2018 y, sin dilación, cualquier modificación posterior que afecte a dichas disposiciones.

Ver art. 4.21) (Concepto de autoridad de control) y 40.4 RGPD

ART. 52. Independencia

1. Cada autoridad de control actuará con total independencia en el desempeño de sus funciones y en el ejercicio de sus poderes de conformidad con el presente Reglamento.

2. El miembro o los miembros de cada autoridad de control serán ajenos, en el desempeño de sus funciones y en el ejercicio de sus poderes de conformidad con el presente Reglamento, a toda influencia externa, ya sea directa o indirecta, y no solicitarán ni admitirán ninguna instrucción.

3. El miembro o los miembros de cada autoridad de control se abstendrán de cualquier acción que sea incompatible con sus funciones y no participarán, mientras dure su mandato, en ninguna actividad profesional que sea incompatible, remunerada o no.

4. Cada Estado miembro garantizará que cada autoridad de control disponga en todo momento de los recursos humanos, técnicos y financieros, así como de los locales y las infraestructuras necesarios para el cumplimiento efectivo de sus funciones y el ejercicio de sus poderes, incluidos aquellos que haya de ejercer en el marco de la asistencia mutua, la cooperación y la participación en el Comité.

5. Cada Estado miembro garantizará que cada autoridad de control elija y disponga de su propio personal, que estará sujeto a la autoridad exclusiva del miembro o miembros de la autoridad de control interesada.

6. Cada Estado miembro garantizará que cada autoridad de control esté sujeta a un control financiero que no afecte a su independencia y que disponga de un presupuesto anual, público e independiente, que podrá formar parte del presupuesto general del Estado o de otro ámbito nacional.

ART. 53. Condiciones generales aplicables a los miembros de la autoridad de control

1. Los Estados miembros dispondrán que cada miembro de sus autoridades de control sea nombrado mediante un procedimiento transparente por:
- su Parlamento,
- su Gobierno,
- su Jefe de Estado, o
- un organismo independiente encargado del nombramiento en virtud del Derecho de los Estados miembros.

2. Cada miembro poseerá la titulación, la experiencia y las aptitudes, en particular en el ámbito de la protección de datos personales, necesarias para el cumplimiento de sus funciones y el ejercicio de sus poderes.

3. Los miembros darán por concluidas sus funciones en caso de terminación del mandato, dimisión o jubilación obligatoria, de conformidad con el Derecho del Estado miembro de que se trate.

4. Un miembro será destituido únicamente en caso de conducta irregular grave o si deja de cumplir las condiciones exigidas en el desempeño de sus funciones.

ART. 54. Normas relativas al establecimiento de la autoridad de control

1. Cada Estado miembro establecerá por ley todos los elementos indicados a continuación:

a) el establecimiento de cada autoridad de control;

b) las cualificaciones y condiciones de idoneidad necesarias para ser nombrado miembro de cada autoridad de control;

c) las normas y los procedimientos para el nombramiento del miembro o miembros de cada autoridad de control;

d) la duración del mandato del miembro o los miembros de cada autoridad de control, no inferior a cuatro años, salvo el primer nombramiento posterior al 24 de mayo de 2016, parte del cual podrá ser más breve cuando sea necesario para proteger la independencia de la autoridad de control por medio de un procedimiento de nombramiento escalonado;

e) el carácter renovable o no del mandato del miembro o los miembros de cada autoridad de control y, en su caso, el número de veces que podrá renovarse;

f) las condiciones por las que se rigen las obligaciones del miembro o los miembros y del personal de cada autoridad de control, las prohibiciones relativas a acciones, ocupaciones y prestaciones incompatibles con el cargo durante el mandato y después del mismo, y las normas que rigen el cese en el empleo.

2. El miembro o miembros y el personal de cada autoridad de control estarán sujetos, de conformidad con el Derecho de la Unión o de los Estados miembros, al deber de secreto profesional, tanto durante su mandato como después del mismo, con relación a las informaciones confidenciales de las que hayan tenido conocimiento en el cumplimiento de sus funciones o el ejercicio de sus poderes. Durante su mandato, dicho deber de secreto profesional se aplicará en particular a la información recibida de personas físicas en relación con infracciones del presente Reglamento.

Apdo. 2: Ver art. 70.1.m) RGPD.

Sección 2. Competencia, funciones y poderes

ART. 55. Competencia

1. Cada autoridad de control será competente para desempeñar las funciones que se le asignen y ejercer los poderes que se le confieran de conformidad con el presente Reglamento en el territorio de su Estado miembro.

2. Cuando el tratamiento sea efectuado por autoridades públicas o por organismos privados que actúen con arreglo al artículo 6, apartado 1, letras c) o e), será competente la autoridad de control del Estado miembro de que se trate. No será aplicable en tales casos el artículo 56.

3. Las autoridades de control no serán competentes para controlar las operaciones de tratamiento efectuadas por los tribunales en el ejercicio de su función judicial.

Ver arts. 33, 40.5, 40.7, 43, 56.1, 61.8, 62.7 y 78.2 RGPD.

ART. 56. Competencia de la autoridad de control principal

1. Sin perjuicio de lo dispuesto en el artículo 55, la autoridad de control del establecimiento principal o del único establecimiento del responsable o del encargado del tratamiento será competente para actuar como autoridad de control principal para el tratamiento transfronterizo realizado por parte de dicho responsable o encargado con arreglo al procedimiento establecido en el artículo 60.

2. No obstante lo dispuesto en el apartado 1, cada autoridad de control será competente para tratar una reclamación que le sea presentada o una posible infracción del presente Reglamento, en caso de que se refiera únicamente a un establecimiento situado en su Estado miembro o únicamente afecte de manera sustancial a interesados en su Estado miembro.

3. En los casos a que se refiere el apartado 2 del presente artículo, la autoridad de control informará sin dilación al respecto a la autoridad de control principal. En el plazo de tres semanas después de haber sido informada, la autoridad de control principal decidirá si tratará o no el caso de conformidad con el procedimiento establecido en el artículo 60, teniendo presente si existe un establecimiento del responsable o encargado del tratamiento en el Estado miembro de la autoridad de control que le haya informado.

4. En caso de que la autoridad de control principal decida tratar el caso, se aplicará el procedimiento establecido en el artículo 60. La autoridad de control que haya informado a la autoridad de control principal podrá presentarle un proyecto de decisión. La autoridad de control principal tendrá en cuenta en la mayor medida posible dicho proyecto al preparar el proyecto de decisión a que se refiere el artículo 60, apartado 3.

5. En caso de que la autoridad de control principal decida no tratar el caso, la autoridad de control que le haya informado lo tratará con arreglo a los artículos 61 y 62.

6. La autoridad de control principal será el único interlocutor del responsable o del encargado en relación con el tratamiento transfronterizo realizado por dicho responsable o encargado.

Ver arts. 40.4, 43, 62.2 y 78.2 RGPD.

Ver arts. 61, 64 LOPDGDD.

ART. 57. Funciones

1. Sin perjuicio de otras funciones en virtud del presente Reglamento, incumbirá a cada autoridad de control, en su territorio:

a) controlar la aplicación del presente Reglamento y hacerlo aplicar;

b) promover la sensibilización del público y su comprensión de los riesgos, normas, garantías y derechos en relación con el tratamiento. Las actividades dirigidas específicamente a los niños deberán ser objeto de especial atención;

c) asesorar, con arreglo al Derecho de los Estados miembros, al Parlamento nacional, al Gobierno y a otras instituciones y organismos sobre las medidas legislativas y administrativas relativas a la protección de los derechos y libertades de las personas físicas con respecto al tratamiento;

d) promover la sensibilización de los responsables y encargados del tratamiento acerca de las obligaciones que les incumben en virtud del presente Reglamento;

e) previa solicitud, facilitar información a cualquier interesado en relación con el ejercicio de sus derechos en virtud del presente Reglamento y, en su caso, cooperar a tal fin con las autoridades de control de otros Estados miembros;

f) tratar las reclamaciones presentadas por un interesado o por un organismo, organización o asociación de conformidad con el artículo 80, e investigar, en la medida oportuna, el motivo de la reclamación e informar al reclamante sobre el curso y el resultado de la investigación en un plazo razonable, en particular si fueran necesarias nuevas investigaciones o una coordinación más estrecha con otra autoridad de control;

g) cooperar, en particular compartiendo información, con otras autoridades de control y prestar asistencia mutua con el fin de garantizar la coherencia en la aplicación y ejecución del presente Reglamento;

h) llevar a cabo investigaciones sobre la aplicación del presente Reglamento, en particular basándose en información recibida de otra autoridad de control u otra autoridad pública;

i) hacer un seguimiento de cambios que sean de interés, en la medida en que tengan incidencia en la protección de datos personales, en particular el desarrollo de las tecnologías de la información y la comunicación y las prácticas comerciales;

j) adoptar las cláusulas contractuales tipo a que se refieren el artículo 28, apartado 8, y el artículo 46, apartado 2, letra d);

k) elaborar y mantener una lista relativa al requisito de la evaluación de impacto relativa a la protección de datos, en virtud del artículo 35, apartado 4;

l) ofrecer asesoramiento sobre las operaciones de tratamiento contempladas en el artículo 36, apartado 2;

m) alentar la elaboración de códigos de conducta con arreglo al artículo 40, apartado 1, y dictaminar y aprobar los códigos de conducta que den suficientes garantías con arreglo al artículo 40, apartado 5;

n) fomentar la creación de mecanismos de certificación de la protección de datos y de sellos y marcas de protección de datos con arreglo al artículo 42, apartado 1, y aprobar los criterios de certificación de conformidad con el artículo 42, apartado 5;

o) llevar a cabo, si procede, una revisión periódica de las certificaciones expedidas en virtud del artículo 42, apartado 7;

p) elaborar y publicar los requisitos para la acreditación de organismos de supervisión de los códigos de conducta con arreglo al artículo 41 y de organismos de certificación con arreglo al artículo 43;

q) efectuar la acreditación de organismos de supervisión de los códigos de conducta con arreglo al artículo 41 y de organismos de certificación con arreglo al artículo 43;

r) autorizar las cláusulas contractuales y disposiciones a que se refiere el artículo 46, apartado 3;

s) aprobar normas corporativas vinculantes de conformidad con lo dispuesto en el artículo 47;

t) contribuir a las actividades del Comité;

u) llevar registros internos de las infracciones del presente Reglamento y de las medidas adoptadas de conformidad con el artículo 58, apartado 2, y

v) desempeñar cualquier otra función relacionada con la protección de los datos personales.

2. Cada autoridad de control facilitará la presentación de las reclamaciones contempladas en el apartado 1, letra f), mediante medidas como un formulario de presentación de reclamaciones que pueda cumplimentarse también por medios electrónicos, sin excluir otros medios de comunicación.

3. El desempeño de las funciones de cada autoridad de control será gratuito para el interesado y, en su caso, para el delegado de protección de datos.

4. Cuando las solicitudes sean manifiestamente infundadas o excesivas, especialmente debido a su carácter repetitivo, la autoridad de control podrá establecer una tasa razonable basada en los costes administrativos o negarse a actuar respecto de la solicitud. La carga de demostrar el carácter manifiestamente infundado o excesivo de la solicitud recaerá en la autoridad de control.

Ver arts. 41 y 43 RGPD.

Ver arts. 39, 47, 57 LOPDGDD.

ART. 58. Poderes

1. Cada autoridad de control dispondrá de todos los poderes de investigación indicados a continuación:

a) ordenar al responsable y al encargado del tratamiento y, en su caso, al representante del responsable o del encargado, que faciliten cualquier información que requiera para el desempeño de sus funciones;

b) llevar a cabo investigaciones en forma de auditorías de protección de datos;

c) llevar a cabo una revisión de las certificaciones expedidas en virtud del artículo 42, apartado 7;

d) notificar al responsable o al encargado del tratamiento las presuntas infracciones del presente Reglamento;

e) obtener del responsable y del encargado del tratamiento el acceso a todos los datos personales y a toda la información necesaria para el ejercicio de sus funciones;

f) obtener el acceso a todos los locales del responsable y del encargado del tratamiento, incluidos cualesquiera equipos y medios de tratamiento de datos, de conformidad con el Derecho procesal de la Unión o de los Estados miembros.

2. Cada autoridad de control dispondrá de todos los siguientes poderes correctivos indicados a continuación:

a) dirigir a todo responsable o encargado del tratamiento una advertencia cuando las operaciones de tratamiento previstas puedan infringir lo dispuesto en el presente Reglamento;

b) dirigir a todo responsable o encargado del tratamiento un apercibimiento cuando las operaciones de tratamiento hayan infringido lo dispuesto en el presente Reglamento;

c) ordenar al responsable o encargado del tratamiento que atiendan las solicitudes de ejercicio de los derechos del interesado en virtud del presente Reglamento;

d) ordenar al responsable o encargado del tratamiento que las operaciones de tratamiento se ajusten a las disposiciones del presente Reglamento, cuando proceda, de una determinada manera y dentro de un plazo especificado;

e) ordenar al responsable del tratamiento que comunique al interesado las violaciones de la seguridad de los datos personales;

f) imponer una limitación temporal o definitiva del tratamiento, incluida su prohibición;

g) ordenar la rectificación o supresión de datos personales o la limitación de tratamiento con arreglo a los artículos 16, 17 y 18 y la notificación de dichas medidas a los destinatarios a quienes se hayan comunicado datos personales con arreglo a al artículo 17, apartado 2, y al artículo 19;

h) retirar una certificación u ordenar al organismo de certificación que retire una certificación emitida con arreglo a los artículos 42 y 43, u ordenar al organismo de certificación que no se emita una certificación si no se cumplen o dejan de cumplirse los requisitos para la certificación;

i) imponer una multa administrativa con arreglo al artículo 83, además o en lugar de las medidas mencionadas en el presente apartado, según las circunstancias de cada caso particular;

j) ordenar la suspensión de los flujos de datos hacia un destinatario situado en un tercer país o hacia una organización internacional.

3. Cada autoridad de control dispondrá de todos los poderes de autorización y consultivos indicados a continuación:

a) asesorar al responsable del tratamiento conforme al procedimiento de consulta previa contemplado en el artículo 36;

b) emitir, por iniciativa propia o previa solicitud, dictámenes destinados al Parlamento nacional, al Gobierno del Estado miembro o, con arreglo al Derecho de los Estados miembros, a otras instituciones y organismos, así como al público, sobre cualquier asunto relacionado con la protección de los datos personales;

c) autorizar el tratamiento a que se refiere el artículo 36, apartado 5, si el Derecho del Estado miembro requiere tal autorización previa;

d) emitir un dictamen y aprobar proyectos de códigos de conducta de conformidad con lo dispuesto en el artículo 40, apartado 5;

e) acreditar los organismos de certificación con arreglo al artículo 43;

f) expedir certificaciones y aprobar criterios de certificación con arreglo al artículo 42, apartado 5;

g) adoptar las cláusulas tipo de protección de datos contempladas en el artículo 28, apartado 8, y el artículo 46, apartado 2, letra d);

h) autorizar las cláusulas contractuales indicadas en el artículo 46, apartado 3, letra a);

i) autorizar los acuerdos administrativos contemplados en el artículo 46, apartado 3, letra b);

j) aprobar normas corporativas vinculantes de conformidad con lo dispuesto en el artículo 47.

4. El ejercicio de los poderes conferidos a la autoridad de control en virtud del presente artículo estará sujeto a las garantías adecuadas, incluida la tutela judicial efectiva y al respeto de las garantías procesales, establecidas en el Derecho de la Unión y de los Estados miembros de conformidad con la Carta.

5. Cada Estado miembro dispondrá por ley que su autoridad de control esté facultada para poner en conocimiento de las autoridades judiciales las infracciones del presente Reglamento y, si procede, para iniciar o ejercitar de otro modo acciones judiciales, con el fin de hacer cumplir lo dispuesto en el mismo.

6. Cada Estado miembro podrá establecer por ley que su autoridad de control tenga otros poderes además de los indicadas en los apartados 1, 2 y 3. El ejercicio de dichos poderes no será obstáculo a la aplicación efectiva del capítulo VII.

Ver arts. 36.2, 41, 43, 70.1.k), 83 y 90 RGPD.

Ver arts. 39, 43.3, 47, 57 LOPDGDD.

Apdo. 2: Ver art. 57.1.u) RGPD; 72.1.m) LOPDGDD.

Apdo. 3: Ver art. 42.5 RGPD.

ART. 59. Informe de actividad

Cada autoridad de control elaborará un informe anual de sus actividades, que podrá incluir una lista de tipos de infracciones notificadas y de tipos de medidas adoptadas de conformidad con el artículo 58, apartado 2. Los informes se transmitirán al Parlamento nacional, al Gobierno y a las demás autoridades designadas en virtud del Derecho de los Estados miembros. Se pondrán a disposición del público, de la Comisión y del Comité.

CAPÍTULO VII
Cooperación y coherencia

Ver arts. 51.2, 58.6 y 97 RGPD.

Sección 1. Cooperación y coherencia

ART. 60. Cooperación entre la autoridad de control principal y las demás autoridades de control interesadas

1. La autoridad de control principal cooperará con las demás autoridades de control interesadas de acuerdo con el presente artículo, esforzándose por llegar a un consenso. La autoridad de control principal y las autoridades de control interesadas se intercambiarán toda información pertinente.

2. La autoridad de control principal podrá solicitar en cualquier momento a otras autoridades de control interesadas que presten asistencia mutua con arreglo al artículo 61, y podrá llevar a cabo operaciones conjuntas con arreglo al artículo 62, en particular para realizar investigaciones o supervisar la aplicación de una medida relativa a un responsable o un encargado del tratamiento establecido en otro Estado miembro.

3. La autoridad de control principal comunicará sin dilación a las demás autoridades de control interesadas la información pertinente a este respecto. Transmitirá sin dilación un proyecto de decisión a las demás autoridades de control interesadas para obtener su dictamen al respecto y tendrá debidamente en cuenta sus puntos de vista.

4. En caso de que cualquiera de las autoridades de control interesadas formule una objeción pertinente y motivada acerca del proyecto de decisión en un plazo de cuatro semanas a partir de la consulta con arreglo al apartado 3 del presente artículo, la autoridad de control principal someterá el asunto, en caso de que no siga lo indicado en la objeción pertinente y motivada o estime que dicha objeción no es pertinente o no está motivada, al mecanismo de coherencia contemplado en el artículo 63.

5. En caso de que la autoridad de control principal prevea seguir lo indicado en la objeción pertinente y motivada recibida, presentará a dictamen de las demás autoridades de control interesadas un proyecto de decisión revisado. Dicho proyecto de decisión revisado se someterá al procedimiento indicado en el apartado 4 en un plazo de dos semanas.

6. En caso de que ninguna otra autoridad de control interesada haya presentado objeciones al proyecto de decisión transmitido por la autoridad de control principal en el plazo indicado en los apartados 4 y 5, se considerará que la autoridad de control principal y las autoridades de control interesadas están de acuerdo con dicho proyecto de decisión y estarán vinculadas por este.

7. La autoridad de control principal adoptará y notificará la decisión al establecimiento principal o al establecimiento único del responsable o el encargado del tratamiento, según proceda, e informará de la decisión a las autoridades de control interesadas y al Comité,

incluyendo un resumen de los hechos pertinentes y la motivación. La autoridad de control ante la que se haya presentado una reclamación informará de la decisión al reclamante.

8. No obstante lo dispuesto en el apartado 7, cuando se desestime o rechace una reclamación, la autoridad de control ante la que se haya presentado adoptará la decisión, la notificará al reclamante e informará de ello al responsable del tratamiento.

9. En caso de que la autoridad de control principal y las autoridades de control interesadas acuerden desestimar o rechazar determinadas partes de una reclamación y atender otras partes de ella, se adoptará una decisión separada para cada una de esas partes del asunto. La autoridad de control principal adoptará la decisión respecto de la parte referida a acciones en relación con el responsable del tratamiento, la notificará al establecimiento principal o al único establecimiento del responsable o del encargado en el territorio de su Estado miembro, e informará de ello al reclamante, mientras que la autoridad de control del reclamante adoptará la decisión respecto de la parte relativa a la desestimación o rechazo de dicha reclamación, la notificará a dicho reclamante e informará de ello al responsable o al encargado.

10. Tras recibir la notificación de la decisión de la autoridad de control principal con arreglo a los apartados 7 y 9, el responsable o el encargado del tratamiento adoptará las medidas necesarias para garantizar el cumplimiento de la decisión en lo tocante a las actividades de tratamiento en el contexto de todos sus establecimientos en la Unión. El responsable o el encargado notificarán las medidas adoptadas para dar cumplimiento a dicha decisión a la autoridad de control principal, que a su vez informará a las autoridades de control interesadas.

11. En circunstancias excepcionales, cuando una autoridad de control interesada tenga motivos para considerar que es urgente intervenir para proteger los intereses de los interesados, se aplicará el procedimiento de urgencia a que se refiere el artículo 66.

12. La autoridad de control principal y las demás autoridades de control interesadas se facilitarán recíprocamente la información requerida en el marco del presente artículo por medios electrónicos, utilizando un formulario normalizado.

Ver arts. 4.21) (Concepto de autoridad de control), 4.22) (Concepto de autoridad de control interesada), 56 y 65 RGPD.

Ver art. 61, 64, 68, 75 LOPDGDD.

Apdo. 8: Ver art. 66 LOPDGDD.

ART. 61. Asistencia mutua

1. Las autoridades de control se facilitarán información útil y se prestarán asistencia mutua a fin de aplicar el presente Reglamento de manera coherente, y tomarán medidas para asegurar una efectiva cooperación entre ellas. La asistencia mutua abarcará, en particular, las solicitudes de información y las medidas de control, como las solicitudes para llevar a cabo autorizaciones y consultas previas, inspecciones e investigaciones.

2. Cada autoridad de control adoptará todas las medidas oportunas requeridas para responder a una solicitud de otra autoridad de control sin dilación indebida y a más tardar en el plazo de un mes a partir de la solicitud. Dichas medidas podrán incluir, en particular, la transmisión de información pertinente sobre el desarrollo de una investigación.

3. Las solicitudes de asistencia deberán contener toda la información necesaria, entre otras cosas respecto de la finalidad y los motivos de la solicitud. La información que se intercambie se utilizará únicamente para el fin para el que haya sido solicitada.

4. La autoridad de control requerida no podrá negarse a responder a una solicitud, salvo si:

a) no es competente en relación con el objeto de la solicitud o con las medidas cuya ejecución se solicita, o

b) el hecho de responder a la solicitud infringiría el presente Reglamento o el Derecho de la Unión o de los Estados miembros que se aplique a la autoridad de control a la que se dirigió la solicitud.

5. La autoridad de control requerida informará a la autoridad de control requirente de los resultados obtenidos o, en su caso, de los progresos registrados o de las medidas adoptadas para responder a su solicitud. La autoridad de control requerida explicará los motivos de su negativa a responder a una solicitud al amparo del apartado 4.

6. Como norma general, las autoridades de control requeridas facilitarán la información solicitada por otras autoridades de control por medios electrónicos, utilizando un formato normalizado.

7. Las autoridades de control requeridas no cobrarán tasa alguna por las medidas adoptadas a raíz de una solicitud de asistencia mutua. Las autoridades de control podrán convenir normas de indemnización recíproca por gastos específicos derivados de la prestación de asistencia mutua en circunstancias excepcionales.

8. Cuando una autoridad de control no facilite la información mencionada en el apartado 5 del presente artículo en el plazo de un mes a partir de la recepción de la solicitud de otra autoridad de control, la autoridad de control requirente podrá adoptar una medida provisional en el territorio de su Estado miembro de conformidad con lo dispuesto en el artículo 55, apartado 1. En ese caso, se supondrá que existe la necesidad urgente contemplada en el artículo 66, apartado 1, que exige una decisión urgente y vinculante del Comité en virtud del artículo 66, apartado 2.

9. La Comisión podrá, mediante actos de ejecución, especificar el formato y los procedimientos de asistencia mutua contemplados en el presente artículo, así como las modalidades del intercambio de información por medios electrónicos entre las autoridades de control y entre las autoridades de control y el Comité, en especial el formato normalizado mencionado en el apartado 6 del presente artículo. Dichos actos de ejecución se adoptarán con arreglo al procedimiento de examen a que se refiere el artículo 93, apartado 2.

Ver arts. 56.5, 60.2 y 64 RGPD.

ART. 62. Operaciones conjuntas de las autoridades de control

1. Las autoridades de control realizarán, en su caso, operaciones conjuntas, incluidas investigaciones conjuntas y medidas de ejecución conjuntas, en las que participen miembros o personal de las autoridades de control de otros Estados miembros.

2. Si el responsable o el encargado del tratamiento tiene establecimientos en varios Estados miembros o si es probable que un número significativo de interesados en más de un Estado miembro se vean sustancialmente afectados por las operaciones de tratamiento, una autoridad de control de cada uno de esos Estados miembros tendrá derecho a participar en operaciones conjuntas. La autoridad de control que sea competente en virtud del artículo 56, apartados 1 o 4, invitará a la autoridad de control de cada uno de dichos Estados miembros a participar en las operaciones conjuntas y responderá sin dilación a la solicitud de participación presentada por una autoridad de control.

3. Una autoridad de control podrá, con arreglo al Derecho de su Estado miembro y con la autorización de la autoridad de control de origen, conferir poderes, incluidos poderes de investigación, a los miembros o al personal de la autoridad de control de origen que participen en operaciones conjuntas, o aceptar, en la medida en que lo permita el Derecho del Estado miembro de la autoridad de control de acogida, que los miembros o el personal de la autoridad de control de origen ejerzan sus poderes de investigación de conformidad con el Derecho del Estado miembro de la autoridad de control de origen. Dichos poderes de investigación solo podrán ejercerse bajo la orientación y en presencia de miembros o personal de la autoridad de control de acogida. Los miembros o el personal de la autoridad de control de origen estarán sujetos al Derecho del Estado miembro de la autoridad de control de acogida.

4. Cuando participe, de conformidad con el apartado 1, personal de la autoridad de control de origen en operaciones en otro Estado miembro, el Estado miembro de la autoridad de control de acogida asumirá la responsabilidad de acuerdo con el Derecho del Estado miembro en cuyo territorio se desarrollen las operaciones, por los daños y perjuicios que haya causado dicho personal en el transcurso de las mismas.

5. El Estado miembro en cuyo territorio se causaron los daños y perjuicios asumirá su reparación en las condiciones aplicables a los daños y perjuicios causados por su propio personal. El Estado miembro de la autoridad de control de origen cuyo personal haya causado daños y perjuicios a cualquier persona en el territorio de otro Estado miembro le restituirá íntegramente los importes que este último haya abonado a los derechohabientes.

6. Sin perjuicio del ejercicio de sus derechos frente a terceros y habida cuenta de la excepción establecida en el apartado 5, los Estados miembros renunciarán, en el caso contemplado en el apartado 1, a solicitar de otro Estado miembro el reembolso del importe de los daños y perjuicios mencionados en el apartado 4.

7. Cuando se prevea una operación conjunta y una autoridad de control no cumpla en el plazo de un mes con la obligación establecida en el apartado 2, segunda frase, del presente artículo, las demás autoridades de control podrán adoptar una medida provisional en el territorio de su Estado miembro de conformidad con el artículo 55. En ese caso, se presumirá la existencia de una necesidad urgente a tenor del artículo 66, apartado 1, y se requerirá dictamen o decisión vinculante urgente del Comité en virtud del artículo 66, apartado 2.

Ver arts. 56.5, 60.2 y 64 RGPD.

Ver art. 51.3 LOPDGDD.

Sección 2. Coherencia

ART. 63. Mecanismo de coherencia

A fin de contribuir a la aplicación coherente del presente Reglamento en toda la Unión, las autoridades de control cooperarán entre sí y, en su caso, con la Comisión, en el marco del mecanismo de coherencia establecido en la presente sección.

Ver arts. 28.8, 35.6, 40.7, 41.3, 42.5, 43, 46.4, 47, 51.3, 60.4 y 74.1 RGPD.

Ver art. 38.4 LOPDGDD.

ART. 64. Dictamen del Comité

1. El Comité emitirá un dictamen siempre que una autoridad de control competente proyecte adoptar alguna de las medidas enumeradas a continuación. A tal fin, la autoridad de control competente comunicará el proyecto de decisión al Comité, cuando la decisión:

a) tenga por objeto adoptar una lista de las operaciones de tratamiento supeditadas al requisito de la evaluación de impacto relativa a la protección de datos de conformidad con el artículo 35, apartado 4;

b) afecte a un asunto de conformidad con el artículo 40, apartado 7, cuyo objeto sea determinar si un proyecto de código de conducta o una modificación o ampliación de un código de conducta es conforme con el presente Reglamento;

c) tenga por objeto aprobar los requisitos para la acreditación de un organismo con arreglo al artículo 41, apartado 3, de un organismo de certificación conforme al artículo 43, apartado 3, o los criterios aplicables a la certificación a que se refiere el artículo 42, apartado 5;

d) tenga por objeto determinar las cláusulas tipo de protección de datos contempladas en el artículo 46, apartado 2, letra d), y el artículo 28, apartado 8;

e) tenga por objeto autorizar las cláusulas contractuales a que se refiere el artículo 46, apartado 3, letra a);

f) tenga por objeto la aprobación de normas corporativas vinculantes a tenor del artículo 47.

2. Cualquier autoridad de control, el presidente del Comité o la Comisión podrán solicitar que cualquier asunto de aplicación general o que surta efecto en más de un Estado miembro sea examinado por el Comité a efectos de dictamen, en particular cuando una autoridad de control competente incumpla las obligaciones relativas a la asistencia mutua con arreglo al artículo 61 o las operaciones conjuntas con arreglo al artículo 62.

3. En los casos a que se refieren los apartados 1 y 2, el Comité emitirá dictamen sobre el asunto que le haya sido presentado siempre que no haya emitido ya un dictamen sobre el mismo asunto. Dicho dictamen se adoptará en el plazo de ocho semanas por mayoría simple de los miembros del Comité. Dicho plazo podrá prorrogarse seis semanas más, teniendo en cuenta la complejidad del asunto. Por lo que respecta al proyecto de decisión a que se refiere el apartado 1 y distribuido a los miembros del Comité con arreglo al apartado 5, todo miembro que no haya presentado objeciones dentro de un plazo razonable indicado por el presidente se considerará conforme con el proyecto de decisión.

4. Las autoridades de control y la Comisión comunicarán sin dilación por vía electrónica al Comité, utilizando un formato normalizado, toda información útil, en particular, cuando proceda, un resumen de los hechos, el proyecto de decisión, los motivos por los que es necesaria tal medida, y las opiniones de otras autoridades de control interesadas.

5. La Presidencia del Comité informará sin dilación indebida por medios electrónicos:

a) a los miembros del Comité y a la Comisión de cualquier información pertinente que le haya sido comunicada, utilizando un formato normalizado. La secretaría del Comité facilitará, de ser necesario, traducciones de la información que sea pertinente, y

b) a la autoridad de control contemplada, en su caso, en los apartados 1 y 2 y a la Comisión del dictamen, y lo publicará.

6. La autoridad de control competente a que se refiere el apartado 1 no adoptará su proyecto de decisión a tenor del apartado 1 en el plazo mencionado en el apartado 3.

7. La autoridad de control competente a que se refiere el apartado 1 tendrá en cuenta en la mayor medida posible el dictamen del Comité y, en el plazo de dos semanas desde la recepción del dictamen, comunicará por medios electrónicos al presidente del Comité si va a mantener o modificar su proyecto de decisión y, si lo hubiera, el proyecto de decisión modificado, utilizando un formato normalizado.

8. Cuando la autoridad de control competente a que se refiere el apartado 1 informe al presidente del Comité, en el plazo mencionado en el apartado 7 del presente artículo, de que no prevé seguir el dictamen del Comité, en todo o en parte, alegando los motivos correspondientes, se aplicará el artículo 65, apartado 1.

Ver arts. 65.1.c), 66, 67 y 70.1 RGPD.

Ver art. 41.1, 60 LOPDGDD.

Apdo. 1.b): Ver art. 38.4 LOPDGDD.

Apdo. 1.e): Ver art. 42.2 LOPDGDD.

Apdo. 1.f): Ver arts. 41.2 y 42.2 LOPDGDD.

ART. 65. Resolución de conflictos por el Comité

1. Con el fin de garantizar una aplicación correcta y coherente del presente Reglamento en casos concretos, el Comité adoptará una decisión vinculante en los siguientes casos:

a) cuando, en un caso mencionado en el artículo 60, apartado 4, una autoridad de control interesada haya manifestado una objeción pertinente y motivada a un proyecto de decisión de la autoridad de control principal y esta no haya seguido la objeción o haya rechazado dicha objeción por no ser pertinente o no estar motivada. La decisión vinculante afectará a todos los asuntos a que se refiera la objeción pertinente y motivada, en particular si hay infracción del presente Reglamento;

b) cuando haya puntos de vista enfrentados sobre cuál de las autoridades de control interesadas es competente para el establecimiento principal;

c) cuando una autoridad de control competente no solicite dictamen al Comité en los casos contemplados en el artículo 64, apartado 1, o no siga el dictamen del Comité emitido en virtud del artículo 64. En tal caso, cualquier autoridad de control interesada, o la Comisión, lo pondrá en conocimiento del Comité.

2. La decisión a que se refiere el apartado 1 se adoptará en el plazo de un mes a partir de la remisión del asunto, por mayoría de dos tercios de los miembros del Comité. Este plazo podrá prorrogarse un mes más, habida cuenta de la complejidad del asunto. La decisión que menciona el apartado 1 estará motivada y será dirigida a la autoridad de control principal y a todas las autoridades de control interesadas, y será vinculante para ellas.

3. Cuando el Comité no haya podido adoptar una decisión en los plazos mencionados en el apartado 2, adoptará su decisión en un plazo de dos semanas tras la expiración del segundo mes a que se refiere el apartado 2, por mayoría simple de sus miembros. En caso de empate, decidirá el voto del presidente.

4. Las autoridades de control interesadas no adoptarán decisión alguna sobre el asunto presentado al Comité en virtud del apartado 1 durante los plazos de tiempo a que se refieren los apartados 2 y 3.

5. El presidente del Comité notificará sin dilación indebida la decisión contemplada en el apartado 1 a las autoridades de control interesadas. También informará de ello a la Comisión. La decisión se publicará en el sitio web del Comité sin demora, una vez que la autoridad de control haya notificado la decisión definitiva a que se refiere el apartado 6.

6. La autoridad de control principal o, en su caso, la autoridad de control ante la que se presentó la reclamación adoptará su decisión definitiva sobre la base de la decisión contemplada en el apartado 1 del presente artículo, sin dilación indebida y a más tardar un mes tras la notificación de la decisión del Comité. La autoridad de control principal o, en su caso, la

autoridad de control ante la que se presentó la reclamación informará al Comité de la fecha de notificación de su decisión definitiva al responsable o al encargado del tratamiento y al interesado, respectivamente. La decisión definitiva de las autoridades de control interesadas será adoptada en los términos establecidos en el artículo 60, apartados 7, 8 y 9. La decisión definitiva hará referencia a la decisión contemplada en el apartado 1 del presente artículo y especificará que esta última decisión se publicará en el sitio web del Comité con arreglo al apartado 5 del presente artículo. La decisión definitiva llevará adjunta la decisión contemplada en el apartado 1 del presente artículo.

Ver arts. 68.6, 70.1; 71.2 y 74.1 RGPD.

Ver art. 62 LOPDGDD.

Apdo. 1.c): Ver arts. 38.4 y 42.2 LOPDGDD.

ART. 66. Procedimiento de urgencia

1. En circunstancias excepcionales, cuando una autoridad de control interesada considere que es urgente intervenir para proteger los derechos y las libertades de interesados, podrá, como excepción al mecanismo de coherencia contemplado en los artículos 63, 64 y 65, o al procedimiento mencionado en el artículo 60, adoptar inmediatamente medidas provisionales destinadas a producir efectos jurídicos en su propio territorio, con un periodo de validez determinado que no podrá ser superior a tres meses. La autoridad de control comunicará sin dilación dichas medidas, junto con los motivos de su adopción, a las demás autoridades de control interesadas, al Comité y a la Comisión.

2. Cuando una autoridad de control haya adoptado una medida de conformidad con el apartado 1, y considere que deben adoptarse urgentemente medidas definitivas, podrá solicitar con carácter urgente un dictamen o una decisión vinculante urgente del Comité, motivando dicha solicitud de dictamen o decisión.

3. Cualquier autoridad de control podrá solicitar, motivando su solicitud, y, en particular, la urgencia de la intervención, un dictamen urgente o una decisión vinculante urgente, según el caso, del Comité, cuando una autoridad de control competente no haya tomado una medida apropiada en una situación en la que sea urgente intervenir a fin de proteger los derechos y las libertades de los interesados.

4. No obstante lo dispuesto en el artículo 64, apartado 3, y en el artículo 65, apartado 2, los dictámenes urgentes o decisiones vinculantes urgentes contemplados en los apartados 2 y 3 del presente artículo se adoptarán en el plazo de dos semanas por mayoría simple de los miembros del Comité.

Apdo. 1: Ver art. 69.1 LOPDGDD.

Apdo. 2: Ver arts. 61.8 y 62.7 RGPD.

ART. 67. Intercambio de información

La Comisión podrá adoptar actos de ejecución de ámbito general para especificar las modalidades de intercambio de información por medios electrónicos entre las autoridades de control, y entre dichas autoridades y el Comité, en especial el formato normalizado contemplado en el artículo 64.

Dichos actos de ejecución se adoptarán con arreglo al procedimiento de examen a que se refiere el artículo 93, apartado 2.

Sección 3. Comité europeo de protección de datos

ART. 68. Comité Europeo de Protección de Datos

1. Se crea el Comité Europeo de Protección de Datos («Comité»), como organismo de la Unión, que gozará de personalidad jurídica.

2. El Comité estará representado por su presidente.

3. El Comité estará compuesto por el director de una autoridad de control de cada Estado miembro y por el Supervisor Europeo de Protección de Datos o sus representantes respectivos.

4. Cuando en un Estado miembro estén encargados de controlar la aplicación de las disposiciones del presente Reglamento varias autoridades de control, se nombrará a un representante común de conformidad con el Derecho de ese Estado miembro.

5. La Comisión tendrá derecho a participar en las actividades y reuniones del Comité, sin derecho a voto. La Comisión designará un representante. El presidente del Comité comunicará a la Comisión las actividades del Comité.

6. En los casos a que se refiere el artículo 65, el Supervisor Europeo de Protección de Datos sólo tendrá derecho a voto en las decisiones relativas a los principios y normas aplicables a las instituciones, órganos y organismos de la Unión que correspondan en cuanto al fondo a las contempladas en el presente Reglamento.

Ver art. 35.4 RGPD.

Apdo. 4: Ver art. 56.2 LOPDGDD.

ART. 69. Independencia

1. El Comité actuará con total independencia en el desempeño de sus funciones o el ejercicio de sus competencias con arreglo a los artículos 70 y 71.

2. Sin perjuicio de las solicitudes de la Comisión contempladas en el artículo 70, apartados 1 y 2, el Comité no solicitará ni admitirá instrucciones de nadie en el desempeño de sus funciones o el ejercicio de sus competencias.

ART. 70. Funciones del Comité

1. El Comité garantizará la aplicación coherente del presente Reglamento. A tal efecto, el Comité, a iniciativa propia o, en su caso, a instancia de la Comisión, en particular:

a) supervisará y garantizará la correcta aplicación del presente Reglamento en los casos contemplados en los artículos 64 y 65, sin perjuicio de las funciones de las autoridades de control nacionales;

b) asesorará a la Comisión sobre toda cuestión relativa a la protección de datos personales en la Unión, en particular sobre cualquier propuesta de modificación del presente Reglamento;

c) asesorará a la Comisión sobre el formato y los procedimientos para intercambiar información entre los responsables, los encargados y las autoridades de control en relación con las normas corporativas vinculantes;

d) emitirá directrices, recomendaciones y buenas prácticas relativas a los procedimientos para la supresión de vínculos, copias o réplicas de los datos personales procedentes de servicios de comunicación a disposición pública a que se refiere el artículo 17, apartado 2;

e) examinará, a iniciativa propia, a instancia de uno de sus miembros o de la Comisión, cualquier cuestión relativa a la aplicación del presente Reglamento, y emitirá directrices, recomendaciones y buenas prácticas a fin de promover la aplicación coherente del presente Reglamento;

f) emitirá directrices, recomendaciones y buenas prácticas de conformidad con la letra e) del presente apartado a fin de especificar más los criterios y requisitos de las decisiones basadas en perfiles en virtud del artículo 22, apartado 2;

g) emitirá directrices, recomendaciones y buenas prácticas con arreglo a la letra e) del presente apartado a fin de constatar las violaciones de la seguridad de los datos y determinar la dilación indebida a tenor del artículo 33, apartados 1 y 2, y con respecto a las circunstancias particulares en las que el responsable o el encargado del tratamiento debe notificar la violación de la seguridad de los datos personales;

h) emitirá directrices, recomendaciones y buenas prácticas con arreglo a la letra e) del presente apartado con respecto a las circunstancias en las que sea probable que la violación de la seguridad de los datos personales entrañe un alto riesgo para los derechos y libertades de las personas físicas a tenor del artículo 34, apartado 1;

i) emitirá directrices, recomendaciones y buenas prácticas con arreglo a la letra e) del presente apartado con el fin de especificar en mayor medida los criterios y requisitos para las transferencias de datos personales basadas en normas corporativas vinculantes a las que se hayan adherido los responsables del tratamiento y en normas corporativas vinculantes a las que se hayan adherido los encargados del tratamiento y en requisitos adicionales necesarios para garantizar la protección de los datos personales de los interesados a que se refiere el artículo 47;

j) emitirá directrices, recomendaciones y buenas prácticas con arreglo a la letra e) del presente apartado a fin de especificar en mayor medida los criterios y requisitos de las transferencias de datos personales sobre la base del artículo 49, apartado 1;

k) formulará directrices para las autoridades de control, relativas a la aplicación de las medidas a que se refiere el artículo 58, apartados 1, 2 y 3, y la fijación de multas administrativas de conformidad con el artículo 83;

l) examinará la aplicación práctica de las directrices, recomendaciones y buenas prácticas;

m) emitirá directrices, recomendaciones y buenas prácticas con arreglo a la letra e) del presente apartado a fin de establecer procedimientos comunes de información procedente de personas físicas sobre infracciones del presente Reglamento en virtud del artículo 54, apartado 2;

n) alentará la elaboración de códigos de conducta y el establecimiento de mecanismos de certificación de la protección de datos y de sellos y marcas de protección de datos de conformidad con los artículos 40 y 42;

o) aprobará los criterios de certificación en virtud del artículo 42, apartado 5, y llevará un registro público de los mecanismos de certificación y sellos y marcas de protección de datos en virtud del artículo 42, apartado 8, y de los responsables o los encargados del tratamiento certificados establecidos en terceros países en virtud del artículo 42, apartado 7;

p) aprobará los requisitos contemplados en el artículo 43, apartado 3, con miras a la acreditación de los organismos de certificación a los que se refiere el artículo 43;

q) facilitará a la Comisión un dictamen sobre los requisitos de certificación contemplados en el artículo 43, apartado 8;

r) facilitará a la Comisión un dictamen sobre los iconos a que se refiere el artículo 12, apartado 7;

s) facilitará a la Comisión un dictamen para evaluar la adecuación del nivel de protección en un tercer país u organización internacional, en particular para evaluar si un tercer país, un territorio o uno o varios sectores específicos de ese tercer país, o una organización internacional, ya no garantizan un nivel de protección adecuado. A tal fin, la Comisión facilitará al Comité toda la documentación necesaria, incluida la correspondencia con el gobierno del tercer país, que se refiera a dicho tercer país, territorio o específico o a dicha organización internacional;

t) emitirá dictámenes sobre los proyectos de decisión de las autoridades de control en virtud del mecanismo de coherencia mencionado en el artículo 64, apartado 1, sobre los asuntos presentados en virtud del artículo 64, apartado 2, y sobre las decisiones vinculantes en virtud del artículo 65, incluidos los casos mencionados en el artículo 66;

u) promoverá la cooperación y los intercambios bilaterales y multilaterales efectivos de información y de buenas prácticas entre las autoridades de control;

v) promoverá programas de formación comunes y facilitará intercambios de personal entre las autoridades de control y, cuando proceda, con las autoridades de control de terceros países o con organizaciones internacionales;

w) promoverá el intercambio de conocimientos y documentación sobre legislación y prácticas en materia de protección de datos con las autoridades de control encargadas de la protección de datos a escala mundial;

x) emitirá dictámenes sobre los códigos de conducta elaborados a escala de la Unión de conformidad con el artículo 40, apartado 9, y

y) llevará un registro electrónico, de acceso público, de las decisiones adoptadas por las autoridades de control y los tribunales sobre los asuntos tratados en el marco del mecanismo de coherencia.

2. Cuando la Comisión solicite asesoramiento del Comité podrá señalar un plazo teniendo en cuenta la urgencia del asunto.

3. El Comité transmitirá sus dictámenes, directrices, recomendaciones y buenas prácticas a la Comisión y al Comité contemplado en el artículo 93, y los hará públicos.

4. Cuando proceda, el Comité consultará a las partes interesadas y les dará la oportunidad de presentar sus comentarios en un plazo razonable. Sin perjuicio de lo dispuesto en el artículo 76, el Comité publicará los resultados del procedimiento de consulta.

Apdo. 1.l): Ver art. 71.2 RGPD.

ART. 71. Informes

1. El Comité elaborará un informe anual en materia de protección de las personas físicas en lo que respecta al tratamiento en la Unión y, si procede, en terceros países y organizaciones internacionales. El informe se hará público y se transmitirá al Parlamento Europeo, al Consejo y a la Comisión.

2. El informe anual incluirá un examen de la aplicación práctica de las directrices, recomendaciones y buenas prácticas indicadas en el artículo 70, apartado 1, letra l), así como de las decisiones vinculantes indicadas en el artículo 65.

ART. 72. Procedimiento

1. El Comité tomará sus decisiones por mayoría simple de sus miembros, salvo que el presente Reglamento disponga otra cosa.

2. El Comité adoptará su reglamento interno por mayoría de dos tercios de sus miembros y organizará sus disposiciones de funcionamiento.

ART. 73. Presidencia

1. El Comité elegirá por mayoría simple de entre sus miembros un presidente y dos vicepresidentes.

2. El mandato del presidente y de los vicepresidentes será de cinco años de duración y podrá renovarse una vez.

ART. 74. Funciones del presidente

1. El presidente desempeñará las siguientes funciones:

a) convocar las reuniones del Comité y preparar su orden del día;

b) notificar las decisiones adoptadas por el Comité con arreglo al artículo 65 a la autoridad de control principal y a las autoridades de control interesadas;

c) garantizar el ejercicio puntual de las funciones del Comité, en particular en relación con el mecanismo de coherencia a que se refiere el artículo 63.

2. El Comité determinará la distribución de funciones entre el presidente y los vicepresidentes en su reglamento interno.

ART. 75. Secretaría

1. El Comité contará con una secretaría, de la que se hará cargo el Supervisor Europeo de Protección de Datos.

2. La secretaría ejercerá sus funciones siguiendo exclusivamente las instrucciones del presidente del Comité.

3. El personal del Supervisor Europeo de Protección de Datos que participe en el desempeño de las funciones conferidas al Comité por el presente Reglamento dependerá de un superior jerárquico distinto del personal que desempeñe las funciones conferidas al Supervisor Europeo de Protección de Datos.

4. El Comité, en consulta con el Supervisor Europeo de Protección de Datos, elaborará y publicará, si procede, un memorando de entendimiento para la puesta en práctica del presente artículo, que determinará los términos de su cooperación y que será aplicable al personal del Supervisor Europeo de Protección de Datos que participe en el desempeño de las funciones conferidas al Comité por el presente Reglamento.

5. La secretaría prestará apoyo analítico, administrativo y logístico al Comité.

6. La secretaría será responsable, en particular, de:

a) los asuntos corrientes del Comité;

b) la comunicación entre los miembros del Comité, su presidente y la Comisión;

c) la comunicación con otras instituciones y con el público;

d) la utilización de medios electrónicos para la comunicación interna y externa;

e) la traducción de la información pertinente;

f) la preparación y el seguimiento de las reuniones del Comité;

g) la preparación, redacción y publicación de dictámenes, decisiones relativas a solución de diferencias entre autoridades de control y otros textos adoptados por el Comité.

ART. 76. Confidencialidad

1. Los debates del Comité serán confidenciales cuando el mismo lo considere necesario, tal como establezca su reglamento interno.

2. El acceso a los documentos presentados a los miembros del Comité, los expertos y los representantes de terceras partes se regirá por el Reglamento (CE) n.º 1049/2001 del Parlamento Europeo y del Consejo (21).

Ver art. 70.4 RGPD.

CAPÍTULO VIII
Recursos, responsabilidad y sanciones

ART. 77. Derecho a presentar una reclamación ante una autoridad de control

1. Sin perjuicio de cualquier otro recurso administrativo o acción judicial, todo interesado tendrá derecho a presentar una reclamación ante una autoridad de control, en particular en el Estado miembro en el que tenga su residencia habitual, lugar de trabajo o lugar de la supuesta infracción, si considera que el tratamiento de datos personales que le conciernen infringe el presente Reglamento.

2. La autoridad de control ante la que se haya presentado la reclamación informará al reclamante sobre el curso y el resultado de la reclamación, inclusive sobre la posibilidad de acceder a la tutela judicial en virtud del artículo 78.

Ver arts. 40.2.k), 79 y 80 RGPD.

ART. 78. Derecho a la tutela judicial efectiva contra una autoridad de control

1. Sin perjuicio de cualquier otro recurso administrativo o extrajudicial, toda persona física o jurídica tendrá derecho a la tutela judicial efectiva contra una decisión jurídicamente vinculante de una autoridad de control que le concierna.

2. Sin perjuicio de cualquier otro recurso administrativo o extrajudicial, todo interesado tendrá derecho a la tutela judicial efectiva en caso de que la autoridad de control que sea competente en virtud de los artículos 55 y 56 no dé curso a una reclamación o no informe al interesado en el plazo de tres meses sobre el curso o el resultado de la reclamación presentada en virtud del artículo 77.

3. Las acciones contra una autoridad de control deberán ejercitarse ante los tribunales del Estado miembro en que esté establecida la autoridad de control.

4. Cuando se ejerciten acciones contra una decisión de una autoridad de control que haya sido precedida de un dictamen o una decisión del Comité en el marco del mecanismo de coherencia, la autoridad de control remitirá al tribunal dicho dictamen o decisión.

Ver art. 80 RGPD

ART. 79. Derecho a la tutela judicial efectiva contra un responsable o encargado del tratamiento

1. Sin perjuicio de los recursos administrativos o extrajudiciales disponibles, incluido el derecho a presentar una reclamación ante una autoridad de control en virtud del artículo 77, todo interesado tendrá derecho a la tutela judicial efectiva cuando considere que sus derechos en virtud del presente Reglamento han sido vulnerados como consecuencia de un tratamiento de sus datos personales.

2. Las acciones contra un responsable o encargado del tratamiento deberán ejercitarse ante los tribunales del Estado miembro en el que el responsable o encargado tenga un establecimiento. Alternativamente, tales acciones podrán ejercitarse ante los tribunales del Estado miembro en que el interesado tenga su residencia habitual, a menos que el responsable o el encargado sea una autoridad pública de un Estado miembro que actúe en ejercicio de sus poderes públicos.

Ver arts. 40.2.k), 47.2.e), 80 y 82.6 RGPD.

ART. 80. Representación de los interesados

1. El interesado tendrá derecho a dar mandato a una entidad, organización o asociación sin ánimo de lucro que haya sido correctamente constituida con arreglo al Derecho de un Estado miembro, cuyos objetivos estatutarios sean de interés público y que actúe en el ámbito de la protección de los derechos y libertades de los interesados en materia de protección de sus datos personales, para que presente en su nombre la reclamación, y ejerza en su nombre los derechos contemplados en los artículos 77, 78 y 79, y el derecho a ser indemnizado mencionado en el artículo 82 si así lo establece el Derecho del Estado miembro.

2. Cualquier Estado miembro podrán disponer que cualquier entidad, organización o asociación mencionada en el apartado 1 del presente artículo tenga, con independencia del

mandato del interesado, derecho a presentar en ese Estado miembro una reclamación ante la autoridad de control que sea competente en virtud del artículo 77 y a ejercer los derechos contemplados en los artículos 78 y 79, si considera que los derechos del interesado con arreglo al presente Reglamento han sido vulnerados como consecuencia de un tratamiento.

ART. 81. Suspensión de los procedimientos

1. Cuando un tribunal competente de un Estado miembro tenga información de la pendencia ante un tribunal de otro Estado miembro de un procedimiento relativo a un mismo asunto en relación con el tratamiento por el mismo responsable o encargado, se pondrá en contacto con dicho tribunal de otro Estado miembro para confirmar la existencia de dicho procedimiento.

2. Cuando un procedimiento relativo a un mismo asunto en relación con el tratamiento por el mismo responsable o encargado esté pendiente ante un tribunal de otro Estado miembro, cualquier tribunal competente distinto de aquel ante el que se ejercitó la acción en primer lugar podrá suspender su procedimiento.

3. Cuando dicho procedimiento esté pendiente en primera instancia, cualquier tribunal distinto de aquel ante el que se ejercitó la acción en primer lugar podrá también, a instancia de una de las partes, inhibirse en caso de que el primer tribunal sea competente para su conocimiento y su acumulación sea conforme a Derecho.

ART. 82. Derecho a indemnización y responsabilidad

1. Toda persona que haya sufrido daños y perjuicios materiales o inmateriales como consecuencia de una infracción del presente Reglamento tendrá derecho a recibir del responsable o el encargado del tratamiento una indemnización por los daños y perjuicios sufridos.

2. Cualquier responsable que participe en la operación de tratamiento responderá de los daños y perjuicios causados en caso de que dicha operación no cumpla lo dispuesto por el presente Reglamento. Un encargado únicamente responderá de los daños y perjuicios causados por el tratamiento cuando no haya cumplido con las obligaciones del presente Reglamento dirigidas específicamente a los encargados o haya actuado al margen o en contra de las instrucciones legales del responsable.

3. El responsable o encargado del tratamiento estará exento de responsabilidad en virtud del apartado 2 si demuestra que no es en modo alguno responsable del hecho que haya causado los daños y perjuicios.

4. Cuando más de un responsable o encargado del tratamiento, o un responsable y un encargado hayan participado en la misma operación de tratamiento y sean, con arreglo a los apartados 2 y 3, responsables de cualquier daño o perjuicio causado por dicho tratamiento, cada responsable o encargado será considerado responsable de todos los daños y perjuicios, a fin de garantizar la indemnización efectiva del interesado.

5. Cuando, de conformidad con el apartado 4, un responsable o encargado del tratamiento haya pagado una indemnización total por el perjuicio ocasionado, dicho responsable o encargado tendrá derecho a reclamar a los demás responsables o encargados que hayan participado en esa misma operación de tratamiento la parte de la indemnización correspondiente a su parte de responsabilidad por los daños y perjuicios causados, de conformidad con las condiciones fijadas en el apartado 2.

6. Las acciones judiciales en ejercicio del derecho a indemnización se presentarán ante los tribunales competentes con arreglo al Derecho del Estado miembro que se indica en el artículo 79, apartado 2.

Ver art. 28.10 RGPD.

Ver art. 30.2 LOPDGDD.

ART. 83. Condiciones generales para la imposición de multas administrativas

1. Cada autoridad de control garantizará que la imposición de las multas administrativas con arreglo al presente artículo por las infracciones del presente Reglamento indicadas en los apartados 4, 5 y 6 sean en cada caso individual efectivas, proporcionadas y disuasorias.

2. Las multas administrativas se impondrán, en función de las circunstancias de cada caso individual, a título adicional o sustitutivo de las medidas contempladas en el artículo 58, apartado 2, letras a) a h) y j). Al decidir la imposición de una multa administrativa y su cuantía en cada caso individual se tendrá debidamente en cuenta:

a) la naturaleza, gravedad y duración de la infracción, teniendo en cuenta la naturaleza, alcance o propósito de la operación de tratamiento de que se trate así como el número de interesados afectados y el nivel de los daños y perjuicios que hayan sufrido;

b) la intencionalidad o negligencia en la infracción;

c) cualquier medida tomada por el responsable o encargado del tratamiento para paliar los daños y perjuicios sufridos por los interesados;

d) el grado de responsabilidad del responsable o del encargado del tratamiento, habida cuenta de las medidas técnicas u organizativas que hayan aplicado en virtud de los artículos 25 y 32;

e) toda infracción anterior cometida por el responsable o el encargado del tratamiento;

f) el grado de cooperación con la autoridad de control con el fin de poner remedio a la infracción y mitigar los posibles efectos adversos de la infracción;

g) las categorías de los datos de carácter personal afectados por la infracción;

h) la forma en que la autoridad de control tuvo conocimiento de la infracción, en particular si el responsable o el encargado notificó la infracción y, en tal caso, en qué medida;

i) cuando las medidas indicadas en el artículo 58, apartado 2, hayan sido ordenadas previamente contra el responsable o el encargado de que se trate en relación con el mismo asunto, el cumplimiento de dichas medidas;

j) la adhesión a códigos de conducta en virtud del artículo 40 o a mecanismos de certificación aprobados con arreglo al artículo 42, y

k) cualquier otro factor agravante o atenuante aplicable a las circunstancias del caso, como los beneficios financieros obtenidos o las pérdidas evitadas, directa o indirectamente, a través de la infracción.

3. Si un responsable o un encargado del tratamiento incumpliera de forma intencionada o negligente, para las mismas operaciones de tratamiento u operaciones vinculadas, diversas disposiciones del presente Reglamento, la cuantía total de la multa administrativa no será superior a la cuantía prevista para las infracciones más graves.

4. Las infracciones de las disposiciones siguientes se sancionarán, de acuerdo con el apartado 2, con multas administrativas de 10 000 000 EUR como máximo o, tratándose de una empresa, de una cuantía equivalente al 2 % como máximo del volumen de negocio total anual global del ejercicio financiero anterior, optándose por la de mayor cuantía:

a) las obligaciones del responsable y del encargado a tenor de los artículos 8, 11, 25 a 39, 42 y 43;

b) las obligaciones de los organismos de certificación a tenor de los artículos 42 y 43;

c) las obligaciones del organismo de supervisión a tenor del artículo 41, apartado 4.

5. Las infracciones de las disposiciones siguientes se sancionarán, de acuerdo con el apartado 2, con multas administrativas de 20 000 000 EUR como máximo o, tratándose de una empresa, de una cuantía equivalente al 4 % como máximo del volumen de negocio total anual global del ejercicio financiero anterior, optándose por la de mayor cuantía:

a) los principios básicos para el tratamiento, incluidas las condiciones para el consentimiento a tenor de los artículos 5, 6, 7 y 9;

b) los derechos de los interesados a tenor de los artículos 12 a 22;

c) las transferencias de datos personales a un destinatario en un tercer país o una organización internacional a tenor de los artículos 44 a 49;

d) toda obligación en virtud del Derecho de los Estados miembros que se adopte con arreglo al capítulo IX;

e) el incumplimiento de una resolución o de una limitación temporal o definitiva del tratamiento o la suspensión de los flujos de datos por parte de la autoridad de control con arreglo al artículo 58, apartado 2, o el no facilitar acceso en incumplimiento del artículo 58, apartado 1.

6. El incumplimiento de las resoluciones de la autoridad de control a tenor del artículo 58, apartado 2, se sancionará de acuerdo con el apartado 2 del presente artículo con multas administrativas de 20 000 000 EUR como máximo o, tratándose de una empresa, de una cuantía equivalente al 4 % como máximo del volumen de negocio total anual global del ejercicio financiero anterior, optándose por la de mayor cuantía.

7. Sin perjuicio de los poderes correctivos de las autoridades de control en virtud del artículo 58, apartado 2, cada Estado miembro podrá establecer normas sobre si se puede, y en qué medida, imponer multas administrativas a autoridades y organismos públicos establecidos en dicho Estado miembro.

8. El ejercicio por una autoridad de control de sus poderes en virtud del presente artículo estará sujeto a garantías procesales adecuadas de conformidad con el Derecho de la Unión y de los Estados miembros, entre ellas la tutela judicial efectiva y el respeto de las garantías procesales.

9. Cuando el ordenamiento jurídico de un Estado miembro no establezca multas administrativas, el presente artículo podrá aplicarse de tal modo que la incoación de la multa corresponda a la autoridad de control competente y su imposición a los tribunales nacionales competentes, garantizando al mismo tiempo que estas vías de derecho sean efectivas y tengan un efecto equivalente a las multas administrativas impuestas por las autoridades de control. En cualquier caso, las multas impuestas serán efectivas, proporcionadas y disuasorias. Los Estados miembros de que se trate notificarán a la Comisión las disposiciones legislativas que adopten en virtud del presente apartado a más tardar el 25 de mayo de 2018 y, sin dilación, cualquier ley de modificación o modificación posterior que les sea aplicable.

Ver arts. 28.10, 58.2.i), 70.1.k) y 84 RGPD.

Ver art. 71 LOPDGDD.

Apdo. 2: Ver art. 76.2, 76.3 LOPDGDD.

Apdo. 4: Ver arts. 73, 74, 76 LOPDGDD.

Apdo. 5: Ver art. 72, 74, 76 LOPDGDD.

Apdo. 6: Ver art. 72.2, 76 LOPDGDD.

ART. 84. Sanciones

1. Los Estados miembros establecerán las normas en materia de otras sanciones aplicables a las infracciones del presente Reglamento, en particular las infracciones que no se sancionen con multas administrativas de conformidad con el artículo 83, y adoptarán todas las medidas necesarias para garantizar su observancia. Dichas sanciones serán efectivas, proporcionadas y disuasorias.

2. Cada Estado miembro notificará a la Comisión las disposiciones legislativas que adopte de conformidad con el apartado 1 a más tardar el 25 de mayo de 2018 y, sin dilación, cualquier modificación posterior que les sea aplicable.

Ver art. 28.10 RGPD.

CAPÍTULO IX
Disposiciones relativas a situaciones específicas de tratamiento

ART. 85. Tratamiento y libertad de expresión y de información

1. Los Estados miembros conciliarán por ley el derecho a la protección de los datos personales en virtud del presente Reglamento con el derecho a la libertad de expresión y de información, incluido el tratamiento con fines periodísticos y fines de expresión académica, artística o literaria.

2. Para el tratamiento realizado con fines periodísticos o con fines de expresión académica, artística o literaria, los Estados miembros establecerán exenciones o excepciones de lo dispuesto en los capítulos II (principios), III (derechos del interesado), IV (responsable y encargado del tratamiento), V (transferencia de datos personales a terceros países u organizaciones internacionales), VI (autoridades de control independientes), VII (cooperación y coherencia) y IX (disposiciones relativas a situaciones específicas de tratamiento de datos), si son necesarias para conciliar el derecho a la protección de los datos personales con la libertad de expresión e información.

3. Cada Estado miembro notificará a la Comisión las disposiciones legislativas que adopte de conformidad con el apartado 2 y, sin dilación, cualquier modificación posterior, legislativa u otra, de las mismas.

ART. 86. Tratamiento y acceso del público a documentos oficiales

Los datos personales de documentos oficiales en posesión de alguna autoridad pública o u organismo público o una entidad privada para la realización de una misión en interés público podrán ser comunicados por dicha autoridad, organismo o entidad de conformidad con el Derecho de la Unión o de los Estados miembros que se les aplique a fin de conciliar el acceso del público a documentos oficiales con el derecho a la protección de los datos personales en virtud del presente Reglamento.

Ver art. 27 LOPDGDD.

ART. 87. Tratamiento del número nacional de identificación

Los Estados miembros podrán determinar adicionalmente las condiciones específicas para el tratamiento de un número nacional de identificación o cualquier otro medio de identificación de carácter general. En ese caso, el número nacional de identificación o cualquier otro medio de identificación de carácter general se utilizará únicamente con las garantías adecuadas para los derechos y las libertades del interesado con arreglo al presente Reglamento.

ART. 88. Tratamiento en el ámbito laboral

1. Los Estados miembros podrán, a través de disposiciones legislativas o de convenios colectivos, establecer normas más específicas para garantizar la protección de los derechos y libertades en relación con el tratamiento de datos personales de los trabajadores en el ámbito laboral, en particular a efectos de contratación de personal, ejecución del contrato laboral, incluido el cumplimiento de las obligaciones establecidas por la ley o por el convenio colectivo, gestión, planificación y organización del trabajo, igualdad y diversidad en el lugar de trabajo, salud y seguridad en el trabajo, protección de los bienes de empleadores o clientes, así como a efectos del ejercicio y disfrute, individual o colectivo, de los derechos y prestaciones relacionados con el empleo y a efectos de la extinción de la relación laboral.

2. Dichas normas incluirán medidas adecuadas y específicas para preservar la dignidad humana de los interesados así como sus intereses legítimos y sus derechos fundamentales, prestando especial atención a la transparencia del tratamiento, a la transferencia de los datos personales dentro de un grupo empresarial o de una unión de empresas dedicadas a una actividad económica conjunta y a los sistemas de supervisión en el lugar de trabajo.

3. Cada Estado miembro notificará a la Comisión las disposiciones legales que adopte de conformidad con el apartado 1 a más tardar el 25 de mayo de 2018 y, sin dilación, cualquier modificación posterior de las mismas.

ART. 89. Garantías y excepciones aplicables al tratamiento con fines de archivo en interés público, fines de investigación científica o histórica o fines estadísticos

1. El tratamiento con fines de archivo en interés público, fines de investigación científica o histórica o fines estadísticos estará sujeto a las garantías adecuadas, con arreglo al presente Reglamento, para los derechos y las libertades de los interesados. Dichas garantías harán que se disponga de medidas técnicas y organizativas, en particular para garantizar el respeto del principio de minimización de los datos personales. Tales medidas podrán incluir la seudonimización, siempre que de esa forma puedan alcanzarse dichos fines. Siempre que esos fines pueden alcanzarse mediante un tratamiento ulterior que no permita o ya no permita la identificación de los interesados, esos fines se alcanzarán de ese modo.

2. Cuando se traten datos personales con fines de investigación científica o histórica o estadísticos el Derecho de la Unión o de los Estados miembros podrá establecer excepciones a los derechos contemplados en los artículos 15, 16, 18 y 21, sujetas a las condiciones y garantías indicadas en el apartado 1 del presente artículo, siempre y cuando sea probable que esos derechos imposibiliten u obstaculicen gravemente el logro de los fines científicos y cuando esas excepciones sean necesarias para alcanzar esos fines.

3. Cuando se traten datos personales con fines de archivo en interés público, el Derecho de le Unión o de los Estados miembros podrá prever excepciones a los derechos contemplados en los artículos 15, 16, 18, 19, 20 y 21, sujetas a las condiciones y garantías citadas en el apartado 1 del presente artículo, siempre que esos derechos puedan imposibilitar u obstaculizar gravemente el logro de los fines científicos y cuanto esas excepciones sean necesarias para alcanzar esos fines.

4. En caso de que el tratamiento a que hacen referencia los apartados 2 y 3 sirva también al mismo tiempo a otro fin, las excepciones solo serán aplicables al tratamiento para los fines mencionados en dichos apartados.

Apdo. 1: Ver arts. 5.1.e), 17.3.d) y 21.6 RGPD.

Apdo. 2: Ver D.A. 17.ª2 LOPDGDD.

ART. 90. Obligaciones de secreto

1. Los Estados miembros podrán adoptar normas específicas para fijar los poderes de las autoridades de control establecidos en el artículo 58, apartado 1, letras e) y f), en relación con los responsables o encargados sujetos, con arreglo al Derecho de la Unión o de los Estados miembros o a las normas establecidas por los organismos nacionales competentes, a una obligación de secreto profesional o a otras obligaciones de secreto equivalentes, cuando sea necesario y proporcionado para conciliar el derecho a la protección de los datos personales con la obligación de secreto. Esas normas solo se aplicarán a los datos personales que el responsable o el encargado del tratamiento hayan recibido como resultado o con ocasión de una actividad cubierta por la citada obligación de secreto.

2. Cada Estado miembro notificará a la Comisión las normas adoptadas de conformidad con el apartado 1 a más tardar el 25 de mayo de 2018 y, sin dilación, cualquier modificación posterior de las mismas.

ART. 91. Normas vigentes sobre protección de datos de las iglesias y asociaciones religiosas

1. Cuando en un Estado miembro iglesias, asociaciones o comunidades religiosas apliquen, en el momento de la entrada en vigor del presente Reglamento, un conjunto de normas relativas a la protección de las personas físicas en lo que respecta al tratamiento, tales normas podrán seguir aplicándose, siempre que sean conformes con el presente Reglamento.

2. Las iglesias y las asociaciones religiosas que apliquen normas generales de conformidad con el apartado 1 del presente artículo estarán sujetas al control de una autoridad de control independiente, que podrá ser específica, siempre que cumpla las condiciones establecidas en el capítulo VI del presente Reglamento.

CAPÍTULO X
Actos delegados y actos de ejecución

ART. 92. Ejercicio de la delegación

1. Los poderes para adoptar actos delegados otorgados a la Comisión estarán sujetos a las condiciones establecidas en el presente artículo.

2. La delegación de poderes indicada en el artículo 12, apartado 8, y en el artículo 43, apartado 8, se otorgarán a la Comisión por tiempo indefinido a partir del 24 de mayo de 2016.

3. La delegación de poderes mencionada en el artículo 12, apartado 8, y el artículo 43, apartado 8, podrá ser revocada en cualquier momento por el Parlamento Europeo o por el Consejo. La decisión de revocación pondrá término a la delegación de los poderes que en ella se especifiquen. La decisión surtirá efecto al día siguiente de su publicación en el Diario Oficial de la Unión Europea o en una fecha posterior indicada en la misma. No afectará a la validez de los actos delegados que ya estén en vigor.

4. Tan pronto como la Comisión adopte un acto delegado lo notificará simultáneamente al Parlamento Europeo y al Consejo.

5. Los actos delegados adoptados en virtud del artículo 12, apartado 8, y el artículo 43, apartado 8, entrarán en vigor únicamente si, en un plazo de tres meses desde su notificación al Parlamento Europeo y al Consejo, ni el Parlamento Europeo ni el Consejo formulan objeciones o si, antes del vencimiento de dicho plazo, tanto el uno como el otro informan a la Comisión de que no las formularán. El plazo se ampliará en tres meses a iniciativa del Parlamento Europeo o del Consejo.

Ver arts. 12.8 (Transparencia de la información, comunicación y modalidades de ejercicio de los derechos del interesado) y 43.8 RGPD.

ART. 93. Procedimiento de comité

1. La Comisión estará asistida por un comité. Dicho comité será un comité en el sentido del Reglamento (UE) n.º 182/2011.

2. Cuando se haga referencia al presente apartado, se aplicará el artículo 5 del Reglamento (UE) n.º 182/2011.

3. Cuando se haga referencia al presente apartado, se aplicará el artículo 8 del Reglamento (UE) n.º 182/2011, en relación con su artículo 5.

Apdo. 2: Ver arts. 28.7, 40.9, 43.9, 45, 46.2, 47.3, 61.9, 67 y 70.3 RGPD.

CAPÍTULO XI
Disposiciones finales

ART. 94. Derogación de la Directiva 95/46/CE

1. Queda derogada la Directiva 95/46/CE con efecto a partir del 25 de mayo de 2018.

2. Toda referencia a la Directiva derogada se entenderá hecha al presente Reglamento. Toda referencia al Grupo de protección de las personas en lo que respecta al tratamiento de datos personales establecido por el artículo 29 de la Directiva 95/46/CE se entenderá hecha al Comité Europeo de Protección de Datos establecido por el presente Reglamento.

ART. 95. Relación con la Directiva 2002/58/CE

El presente Reglamento no impondrá obligaciones adicionales a las personas físicas o jurídicas en materia de tratamiento en el marco de la prestación de servicios públicos de comunicaciones electrónicas en redes públicas de comunicación de la Unión en ámbitos en los que estén sujetas a obligaciones específicas con el mismo objetivo establecidas en la Directiva 2002/58/CE.

ART. 96. Relación con acuerdos celebrados anteriormente

Los acuerdos internacionales que impliquen la transferencia de datos personales a terceros países u organizaciones internacionales que hubieren sido celebrados por los Estados miembros antes del 24 de mayo de 2016 y que cumplan lo dispuesto en el Derecho de la Unión aplicable antes de dicha fecha, seguirán en vigor hasta que sean modificados, sustituidos o revocados.

ART. 97. Informes de la Comisión

1. A más tardar el 25 de mayo de 2020 y posteriormente cada cuatro años, la Comisión presentará al Parlamento Europeo y al Consejo un informe sobre la evaluación y revisión del presente Reglamento. Los informes se harán públicos.

2. En el marco de las evaluaciones y revisiones a que se refiere el apartado 1, la Comisión examinará en particular la aplicación y el funcionamiento de:

a) el capítulo V sobre la transferencia de datos personales a países terceros u organizaciones internacionales, particularmente respecto de las decisiones adoptadas en virtud del artículo 45, apartado 3, del presente Reglamento, y de las adoptadas sobre la base del artículo 25, apartado 6, de la Directiva 95/46/CE;

b) el capítulo VII sobre cooperación y coherencia.

3. A los efectos del apartado 1, la Comisión podrá solicitar información a los Estados miembros y a las autoridades de control.

4. Al llevar a cabo las evaluaciones y revisiones indicadas en los apartados 1 y 2, la Comisión tendrá en cuenta las posiciones y conclusiones del Parlamento Europeo, el Consejo y los demás órganos o fuentes pertinentes.

5. La Comisión presentará, en caso necesario, las propuestas oportunas para modificar el presente Reglamento, en particular teniendo en cuenta la evolución de las tecnologías de la información y a la vista de los progresos en la sociedad de la información.

ART. 98. Revisión de otros actos jurídicos de la Unión en materia de protección de datos

La Comisión presentará, si procede, propuestas legislativas para modificar otros actos jurídicos de la Unión en materia de protección de datos personales, a fin de garantizar la protección uniforme y coherente de las personas físicas en relación con el tratamiento. Se tratará en particular de las normas relativas a la protección de las personas físicas en lo que respecta al tratamiento por parte de las instituciones, órganos, y organismos de la Unión y a la libre circulación de tales datos.

ART. 99. Entrada en vigor y aplicación

1. El presente Reglamento entrará en vigor a los veinte días de su publicación en el Diario Oficial de la Unión Europea.

2. Será aplicable a partir del 25 de mayo de 2018.

El presente Reglamento será obligatorio en todos sus elementos y directamente aplicable en cada Estado miembro.

Hecho en Bruselas, el 27 de abril de 2016.

Por el Parlamento Europeo
El Presidente
M. SCHULZ

Por el Consejo
La Presidenta
J.A. HENNIS-PLASSCHAERT

(1) DO C 229 de 31.7.2012, p. 90.

(2) DO C 391 de 18.12.2012, p. 127.

(3) Posición del Parlamento Europeo de 12 de marzo de 2014 (pendiente de publicación en el Diario Oficial) y posición del Consejo en primera lectura de 8 de abril de 2016 (pendiente de publicación en el Diario Oficial). Posición del Parlamento Europeo de 14 de abril de 2016.

(4) Directiva 95/46/CE del Parlamento Europeo y del Consejo, de 24 de octubre de 1995, relativa a la protección de las personas físicas en lo que respecta al tratamiento de datos personales y a la libre circulación de estos datos (DO L 281 de 23.11.1995, p. 31).

(5) Recomendación de la Comisión de 6 de mayo de 2003 sobre la definición de microempresas, pequeñas y medianas empresas [C(2003) 1422] (DO L 124 de 20.5.2003, p. 36).

(6) Reglamento (CE) n.º 45/2001 del Parlamento Europeo y del Consejo, de 18 de diciembre de 2000, relativo a la protección de las personas físicas en lo que respecta al tratamiento de datos personales por las instituciones y los organismos comunitarios y a la libre circulación de estos datos (DO L 8 de 12.1.2001, p. 1).

(7) Directiva (UE) 2016/680 del Parlamento Europeo y del Consejo, de 27 de abril de 2016, relativa a la protección de las personas físicas en lo que respecta al tratamiento de datos personales por parte de las autoridades competentes para fines de prevención, investigación, detección o enjuiciamiento de infracciones penales o de ejecución de sanciones penales, y a la libre circulación de dichos datos y por la que se deroga la Decisión Marco 2008/977/JAI del Consejo (véase la página 89 del presente Diario Oficial).

(8) Directiva 2000/31/CE del Parlamento Europeo y del Consejo, de 8 de junio de 2000, relativa a determinados aspectos jurídicos de los servicios de la sociedad de la información, en particular el comercio electrónico en el mercado interior (Directiva sobre el comercio electrónico) (DO L 178 de 17.7.2000, p. 1).

(9) Directiva 2011/24/UE del Parlamento Europeo y del Consejo, de 9 de marzo de 2011, relativa a la aplicación de los derechos de los pacientes en la asistencia sanitaria transfronteriza (DO L 88 de 4.4.2011, p. 45).

(10) Directiva 93/13/CEE del Consejo, de 5 de abril de 1993, sobre las cláusulas abusivas en los contratos celebrados con consumidores (DO L 95 de 21.4.1993, p. 29).

(11) Reglamento (CE) n.º 1338/2008 del Parlamento Europeo y del Consejo, de 16 de diciembre de 2008, sobre estadísticas comunitarias de salud pública y de salud y seguridad en el trabajo (DO L 354 de 31.12.2008, p. 70).

(12) Reglamento (UE) n.º 182/2011 del Parlamento Europeo y del Consejo, de 16 de febrero de 2011, por el que se establecen las normas y los principios generales relativos a las modalidades de control por parte de los Estados miembros del ejercicio de las competencias de ejecución por la Comisión (DO L 55 de 28.2.2011, p. 13).

(13) Reglamento (UE) n.º 1215/2012 del Parlamento Europeo y del Consejo, de 12 de diciembre de 2012, relativo a la competencia judicial, el reconocimiento y la ejecución de resoluciones judiciales en materia civil y mercantil (DO L 351 de 20.12.2012, p. 1).

(14) Directiva 2003/98/CE del Parlamento Europeo y del Consejo, de 17 de noviembre de 2003, relativa a la reutilización de la información del sector público (DO L 345 de 31.12.2003, p. 90).

(15) Reglamento (UE) n.º 536/2014 del Parlamento Europeo y del Consejo, de 16 de abril de 2014, sobre los ensayos clínicos de medicamentos de uso humano, y por el que se deroga la Directiva 2001/20/CE (DO L 158 de 27.5.2014, p. 1).

(16) Reglamento (CE) n.º 223/2009 del Parlamento Europeo y del Consejo, de 11 de marzo de 2009, relativo a la estadística europea y por el que se deroga el Reglamento (CE, Euratom) n.o 1101/2008 relativo a la transmisión a la Oficina Estadística de las Comunidades Europeas de las informaciones amparadas por el secreto estadístico, el Reglamento (CE) n.º 322/97 del Consejo sobre la estadística comunitaria y la Decisión 89/382/CEE, Euratom del Consejo por la que se crea un Comité del programa estadístico de las Comunidades Europeas (DO L 87 de 31.3.2009, p. 164).

(17) DO C 192 de 30.6.2012, p. 7.

(18) Directiva 2002/58/CE del Parlamento Europeo y del Consejo, de 12 de julio de 2002, relativa al tratamiento de los datos personales y a la protección de la intimidad en el sector de las comunicaciones electrónicas (Directiva sobre la privacidad y las comunicaciones electrónicas) (DO L 201 de 31.7.2002, p. 37).

(19) Directiva (UE) 2015/1535 del Parlamento Europeo y del Consejo, de 9 de septiembre de 2015, por la que se establece un procedimiento de información en materia de reglamentaciones técnicas y de reglas relativas a los servicios de la sociedad de la información (DO L 241 de 17.9.2015, p. 1).

(20) Reglamento (CE) n.º 765/2008 del Parlamento Europeo y del Consejo, de 9 de julio de 2008, por el que se establecen los requisitos de acreditación y vigilancia del mercado relativos a la comercialización de los productos y por el que se deroga el Reglamento (CEE) n.º 339/93 (DO L 218 de 13.8.2008, p. 30).

(21) Reglamento (CE) n.º 1049/2001 del Parlamento Europeo y del Consejo, de 30 de mayo de 2001, relativo al acceso del público a los documentos del Parlamento Europeo, del Consejo y de la Comisión (DO L 145 de 31.5.2001, p. 43).

ÍNDICE ANALÍTICO

A

E